知の典拠性と図書館

間接的知識の探究

パトリック・ウィルソン

著

齋藤泰則

訳

丸善出版

SECOND-HAND KNOWLEDGE: An Inquiry into Cognitive Authority
(Contributions in Librarianship and Information Science, Number 44)

by
Patrick Wilson

Copyright © 1983 by Patrick Wilson
All rights reserved.
This translation of *Second-Hand Knowledge: An Inquiry into Cognitive Authority, First Edition*
is published by arrangement with Bloomsbury Publishing Plc.
Japanese translation rights arranged with Bloomsbury Publishing Inc
through Japan UNI Agency, Inc, Tokyo

日本語版への序

　知識を獲得する主要な方法の一つは，図書をはじめとする文献を参照する，あるいは読むことであろう。文献をとおして得られる知識は，直接的な経験をとおして得られる知識とは異なり，間接的に得られる知識である。本書の原書名に使用されている "Second-hand Knowledge" とは，主として文献や専門知識を有する他者から得られる間接的知識を指している。私たちが，直接経験を通して得られる知識はほんのわずかであり，獲得する知識の多くは間接的知識であることは明らかである。この間接的知識を獲得する主要な場が図書館である。それゆえ，間接的知識の獲得は，必然的に文献や図書館との関係において議論されることになる。

　文献であれ，他者からであれ，それらの知識資源から知識を獲得する場合，そこには，何らかの選択が働いているはずである。本書は，文献や他者という知識資源の信頼性，妥当性，真理性等を基礎に，主に知識獲得における知識資源の選択の問題に焦点をあてたものである。

　カリフォルニア大学バークレー校の教授職にあった著者のパトリック・ウィルソン（Patrick Wilson）が，知識資源の信頼性等の基準を踏まえた知識資源の選択の問題について，「知の典拠」という概念を導入し解明を試みたのが本書である。

　この「知の典拠」とは，原書の副書名に採用されている "cognitive authority" の訳語である。"authority" は一般に「権威」と訳されており，類似の概念である "epistemic authority" には，哲学分野において「認識論的権威」との訳語が与えられている（戸田山和久『知識の哲学』産業図書，2002，p.222）。しかし，知識にかかわる "authority" については，「権威」という概念よりも，「信頼性」「妥当性」「真理性」などの意味を含む「典拠」という概念として捉えることが重要である。

　トマス・アクィナスの研究者である哲学者の山本芳久が，この "authority" について，「権威」ではなく「典拠」という訳語が適切であることを解説した1節を紹介しておこう。

　　学生　auctoritas というラテン語は，「権威」と訳すのですか，「典拠」と訳すのですか，どちらでもよいのですか。わたしの感覚からすると，かなり違う感じがしますが。

哲学者 この単語は英語の authority の語源にあたる言葉なのですが，トマスの専門家でも，「権威」と訳すことが多いですね。私もそう訳すこともあります。でも，「権威」という日本語は「斯学の権威」といった言い方もあるように，誰かの語った「言葉」というよりは，有力な「誰か」のことを指すことが多いですね。また，「権威主義」という言葉にも表れているように，偉い人や力のある人に盲目的に従う態度を連想させることがあり，必ずしもよいイメージではありません。

　このような意味で理解されてしまうと，スコラ哲学における auctoritas とは相当違う性格のものになってしまいます。「かの権威あるアリストテレス大先生がこう言っているのだから，とにかくそうなのだ」とか，「アウグスティヌス大先生の著作に書いているのだから，つべこべ言わずに聞き従え」とか，そういうことではないのです。そうではなくて，何らかの問題について考察するさいに大きな手がかりを与えてくれそうな洞察が凝縮して詰められている言葉，頼りにできる根拠，それが auctoritas というものなのです。そういう意味で私は，この語を「典拠」と訳すようにしています［傍点は引用者による］（山本芳久『世界は善に満ちている：トマス・アクィナス哲学講義』2021，新潮社，p.56-57）。

　山本が述べているように，知識にかかわること，何かを知ろうとすることにかかわる場面において，"auhoririty" は「頼りにできる根拠」を意味する概念として捉えることが適切である。何かを知ろうとする場面においては，知識資源としての文献や他者の選択にあたり，「権威」という盲目的な態度が関与しているのではなく，「正しさの拠り所」としての判断が大きく関与すると考えられるからである。

　ここで，"authority" と「典拠」の辞書の定義を見ておこう。
『研究社 新英和大辞典』第6版によれば，"authority" という見出し語のもとの解説の6番目に次の記述がある。

authority
　6.a.　典拠，よりどころ，（論拠となる）引用；出典（source）；証言
（『研究社 新英和大辞典』第6版，研究社，2002，p.164）
　次に「典拠」の意味について見ておきたい。『角川新字源』改訂新版では，以下のように記述されている。

典拠　①正しいよりどころ。正確な証拠
（『角川新字源』改訂新版，KADOKAWA，2017，p.126）

また，『新選漢和辞典』第8版では，ほぼ同様の記述がある。

典拠　正しい証拠。まちがいのないよりどころ
（『新選漢和辞典』第8版ワイド版2色刷，小学館，2011，p.136）

　これらの辞書的定義を踏まえ，本書では，"cognitive authority" の訳語として
「知の典拠」を使用している。この「知の典拠」とは，あることを知ろうとすると
きに，「頼りにできる根拠であり，正しさの拠り所」という意味を指示する用語で
ある。そして，本書では，"cognitive authority" が，ある人間や文献が発揮する
「知の典拠」としの機能や役割を指示する場合には，「知の典拠性」と訳している。

　最後に，本書の各章の概要について述べておく。

　序章に続く1章では，「直接的知識」と「間接的知識」を取り上げ，人間の認識
における視点のもつ特徴や概念，理論の働きに触れつつ，「間接的知識」のもつ意
義について論じられている。続く2章では，本書の中心テーマである「知の典拠」
について取り上げ，一般的に了解されている「権威」という概念と対比させなが
ら，知の典拠と知を求める人間との関係について多角的に解説されている。また，
「知識」と「意見」との違いにも着目し，開かれた問題（未解決の問題）への回答
が意見にあたるとの興味深い考察が示されている。

　3章では，「知識産業」を取り上げ，典拠となる知識を生産する側の諸問題を取
り上げている。そこでは，研究における「流行」「好み」のもつ役割が論じられて
いる。4章では，「知識産業という組織の典拠性」の問題を取り上げ，「知の典拠性」
が個人ばかりなく，組織を対象として設定されることを示している。すなわち，研
究者個人ではなく，知識を生産する専門家集団，専門領域のもつ知の典拠性に焦点
をあてている。5章では，「日常生活における知の典拠性」の問題に焦点をあてて
いる。知の典拠性が，日常生活の場面においても発揮され，人間の思考を統制する
機能をもつことを明らかにしている。

　6章では「情報検索と知の典拠性」と題して，情報専門職としての図書館員のも
つ典拠性を「典拠に関する典拠」として捉えるなど，興味深い考察が展開されてい
る。また，図書館と図書館員を教育的，自由主義的，懐疑的に類型化したうえで，
教育的図書館における知の典拠の問題，知の中立性に依拠した自由主義と懐疑主義
が最終的には同一の図書館サービスへの姿勢をもたらすなど，注目すべき考察が展
開されている。

　以上の各章には，原注に詳細な参考文献とコメントが示されているが，そのうえ
で，「文献紹介」では，知の典拠の考え方に密接にかかわる文献が紹介され，知識
社会学との関係についても言及されている。さらに，従来の哲学における認識論が

日本語版への序　　iii

直接的知識に焦点あてていることへの批判や，ウィルソン自身の哲学的立場が
R.ローティ（**R. Rorty**）の哲学に近いことも明らかにされ，認識論は社会認識論に
収斂してゆくとの見解が最後に示されている。

　なお，各章末において，原注に続き訳注を付けている。本文の理解の一助となれ
ば幸いである。

　2024 年 8 月　　　　　　　　　　　　　　　　　　　　　　齋　藤　泰　則

目　次

序　章 ………………………………………………………………………… 1

1章　直接的および間接的知識 ……………………………………… 4

　　1.1　視点 ………………………………………………………… 4
　　1.2　レンズ ……………………………………………………… 7
　　1.3　頂上からの眺望 …………………………………………… 9
　　1.4　実体験から学ぶこととは ………………………………… 11

2章　知の典拠 …………………………………………………………… 14

　　2.1　典拠，影響，信頼性 ……………………………………… 14
　　2.2　知識と意見 ………………………………………………… 17
　　2.3　典拠性の程度 ……………………………………………… 20
　　2.4　典拠の領域 ………………………………………………… 20
　　2.5　典拠の基礎 ………………………………………………… 22
　　2.6　専門的知識と典拠 ………………………………………… 28
　　2.7　我々は，我々の典拠を信じるのか ……………………… 32
　　2.8　結び ………………………………………………………… 35

3章　知識産業：質と流行 …………………………………………… 41

　　3.1　産業の分析 ………………………………………………… 41
　　3.2　知識の生産と質のコントロール ………………………… 48
　　3.3　流行と知的好み …………………………………………… 59
　　3.4　知識産業における流行 …………………………………… 68

4章　知識産業：組織のもつ典拠性 ……………………………… 85

　　4.1　組織のもつ典拠性 ………………………………………… 85
　　4.2　科学の典拠性 ……………………………………………… 87
　　4.3　社会科学 …………………………………………………… 93

4.4 歴史学	98
4.5 現時の歴史としての社会科学	101
4.6 歴史学と典拠性	103
4.7 精神科学とソフトな分類	105
4.8 流行に立ち戻る	110
4.9 批評に関する典拠性	112
4.10 知識の生産とは	118

5章 日常生活における知の典拠 129

5.1 対立と対立の回避	129
5.2 最初のストック	131
5.3 参入の要件	134
5.4 日常の仕事	136
5.5 専門職	137
5.6 業務の指示	140
5.7 個人の生活	144
5.8 見世物としての世界	148
5.9 公的問題	151
5.10 情報空間と小さな世界	155

6章 情報検索と知の典拠 172

6.1 印刷世界の典拠	172
6.2 誤った情報システム	179
6.3 評価への要求	184
6.4 典拠に関する典拠	187
6.5 代理人としての図書館員	192
6.6 教育的な図書館	197
6.7 自由主義的な図書館	198
6.8 懐疑主義的な図書館員	200

文献紹介	209
訳者あとがき	214
索　引	216

凡　例

1　本書は，Patrick Wilson. *Second-hand Knowledge : An Inquiry into Cognitive Authority*. Greenwood Press, 1983, 223p の全訳である。

2　原書にはないが，章のもとの節見出しには番号を付した（例：1章1節は1.1とした）。

3　原書にはないが，適宜，節のもとに項見出しを設けた。なお，項見出しに番号は付していない。

4　原文のイタリック体には傍点を付した。英文の誌名・書名は，そのままイタリック体を使用した。ただし，当該図書の翻訳書がある場合には翻訳書名には『　』を付した。

5　原文の“　”は，「　」とした。ただし，“　”が引用文である場合には，そのまま“　”とした。

6　原文の‘　’は，そのまま‘　’とした。

7　訳注は，章末の原注の後に記載した。

8　［　］は訳者による補記である。

序 章
Preface

　図書館員と情報科学者は，情報と誤った情報との違いについて明らかに無関心である。それは，図書館とは単に知識の宝庫であり，科学文献と学術文献とはただ継続的に生産される知識を記述し記録したもの，という明白な前提が関連している。こうした無関心さを悩ましく思ったことが，本書の執筆を始めたきっかけである。

　こうした奇妙な無関心は，どのように説明すればよいのだろうか？　そもそも，この前提は，それほど単純なものではないということか？　こうした問いに満足な回答をするには，次のような人たちを考察することが必要であるとわかった。すなわち，図書館員だけでなく，ほとんどすべての人，つまり専門的知識を有すると主張する人，あるいは，専門的知識を生産していると主張する人，さらには，どのような人の主張を信じるべきかという問いに直面している人たちへの考察が必要である。そして，情報専門職が抱えるこうした特定の状況を扱う前に，まず「知の典拠（cognitive authority）」という現象と「知識の生産」に関する一般的な説明が必要である。

　本書の主たる関心は知識ではあるが，哲学的認識論の一種ではない。哲学者は，本書で扱うような問いは取り上げない，ということは自明であろう[1]。そうした問いは，むしろ，社会認識論（social epistemology）[訳注1]の研究である。社会認識論はおおよそ知識社会学の分野が取り扱うものではあるが，社会学者もこの主題を独占し得ない。社会認識論という用語は，30年前にイーガン（Egan）とシェラ（Shera）によって，知的成果の生産・伝達・利用に関する研究を指示するために用いられたものである[2]。この用語が書誌の理論に関する論文の中で導入されたことは，きわめて適切である。なぜなら，思慮深い書誌学者は，記録物というものが，知識を増やし，その伝達と利用へと進む試みから登場する方式に自然と関心をもつからである。そうした主題に関するいかなる研究も，直ちに知の典拠に関する問いへと導かれる。もしそうでなければ，その研究はいい加減で不完全なものとなるだろう。

　知識を扱った著作については，その著作の中で述べられていることがそのまま，その著作自体にもあてはまるのかどうか，という問題を提起するであろう[訳注2]。本書についても，本書で述べられたことが，本書にもあてはまるのかどうかという問いを提起するものと，私は思っている。本書において示された事例の中には，本書

にもそのままあてはまるのかが問われる箇所がいくつかある。その箇所がどこにあるのかについては，読者に決めてもらうことにしよう。

4章の一部は，私がシカゴ大学の図書館学大学院の第4回会議で提出した論文から再録し，その論文はシカゴ大学が発行する *Library Quarterly,* vol.50, 1980, p.4-21 に掲載されたものである。私は次の方々にお世話になった。本書のさまざまな部分の草稿に有益なコメントをいただいたバックランド（Michael Buckland），チャットマン（Elfred Chatman），クーパー（Wiiliam S. Cooper），マロン（M.E. Maron），ウィルソン（Pauline Wilson）に，さまざまな時点で研究を支援してくれたファリド（Mona Farid），フロアズ（Betsy Floers），リニング（Irene Linning）およびスコット（Godelieve Scott）に，有益な議論に対してクーパー（Mchael Coopert）とヴァンハウス（Nancy Van House）に，有用な文献リストに対してケニング（Dorothy Koenig），そして，迅速に原稿のタイピングをしてくれたマクネイ（Genevieve McNei）にである。

パトリック・ウィルソン（Patrick Wilson）

---

1 これに関しては，本書の巻末の文献紹介の最後の節（p.212-13）を参照せよ。

2 Margaret E Egan; Jesse H Shera. "Foundations of a Theory of Bibliography," *Library Quarterly*, vol.22, 1952, p.125-137. シェラは，イーガンがその用語を創作したと述べている：Shera, Jesse H. *The Foundations of Education for Librarianship*. Becker and Hayed, 1972, p.112.

訳注1 「社会認識論」については，2024年7月の時点で，刊行されている見出し語としても，索引語としても登録されている哲学関係，社会学関係の専門事典は，次の2点を除いて見当らない。次の2点の専門事典において，"Social epistemology" の見出し語が登録されている。
　　　Stanford Encyclopedia of Philosophy（Depatment of Philosophy, Stanford University, Winter 2009 Edition）では，次のように説明されている。
　　　「社会認識論は，他者や関連する社会的実践や社会的機関の援助を受けて，ときには，それらに抗して，人びとはいかにして真実を最もよく追求できるかについて扱う」
　　　社会認識論については，この定義に続いて，多様な観点から詳細な説明が示されているが，イーガンとシェラへの言及はなく，参考文献にも両者の論文は含まれていない。
　　　一方，*Encyclopedia of Knowledge Organization (ISKO)* では，「社会認識論」は図書館

情報学研究者のシェラが1951年に最初に使用した用語であると，説明されている。

訳注2　図書（著作）とは知識を記録したものである。この前提に立つとき，知識について論じている図書は，その図書自体の内容が知識であることから，その図書で論じられている知識の内容がそのまま，その著作自体にもあてはまるのではないか，ということである。

　　　例えば，「人間とはXであるべきだ」と語る人物Aがいたとする。そのとき，その人物Aは，自分自身がそもそも「人間としてあるべきX」に該当する人間なのかどうかが問われる，ということである。

1章　直接的および間接的知識
First-hand and Second-hand Knowledge

1.1　視点

　我々が考えること，および，学習することに関する我々の語りには，暗喩^{あんゆ}（metaphor）よって，とりわけ，空間と視覚の暗喩が浸透している。我々は，主張し，方針を立て，ある地位を占める。すなわち，我々は視点というものをもち，他者の主張を知ることになるが，それは自分自身の観点からである。見ることは一般に理解することを表し，学習することを表す。私にとっての物事の見え方は，私の観点から，私の立ち位置からのものであり，その物事に関する私の理解の仕方である。精神的な生活は，見ていること，立っていること，そして座っていることにかかわる出来事である。というのは，人びとが指摘するように，あなたが立っている場所は，少なくとも官僚的な領域においてはあなたが座っている場所に依存しているからである。それはまた，ほとんど執拗なまでに，視点の出来事でもある。あなたの視点は私の視点とは異なり，狭い視点は広い視点とは異なり，部分的な視点は包括的な視点とは異なり，内部者の視点は外部者の視点とは異なるのである[1]。

　空間と視覚の暗喩が指示し強調するものも異なる。姿勢と立場は，主張と方針とともに，空想的な思考空間における位置を示唆している。その一方で，視点や観点は，位置だけでなく，その位置から見えるもの，あるいは，物事がその位置からどのように見えるかをも示唆している。ときには，我々が暗喩を使って話す場合，一語一句を確実に代替するかたちで暗喩の使用が可能であり，暗喩は，ただ様式的な理由のために，すなわち，語りに多様性をもたせ，話を生き生きとしたものにするために使用される。しかし，我々が心について話すとき，暗喩は非暗喩的な用語で容易に代替されない。暗喩は，実際に，思考や学習について語るためのほぼ基本的な語彙である。非暗喩的な代替表現を使った視点に関する語りを除くことは，とりわけ困難である。もし，視点に関する話が理解可能であるならば，非暗喩的表現を使いたいと思う特別な理由はない。しかし，暗喩が我々を誤らせるという理由から，我々の暗喩を探究することは良いことである。ある言語学者は次のように説得力のある主張を行っている。すなわち，人間のコミュケーションに関するありふれ

た語りと思考だけでなく，入念な語りと思考も，誤った基本的な暗喩によってゆがめられる。さらに，おそらく，思考についての我々の思考もまた，広く使用されている誤った暗喩によってゆがめられていると主張している[2]。

視点の暗喩

　視点の暗喩について詳しく見ていこう。出発点は最もありふれた視点の事例にかかわるものである。それは視覚的視点である。視覚的視点についての基本的事実はこうである。第1に，あなたに見えること，および，あなたの視界に現れること，これらは，あなたがどこにいて，あなたがどの方向を眺めているかに依存する。第2に，距離とともに大きさは明らかに縮小する。すなわち，対象が遠ざかれば遠ざかるほど，その対象は小さく見える。第3に，あなたは隅々を見ることはできない。すなわち，あなたは物の表面は見えるが，その裏側や内部を見ることはできない。第4に，視界における位置にともない角度との関係は変化する。ある角度から見える四角形の対象は必ずしも四角形には見えない。また，その対象と見る者との間の角度が大きくなれなるほど，四角形でなくなる程度は大きくなる。我々は，これらのことを視覚の見え方に関する最も重要な事実として捉えることができる。

　さて，視点の暗喩がいかによく社会的経験，すなわち，人間の思考と行為の世界との直接的なかかわりあいに，いかにうまく合致しているかを問うことにしよう。社会的な視点に関して類似の規則があるだろうか？　類似の規則はあるように思われる。それも，まったく驚くべき類似性があるように思われる。はじめに，明白な大きさと距離との関係について検討する。我々は，社会的生活のある特徴に密接にかかわればかかわるほど，その特徴は我々にとってより大きなもののように思える。その特徴が重要であり顕著であって，有意味なものであればあるほど，その特徴は，注意，労苦，関心，熟考という，より大きな領域を占めることを意味し，より重大なものに思えるのである。私の家族，私の仕事，私の友人，私の学校，私の町。これらは重要である。あるいは，それらはあなたの家族，あなたの仕事などよりも，私にとって当然ながら重要に思われる。私は，努力によって，こうした大きさに関する当然の幻想を何とか矯正することができるかもしれないが，それは容易ではない。また，我々はみな，次のような人たちについてよく知っている。その人たちとは，自分自身の重要性のみならず，個人的にかかわる物事の重要性についても，不合理にも過大評価するような人たちである。

　我々はみな，自己中心的である。それゆえ，自己中心主義がもたらす社会的認知に関する幻想を矯正する方法を学ばなければならない。しかし，我々はうまく矯正するかどうかは疑わしい。失敗の証拠はいたるところにある。たとえば，矯正に失

1章　直接的および間接的知識　5

敗した著しい結果として，「集団の成員は競合する集団と比較して自身の集団に非現実的に高い評点を付与する傾向」がある。それは，自分自身の学校を一流の学校の中の一つと考え，自分自身の仕事を一流の仕事の中の一つなどと考えることである[3]。外見上の大きさは社会的距離だけでなく，時間的な隔たりとともに変化する。出来事は，時間が遠ざかれば遠ざかるほど，より小さく見えるものである。我々は次のことを自らに言い聞かせることがある。それは，出来事や状況にあまりにも接近しすぎることで，それらに適切となる視点でそれらを見ることができない，ということである。さらに，それらを適切な視点で捉えるために，自分とそれらとの間に十分な距離を置くうえで必要となる時間の経過を期待するこができない，ということである。距離とともに外見上の大きさが変化することは，人間の経験についての基本的な事実の一つとして，確かに特徴付けられるのである。

角度の規則

　角度の規則もまた，あるやり方で適用される。我々と他者との出会いは，我々と他者が相対する「正面」のみで生じる。社会的出会いは，当事者が相手の許容するものだけを見るように管理される。社会関係への演劇論的（dramatological）視点は，角度の規則に基づいている。角度の歪みに関する規則も同様に適用されるように思われる。状況に関するあなたの見方は私の見方とは異なる。なぜならば，我々が相互に掛かりあっているにもかかわらず，中心的にかかわっているのは私であって，あなたは周辺的にかかわっているか，傍観者である，からである。それゆえ，何が中心的な問題となり，副次的な問題となるかは，人がその問題に接近する際の角度に依存する。人が直接対面するものと，脇から目撃することでのみ遭遇するものは，その人がかかわる角度に依存するのである。

　最も重要なのは次の基本的な規則である。それは，我々が社会的世界について経験するものは，我々の社会的位置，すなわち時間と空間における位置および社会関係のネットワークにおける位置に依存している，ということである。私が誰に出会うのか，その出会いはどのようなものなのかは，私が誰で，どこにいるのかに依存する。たとえば，私が18世紀後半のカリフォルニア北部の中流階級の学者であるのか，ニューヨークにいるひどく貧しいスコットランド系移民であるのか，ということに依存するのである。我々がある社会的位置から別の位置に移動するにつれて，経験の範囲と特性もそれに応じて変化する。最下層から最上層への移動，または，その逆，あるいは，ある社会的集団から別の集団への移動により，我々はある範囲の経験からきわめて異なる範囲の経験へと移動するのである。概して，視点の暗喩は社会的経験に著しくあてはまるように思われる。

1.2 レンズ

　視点に関する暗喩は，頻繁に用いられる他の文脈においても同様に機能するということは，それほど明確ではない。人びとは，マルクス主義者の視点について語り，臨床医の視点について語り，「象徴的相互作用の視点」，カトリックの視点，個性に関する異なる視点，社会学的視点などについて語るのである。経済学者の視点からみた世界と心理学者の視点からみた世界とは異なる。キリスト教徒の視点は無神論者の視点とは異なる。こうした話はよく知られているが，誤りを招くものとなろう。なぜなら，これらの視点は実際には人がある社会的位置から別の位置に運ぶ荷物のようなものだからである。それらの視点が，どんな種類の人と出会うのかに関する条件を定めることはない。それらの視点は，出会いの種類の中でどの種類の出会いに注目し，その出会いをいかに解釈するかについての条件を定めることになる。もう一つのよく知られた暗喩がある。ローザ・ルクセンブルク（Rosa Luxemburg）は，エドガー・バーンスタイン（Edgar Bernstein）がイングランドで多くの時間を費やし過ぎており，英国の色めがねをとおして世界を見ているとの不満を述べている[4]。すなわち，バーンスタインは英国の思考方法を獲得していたのである。人が抱えている概念，理論，慣習的な思考様式が，その人がどのような社会的位置から世界を眺めるのかと同様に社会的世界がいかに見えるのか，見たものから何を構成するのかを決定するのである。

概念と理論

　概念と理論は，我々がそれをとおして世界を眺める一種のレンズとなる[5]。もし，マルクス主義者の視点が他の視点と異なるならば，それは，経験を解釈するために用いられる概念的，理論的装置における相違のためであって，位置における相違によるものではない。そして，もし，我々がこのことを忘れるならば，我々は不注意にも重大な過ちを犯すことになろう。視点が異なれば，物事の見え方は大きく異なる。それにもかかわらず，視覚を通して得られるさまざまな見え方とさまざまな社会的視点は互いに相反するものではない。人が，ある社会的位置から別の位置に移動することで，見かけ上の大きさや外見を変化させ異なるものを見ることになろう。しかし，それらは社会生活の複合体全体のただ異なる側面や大きさにすぎないのである。世界の実際の在り様は，すべての可能な位置からの見え方の総体として考えられるであろう。しかし，世界の実際の在り様は，すべての可能な種類の概念や理論装置，すべての可能な理論的レンズを用いて眺めるとき，立ち現れる在り様

の総体として考えることはできない。こうしたレンズの多くは世界について歪んだ像だけでなく，不正確な像を与えるものである。そうしたレンズは，そこにはないものが見えるように人に思わせ，そこにあるものを見ることを妨げるようにするのである。我々は，単に社会的な視点の法則を理由に，確実に判断を誤る傾向ある。見かけ上の大きさに関する自己中心的な幻想は最も明白なものである。我々は，経験というものを必ずしも完全に放棄することなく，そうした幻想を少なくとも部分的に克服することができる。しかし，悪しき理論や不適切な概念により導かれた判断の誤りは，そうした理論と概念を放棄することによって，克服されなければならない。我々は，より良いレンズのために，欠陥のあるレンズを捨てなければならないのである。

我々は，次のような考え方に気づく必要がある。その考え方とは，世界への異なる概念によるアプローチがもたらす異なる部分的な視点のすべては，単一で一貫した全体的な捉え方に到達するために，調整し統合することが多少なりとも可能である，という考え方である。多くの異なる概念的，理論的アプローチは異なる像を提供するものの，相互に一貫した世界に至る多くの異なる概念的，理論的アプローチが確かにある。経済学者が見るものと，社会学者が見るものとはおそらく異なるであろう。だが，我々は，より完全な見え方を得るために，十分容易にそれらを組み込むことができることかもしれない。しかし，それらを組み込むことができない結果をもたらすアプローチは多数ある。それらのアプローチはこの世界をまったく描写してないような叙述をもたらすのである。視点に関する暗喩というものは，概念的な矛盾を過少評価し，あるいは軽視するように我々を導くことになろう。「あなたと私は異なるものを見ているが，それでよいのである。それは単に観点の違いであり，我々はそれぞれ自分たちのやり方において適切であるということに，疑いの余地はない」。以上の指摘は，もし，我々の概念的枠組みが同じであるか，少なとも相互に一貫しているのであれば，十分に正当なものである。しかし，もし，そうでないのであれば，その指摘は正当ではない。

常　識

概念と理論は，比喩的にそれらをとおして世界を眺めるレンズであるとするならば，眼鏡のない光景に相当するものは何であろうか？　我々は，視界を矯正するために眼鏡を装着するが，良くない1組の眼鏡は物事をいっそう良くないものにする場合もある。眼鏡をかけない光景とは，単に常識を使用した光景に違いない。人間は，常にある社会的位置や別の社会的位置を占めるのと同様に，経験に対して何らかの理論的アプローチ，何らかの概念的枠組みというものを常にもたなければなら

ない。経験というものは，何らかの理論的アプローチや概念的枠組みを離れては考えれないのである。常識とは，世界がどのようなものであるか，どんな種類の物事が存在し，それらはいかに作用し，人はそれらについていかに学習できるのか，ということを考えるための基礎を単に提供するものである。基礎的な形而上学と認識論はあらゆる人の精神的な備えの一部である。それらに対する名称は常識である。人類学者のクリフォード・ギアツ（Clifford Geertz）は，常識とは世界の理論，浅薄な理論だが，それでも理論である，と述べている[6]。もちろん，世界には単一の常識という理論などはない。ある人にとって常識であっても，別の人にとっては無分別なものである。しかし，常識は，特定の事例において，その内容がいかなるものであっても，世界に対する「中立的な」概念的アプローチを表現している。知覚の鋭敏さを改良する適切な概念的，理論的アプローチが，レンズや眼鏡となって支援のない常識を援助し，知覚の範囲を拡大してくれるのである。歪んだレンズが常識を妨げる場合もある。

1.3 頂上からの眺望

ある点で，視点というものの暗喩は，社会的経験に適用されるとき，人を誤らせるものである。私がある特定の地点から空間を移動するにつれて，対象は徐々に小さく見えるが，私は次第に広い領域を見ることもできる。私は空間を上昇するにつれて，都市や町は徐々に小さく見えるが，月に向かう宇宙船に搭乗すれば，惑星全体を（その片側だけと外部だけではあるが）見ることができるほど，もっと多くの世界を見ることができる。こうして我々の視点や視界は広がるのである。我々は，より大きな範囲の領域の文脈においてこれまで接近したものを見るのと同様に，適切な比率で，対象を見るようになるのである。

さて，我々は，社会的認知においては同様のことをしてはいないのではないだろうか？　我々は社会的状況の移動に応じて，社会的状況がより小さく思えるばかりでなく，より広い分野の一部でもあるように思われるであろうか？　実際にはそうでない。社会的出会いや社会的認知は短期の現象である。視覚的な類似性は，最適な光の中でも，ある対象がまったく見えなくなる限界を超えない距離，たとえば10フィートであれば，成り立つであろう。メールや電話による長距離のコミュニケーションというきわめて重要な可能性を除いて，我々は，ある状況から離れると，その状況においてかつて我々が行ったことを，希薄な形だけであったとしても，経験することはもはやない。我々は，そうした経験をまったくもたなくなるのである。我々は，時々，訪れるために戻るかもしれないし，他者がいま起こってい

1章　直接的および間接的知識　9

ることを我々に報告するかもしれないが，いまや，それは我々の経験の範囲外である。他者の報告は，我々自らがそこにいることの代わりにすぎない。それは，他者の報告が，他者には見えるが，我々には見えないものに関する報告のようなものである。その報告は遠く離れたところから見たことの希薄な代替に過ぎない。視点に関する暗喩は重要な点においてうまくいかないのである。

間接的な経験と資料

これまで述べたことのすべては一般的な考え方に反している。我々は，事務員から独立した管理者へ，取締役会の会長へと，階級を上昇するとき，そこから全体像を見ることができる地位へと移動すること，また，そこから実際に全体像を見ざるを得ないような地位へと移動することを意味しないだろうか？　そして，早晩，出来事から離れるとき，我々は，その出来事のただ中にいるときに見ることができるものよりも，出来事の全体的なパターンを見ることができる，というのが真実ではないのか？　このことは，ジャーナリストよりも，歴史学者を有利にするものではないのか？　そして，傍観者は，固有の視点で政治運動を見るためには，政治運動に積極的に参加して興奮することに夢中な者よりも，自分は有能であると考えてはいないのか？　そうではない。状況を記述する正しい方法とは，取締役，歴史家，傍観者が，状況に関する重要でない特徴を省き，重要な特徴を含めるように努め，各特徴に適切な場を与えながら，状況に関する描写を作成することである。

その状況の描写は，自分自身の直接的な経験やそれまでに生じたことの記憶によってだけでなく，他者の報告や観察によって提供する資料からも作成される。観客は単に見物しているのではない。観客は状況を記述し，表現を構成しているのである。観客は，自分に届いた報告を読み，それを踏まえながら全体のバランスを適切にとるように自分の考えを改訂する。また，あれこれ削除や追加を行い，ある特徴については大きく取り上げ，別の特徴については縮小しながら，状況の記述と表現の構成をやり直すのである。観客がその場面から遠く離れていればいるほど，他者からの報告により多く依存しなければならず，状況の記述を用意する際に自分の経験が導く程度はより少なくなるのである。頂上からの眺望というものは，頂上からの眺めではなく，（おそらくは自分に課した）大きな場面に関する優れた描写を入手する責任から作成された描写である。その記述の一部は自分自身が観察したものに，一部は他者が人に語るものに基づいている。記述すべき場面が大きくなればなるほど，人は他者が語るものにより多く依存しなければならない。頂上からの眺望というものは，主に間接的に（at second-hand）に描かれたものである。我々は，世界について，それが1万マイル上空から見えるもののように，自分自身が見たも

ののすべてに基づいて世界を描写することができるが，社会的世界に関する我々の記述は，それが大規模な記述となるものであるならば，伝聞に基づかなければならないのである。

1.4 実体験から学ぶこととは^{訳注1}

経験は教えてくるが，多くを教えてはくれない[7]。我々の多くは，狭い範囲の社会的位置を占める生活を経験している。我々が世界について知りえるものが，直接的（first-hand）経験に基づいて見出すことができるものであれば，我々が知ることはほとんどないだろう。しかも，我々が直接的経験そのものから見出すことができるものは，我々が世界との出会いについて解釈し，理解する際に取り込む思想の蓄積に決定的に依存しているのである。もし，我々が，自身がつくり出した思想に完全に依存しなければならないとすれば，世界についてほとんど意味を付与しないことになろう。我々は，直接的経験の範囲外の物事については情報だけでなく，思想についても他者に大抵は依存している。他者は，他の社会的視点からの情報だけでなく，新たな理論的視点を我々に提供してくれる。我々が世界について考えることの多くは，他者から間接的に得たものである。間接的（*second-hand*）という用語は，直接的ほど良くはないが，2番目に最良のものを示唆する点で適切である。というのは，明らかに，語られることによって見出すことは，経験をとおして見たり聞いたり，生活することによって見出すこととは異なる[8]。一つの音楽について語られることは，それを聞くことに代わるものではない。愛していることについて読むことは愛していることに代わるものではない。

そして，一般に，我々に語られるものが何であれ，我々自身の経験から遠いものであればあるほど，その語りはより希薄となり，抽象的なものとなり，純粋に言葉だけのものとなる。我々がもつことを避けたいと思う経験は数多くあるため，単に言語による記述のもつ希薄さをそれほど嘆き悲しむべきものではない。2番目に良いものは，確かに十分に良いものである。しかし，他のところでは，言葉による報告は直接的な営為や観察に対して十分代わりとなるものでは必ずしもない。しかし，もし，我々が個人的な経験の限界を超越すべきであるならば，言葉による報告で間に合わせなければならない。

間接的知識の必要性と知の典拠

何が我々に間接的知識を求めるように導くのか？　我々は誰へと導かれるのか？　必要性が最初の問いへの回答の一部である。「我々が知らないことを知っている人

1章　直接的および間接的知識　　11

と我々が考える人へ」と導かれるというのが第2の問いへの回答である。しかし，それぞれ人は異なる種類と量の間接的知識を必要とするように思われるという事実と，それぞれ人は誰から学習することができるのかに関して異なる考えをもっているように思われるという事実，この二つの事実を説明するものは何か？　我々は，世界について知られていることではなく，むしろ，人が知識について考えることを探究しなければならない。人は誰が何について何を知っているのかを，いかに決定するのか？　これが知の典拠についての問いである。

1　Robert K. Merton. "Insiders and Outsiders: A Chapter in the Sociology of Knowledge," *American Journal of Sociology*, vol.78, 1972, p.9-47. および，Karl Mannheim. *Ideology and Utopia: An Introduction to the Sociology of Knowledge, trans*. Louis Wirth and Edward Shils, Kegan Paul, 1936. 歴史家のピーター・ゲイ（Peter Gay）は，遠近法主義者の視点を，"歴史編集という職業におけるストックであり，それは歴史家が限られた観点に運命付けられているという議論とともに，その存在を正当化するもの" と呼んでいる。彼の著作である *Style in History*, Basic Books, 1974, p.197 を参照せよ。遠近法主義の多くの議論の一つとして，Wise, Gene. *American Historical Explanations*, Dorsey Press, 1973, p.36-353 を見よ。

2　Michael J. Reddy. "The Conduit Metaphor: A Case of Frame Conflict in Our Language about Language," *Metaphor and Thought*, ed. Andrew Ortony, Cambirdge University Press, 1979, p.284-324.

3　Theodore Caplow.; Reece J. McGee. *The Academic Marketplace*. Doubleday, Anchor Books, 1965, p.37. 驚嘆すべき確証が次の文献の中に見られる。Westie, Frank R. "Academic Expectations for Professional Immorality: A Study of Legitimation," *Sociological Focus* vol. 5, 1972, p.1-25

4　David McLellan. *Marxism after Marx: An Introduction*. Macmillan, 1979, p.23

5　この暗喩の使用はあらゆるところで見られる。たとえば，次の文献を見よ。Oscar Handlin. *Truth in History*. Belknap Press of Harvard University Press, 1979, p.1. "学者自身の観察の視点や，偏見，興味および先入観が，その学者がはっきりと認めるものを形成し，それゆえ，その学者が描くことができるものを形成するという範囲で，少なくとも，学者の視点は主観的である"。

6　Clifford Geertz. "Common Sense as a Cultural System," *Antioch Review* vol.33, Spring 1975, p.5-26

7　経験から学習することの失敗に関する興味深い議論については，次の文献を見よ。Berndt Brehmer. "In One World: Not from Experience," *Acta Psychologica*, vol. 45, 1980, p.223-241

8　このことに関する優れた議論は次の文献である。Jerome S. Bruner.; David T. Olson. "Learning through Experience and Learning through Media," in *Communication Technology and Social Policy*, ed. George Gerbner et al., Wiley, 1973, p.209-227.

訳注1　図1.1は，直接的知識と間接的知識との関係を示したものである。直接的知識とは，直接的な経験をとおして得られるような知識である。間接的知識とは，その世界について扱った資料を参照し，利用することで得られる知識であり，あるいは，その世界について専門家から話を聞くことで得られる知識である。「典拠」が問題となるのは，この間接的知識を得るために参照利用される資料であり，その世界の専門的知識を有した専門家である。

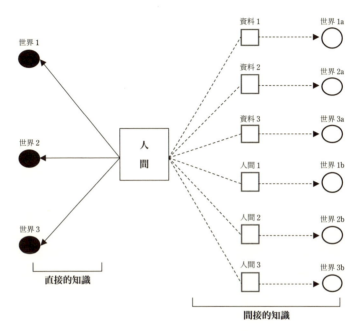

図1.1　直接的知識と間接的知識

2章　知の典拠
Cognitive Authority

■ 2.1　典拠，影響，信頼性

　私自身の個人的経験という狭い範囲のほかに私が世界について知っていることは，他者が私に語ってきたことだけである。それはすべて伝聞である。しかし，私はすべての伝聞を等しく信頼できるものと見なしているわけではない。自身が語っていることを知っている人も，知らない人もいる。語っていることを知っている人たちが，私にとって知の典拠である。

　ある人が他者から学習できると考える場合，その人と他者との関係を語るのに，権威 *(authority)* という用語[訳注1]の使用を完全に避けようとする傾向がある。権威への言及は，強い感情を，通常は敵対的なものを生み出す可能性がある。しかし，認識論的権威 *(epistemic authority)*[訳注2] は，我々が説明したい現象に対する適切な名辞である。最も良い代替用語はこの認識論的権威であるが，それも同様に攻撃的なものである[1]。問題となるのは，権威を主張する者が実際にそれに値するかどうかではない。単に，知の典拠（cognitive authority）とは何であり，何を基礎に典拠性を認識するのか，ということを理解することである。この理解を通して権威に対する人びとの激しい感情は和らぐかもしれない。

知の典拠となる人物[訳注3]

　人をAとBに抽象化して語ることから始めるほうがよりわかりやすい。Bという人にとって，Aという人が知の典拠だといえるのは次の場合である。すなわち，Bの関心領域Sに属する問いについて，Aという人が述べる内容が，Bにとってある程度の影響力をもつ場合である。Aが語る政治的な問いが私に与える影響力の程度に応じて，Aは政治学の問題において，私にとって知の典拠となる。もし，Aが述べることに多くの影響力があれば，Aは多くの典拠性を有するのである。もし何の影響力も与えないのであれば，Aは典拠性を有しないことになる[2]。

知の典拠性の条件

　注意すべき第1の点は，典拠性とは二人以上の人間にかかわる関係性である，ということである。誰も，自分自身のみで典拠とはなりえない。その人が典拠となるには，他者がいなければならない。したがって，典拠性を有することと，専門家であることとは異なるのである。というのは，人は，その人が専門家であると，だれからも気付かれず，あるいは認識されなくても，たとえ地球上の最後に一人になっても，専門家たりえるからである。注意すべき第2の点は，知の典拠性は程度の問題である，ということである。わずかな典拠性を有するものもいれば，多くの典拠性を有するものもいる。第3は，知の典拠は関心領域に相対的である，ということである。ある問いに関して，ある人物が典拠性を発揮して話すかもしれない。他の種類の問いに関しては，何らの典拠性を有することなく話すことがあるかもしれない。ある人が，多くの人びとにとって典拠となるかもしれないが，その程度は異なり，その範囲は異なるのである。Ａが政治学について述べることが，私と少数の他者に大きな影響力があるかもしれない。Ａが宗教について述べることが，他者にはそれ相当の影響力があるかもしれないが，その他者は政治についてＡが述べることは無視する。

　我々がある主題に関する典拠について話すならば，次のことを意味することになろう。［第1に］その主題に関する知の典拠と誰もが認める人物なのか，［第2に］我々が知の典拠として認める人物であっても，その人物は知の典拠として誰もが認める人物なのか，［第3に］知の典拠として認められる人物が実際に典拠として振る舞うのか，ということである。典拠として認められる人物を見出すことと，その人物が典拠として認められるべきか否かを判断することはまったく別のことである。前述した第2の点［典拠性の程度の問題］は，激しい感情が引き起こされる問題である。

知の典拠と権威との違い

　興味深いことに，知の典拠（権威）は，他のよく知られた種類の権威，他者に何をすべきかを指示する地位にある人物の権威とは，異なるのである。たとえば，経営管理的権威は，一定の規定された制限の中で，他者に命じる権利が認められるため，そのように呼ぶことができる[3]。他方で，蝶に関して世界を先導する典拠（権威）は，命令する力をもつことはないし，その人物はどのように考えるべきか命じることはできない。ある地位に任命されたり，選任されることで，経営管理的権威を獲得することはできるが，蝶に関して世界を先導する典拠として任命されたり，選任されることはありえず，征服や継承によってその地位を獲得することもできな

2章　知の典拠　　15

い。むしろ，知の典拠とは，ある種の影響である。私にとって知の典拠となる人た
ちは，私の思考に影響を与える人たちの中にいる[4]。知の典拠ではない他者もまた
私に影響を与えるかもしれない。そうした他者と知の典拠との違いは，私が後者
［知の典拠］の影響を適切なものとして認識し，前者の影響は適切ではないと認識
している，ということである。テレビ広告は，どの製品が最良か，どの政治候補者
が投票に値するかについて，私の思考に影響を与えるかもしれない。しかし，それ
が偶然の出来事であることを知ったならば，その結果に対抗しようとするだろう。
なぜならば，それらが私の思考に影響を与えることを許容すべきものとは考えてい
ないからである[5]。知の典拠性をもつものと認めうる人は，私の思考に影響をもつ
ことを許容すると考える人である。つまり，その人自身が行うことを述べるための
十分な基礎をその人は有している，と私は思うからである。その人がなぜ，そのよ
うに振る舞おうと考えているのか，その人は自身が主張することをいかにして知っ
たのか。これらに関する説明の有無にかかわらず，私はその人がそのように振る舞
うことができるものと考えており，私がその人に完全に従うかどうかにかかわら
ず，その人の話は満足ゆくものと考えるからである。

知の典拠と信頼性

知の典拠性とは，人の思考に及ぼす影響であり，その思考は意識的に適切なもの
と認識される。言葉が伝える影響力は，その言葉がもつ正当な影響に過ぎない。
我々は，他者が述べることが自らの思考にどのようなかたちで，どの程度，影響を
与えているのかについて，なんとなく気付いているだけである。それゆえ，我々
は，他者が自らに及ぼす知的影響の程度を知りえず，他者の典拠性も知りえないの
である。それに気付ける場合は，しかるべき影響以上の影響を受けているか，しか
るべき影響より少ない影響を受けていると感じるであろう。典拠性を認める人物へ
の信頼をなくす際は，我々は，その人物が自分たちの振る舞いの基礎になっている
と信じないようになることを意味する。それにともなって，その人物はもはやその
役割を果たさないことになる。その人物が，我々に影響をもち続けたとしても，そ
の人物への信頼をなくしているという事実を認識したならば，その影響は不適切な
ものとなろう。

知の典拠は信頼性（credibility）と関係している。我々に及ぼす典拠性の影響が
適切と考えられるのは，典拠性を有する人が信頼でき，信じるに値すると考えられ
るからである。信頼性という概念は，二つの構成要素をもつ。能力（competence）
と信用（trustworthiness），という要素である。ある人物が正直であり，自らが述
べることに注意を払い，だますようなことを忌避するならば，その人物は信用でき

る人である。また，ある人物が正確に観察し，優れた探究がきるのであれば，その人物は観察と探究の領域において有能な人物である。常識や法廷の場では，平均的な人の能力と専門家のもつ特別な能力とが区別される。健全な精神と一般的な能力をもつ人物であれば，間違いなく報告できると期待していることがある。それは，おおよそ等しい能力をもつ常識的な観察者・報告者による内容である。そうした内容を正確に記述し，報告するために，特別な技能や知識を必要としない。これは，日常的な社会生活の基本である。

友人，隣人，職場の同僚は，一般的に信頼でき，通常の能力を有しており，自身の経験について彼らが報告する内容を，信じうるという前提で大抵は行動している[6]。この前提を設ける限り，我々は，彼らの観察，あるいは経験に関しては，彼らを知の典拠として認めることになる（この種の事例においては，知の典拠について語らないほうがよいとする者もいるかもしれないが，なぜ，そうしないほうがよいかを理解することは難しい）。他方，特定の領域において，通常以上の能力を有する者として認める人たちもいる。そうした人たちが有能と思われる領域は，その人たちが知の典拠性を有するようになるかもしれない領域である。我々の知の典拠とは，我々が信頼できる情報源と考える人たちの中に明らかにいるのである。実際には，我々の思考に影響を及ぼさないにもかかわらず，ある領域において信頼できると認める人たちもいる。我々が信頼できると思う人たちは，我々が依存するかもしれない知の典拠の潜在的な要員となるのである。

2.2　知識と意見

我々が知の典拠として認める人たちがもつ特別な能力とは何であろうか？　それは，当然ながら，他者よりも多くのことを知っていると思うような人物であると言えるだろう。それは知性の問題ではない。通常の知性をもった人物でも特別な能力をもっていれば，その人物の言葉に大きな重みを与えることがある。また，それは情報の蓄積の問題でもない。証拠の法則に関する古典的な論文に，専門家について次のような重要な記述がある。すなわち，その人物が語る問題について，自らの語りからさらに知識を獲得できる人物であると[7]。その人物がすでに知識を有している，ということだけでは十分でないのは，理解できる。たとえば，専門家の証言を裁判に導入するのは，それまでに蓄積されたある一定の知識を学ぶためではなく，特定の裁判において生じる新たな問題についての意見を得るためだからである。知の典拠性を正当化する特別な能力は，最終的には，十分に蓄積された優れた記憶以上のものになる。では，それ以上のものとは何か。

2 章　知の典拠　17

知識と意見の違い

　前述の問題に関しては，知識と意見の旧来の違いについて考えることが有効であろう。その違いとは，疑念がなくなるまでに解決されてきた問いと，疑念のままである問いとの間の違いである。それは，閉じられた問い（解決済みの問い）と開かれた問い（未解決の問い）の違いでもある。この違いは大雑把ながらも，実際的なものであって，微妙なものでも思索的なものでもない。日常生活の実際的な目的のために，解決されたとみなす数多くの問いがある。あるいは，真剣に疑うことができない物事もあり，それは疑念が衝動的か異常に思えるようなものである。認識論者は，我々が知っていると主張する物事，すなわち疑念がなくなるまでに解決されたと考える物事について，本当に知っているかどうかを際限なく論じるかもしれない。しかし，我々には解決済みの問いとして扱う信念の蓄積を大量にもっている。ある時点で解決されている問いが，別の時点で未解決なものとなることもあるだろう。解決済みの状態は必ずしも恒久的な条件ではないし，永久に解決済みであると確信しているにもかかわらず，容易に誤りを犯すこともありえるのである。何が解決済みの問いなのかということ自体が，未解決の問いということになるのかもしれない。

閉じられた問いと開かれた問い

　ある問いが閉じられている（解決済みである）かどうかは，それ自体が，閉じられた問い（解決済みの問い）かもしれない。しかし，それは広く開かれた問い（未解決の問い）となるかもしれない。ある集団の人たちは，進化論の正しさは，少なくとも，一般的な枠組みにおいては，確立されてきたと強く主張する。その正しさは彼らにとって解決済みの問いである。一方，別の集団は，それは大いに未解決の問いであると信じている。後者は，進化論が正しいかどうかは意見の問題であると信じている。前者は，それは意見の問題ではなく，知識の問題であると考える。我々が知の典拠にあたって調べるのは，まさにこの種の問題である。我々はその問いが未解決なのか解決済みなのかどうかを知りたいのである。知の典拠となる人物は解答をもっているかもしれない。我々は，そのことに関する知識を，知識についての知識として扱うことができる。典拠となる人物とは，その領域内の問いの状態について知っている人物である。このことは，知への向き合い方の問題として扱うことができ，その扱いのほうが好ましいとも思われる。知への向き合い方とは，次のように表現されるであろう。すなわち，「取るべき適切な立場は，これは閉じられた問い（解決済みの問い）として扱い，その問いに対する解答はしかじかである」。そのような知への向き合い方が取られた場合，知の典拠となる人物の能力と

は，世界についての情報（第1レベルの情報）を我々に提供できるだけでなく，一定の情報をいかに取り扱うべきかに関して，助言することもできる能力である。

開かれた問いと知への向き合い方

　ある問いが開かれている（未解決である）ならば，その問いに対しては，現在，利用可能な競合する解答がわずかに，あるいは，多数存在しており，それらのすべての解答は意見という状態である。意見は「ほぼ知識」であるかもしれない。「ほぼ知識」とは，その問いがほぼ閉じられており（解決済みであり），ある一つの意見がその問いをほぼ十分に解決できるほどきわめて強力な支援を提供する，ということである。我々がある問いを未解決として扱う場合，そのときは，さまざまな競合する解答の状態を知りたいと思うであろう。そのうちのどれが最良なのか？　それらの解答は同等なのか？　解答の中には完全に無視できるものがあるのか？　この点においても，異なる個人と集団により，異なる解答をもつであろう。また，彼ら自身の見解のもつ利点を精力的に議論し，他者の見解を批判するであろう。

　この種の状況において，どの意見がより好ましいのか，また，競合する意見に対してどのような態度を取るべきかに関して助言を求め，知の典拠を頼ることになる。改めて，我々は，こうしたことを，知識についての知識として扱い，未解決の問いに対する意見の利点や欠点，長所と短所についての二次的知識を有する人物として，典拠となる人物を扱うのである。あるいは，それらのことを知への向き合い方の問題として扱い，競合する意見に対してどのような立場となるべきかに関して，良き助言を提供する能力の問題として扱ってもよいかもしれない。このような方法を取りながら，我々は実際的な態度についての助言を求める。その助言とは次のように表現されるであろう。「取るべき最良のことは，この意見をほぼ知識となるまでに十分に支持されるものとして捉え，他の意見は無視するというものである」。あるいは「なすべき最良のことは，それらの意見を思索的で，基礎付けられていないものとして扱うことである」。

知の典拠の役割

　知の典拠とは，我々が情報を求めて頼る人物である。まったく知識がないことが明白な場合においてさえ（あるいは，特にそうした場合には），助言を求めて頼る人物でもある。知の典拠は，その人物のもつ知識（解決済みの問いへの解答）の蓄積のみに価値があるのではない。その人物のもつ意見（未解決の問いへの解答）やその人物が提示する解答に対す態度や立場からなる助言も，知の典拠としての価値がある。知の典拠は，利用可能な知識の限界に達したときには提供を停止する。

また，いかなる種類の問題にまで拡張できる。道徳的，宗教的，政治的，美的，技術的，科学的，哲学的な問題にまで拡張できる。そして，すべての問いが未解決であり，無期限に未解決のままであることが予想されるような領域においても，知の典拠は，影響力を行使できるのである。知の典拠は思考のいかなる領域をも越えて拡張できる。そして，我々に，どのように考えればよいかを語り教えることはできないが，信念や態度の側面において影響を与えることができるのである。

2.3　典拠性の程度

　私にとって典拠となる人物の言葉が私にもたらす影響は，私にとって問題を解決できるほどに大きいかもしれない。典拠となる人物が，これはそういうことであると言うことは，問題を決着させるほど十分なものである。特定の領域において絶対的な典拠となる人物は，その領域内の問題に対して，つねに問題を解決すると捉えられるような人物である。これは例外的であり，通常の例ではない。おそらく，思考の問題における権威という考え方に対して多くの人たちが感じる敵意とは，権威という概念が絶対的か非存在のいずれかに違いないということから生じる。しかし誰もが，その他者の意見や助言について，他者が誰なのかによって，重く受けとめる程度が異なるのである。

　知の典拠の本質は，知の典拠となる人物の意見や助言を，多かれ少なかれ重く受けとめる，ということに過ぎない。知の平等主義者は，ある問題に関して，あるいはすべての問題に関してさえ，あらゆる人の言葉は等しい重みをもつべきだという考えを抱いているであろう。実際には，平等主義者がそのように考えたとしても，誰もそのようには行動はしない。たとえ，誰も平等に投票できるとしても，他者を認識する際には，等しい判断はしてはいない。知に関する虚無主義者は，人の言葉は何の影響力ももたないと考えているであろうし，我々は，不適切だとみなす考えを抱いているであろう。知の虚無主義者をあまた見つけることは困難であろう。我々は，さまざまな程度で必ずや他者を信頼している。情報や助言の源として他者に多かれ少なかれ依存しており，知の典拠という現象は，絶対的な典拠のみを認識している人たち（もしいるならば）にとって真実であるのと同様に，絶対的な典拠を認めない人たちにとっても，まさに真実なのである。

2.4　典拠の領域

　典拠は領域に限定される。特定の領域の問題に関しては，典拠について語るが，

20

領域外の問題の典拠に関してはまったく語らない。しかし，典拠の領域はつねに正確に定義できるわけではない。特定された領域を占める個々人の厳密な配置図を見出すことに期待を寄せてはいけない。典拠に関する領域には，かなり良く定義されているものもあれば，まったく定義されていない領域もある。専門家とジェネラリストとの差異は，前者がより良く定義され区分された典拠の領域に属し，後者があまり定義も区分もされていない典拠の領域に属す，という違いである。しかし，専門家が，その専門知識を主張する領域をきわめて明確に定義できるときでさえも，その人の典拠性は程度を縮小させながら，その領域をはるかに超えて拡張するかもしれない。

専門家の典拠の領域

　十分に定義された領域は，典拠が最大値の核となる領域であり，濃淡の差はあれ，典拠が保持されている周辺領域に取り込まれており，その典拠性の程度は徐々に小さくなる。専門家が，自分に寄せられた問いが自身の専門知識の領域外だと説明するのはよくあることである。このような状況の場合，問いを寄せた他者は，専門家自身が付与すべきではないと考える重みを，専門家の言葉に付与する心構えで臨んでいる。しかし，専門家は自身の専門知識の領域を明確にできるにもかかわらず，自身が典拠となる分野を明確にはできない。専門家の典拠の領域を明確にするのは，他者が専門家の支援を受けて行うためである。典拠となる分野は，交渉で決められるのである。専門家はある一定の問題領域に関する記録のために話を提供する。専門家の話の聞き手は，領域を広げるように専門家を急き立て，専門家は不承不承，それに同意するなど，これ以上の調整の必要がないと認められるまで調整は続くのである。それと反対の状況では，専門家は広い範囲の問題について話す用意があると無愛想に断言する。それに対して聞き手は，狭い範囲に話を限定するように説得を試みるのである。最終的に聞き手が，その人物の言葉が典拠の言葉に値する分野の範囲を決定することになる。

自ら定義する典拠

　こうした一般的な規則には例外がある。極端な例としては，典拠となる人物が，自ら典拠となる領域を明確にする権利が与えられているような場合である。これは，典拠となる人物を信じる人にあてはまる状況である[8]。信じるということは，他者を信頼することであり，その信頼はあまりにも完全で，「あなたが知っていることについて私に教えてください。私は，あなたが知らないことについては何も語らないということを信じています」と言うのと同意である。宗教の指導者や預言

2章　知の典拠　・　21

者，政治的救世主を信じる人は，進んで熱心に指導者の意思を甘受し，指導者が典拠性を有する人物として受け入れられたい分野を明確にするように求める。そして，最高度の典拠とは，このように自ら定義する典拠であり，典拠自体の対象分野の範囲に関する問いにまで拡張させる典拠である。

普遍的典拠と知識の貯蔵庫としての図書館

我々は，ある人を，あらゆることに関する典拠，すなわち，普遍的典拠（universal authority）として認めることがある。ある段階にいる子どもは，親は何でも知っていると考えていることであろう。子どもは親を多方面にわたる典拠として受けとめている。大人もまた，知る価値のあるものについてすでに何でも知っているか，知る価値のあるものを探し出すことができる他の大人がいることを想定しており，他の大人を多方面にわたる典拠として扱うこともあるかもしれない。我々にとっての典拠は，すでにあらゆることを知っている人物ではなく，単に他者が知っていることを探し出すことができる人物と考えるのであれば，その人物を，すべての問題を真摯に引き受ける価値のある人物と考える理由があるのかもしれない。その人物がある問題についていまだ知らないのであれば，その人物はそのことについて知っている人に意見を求めるか，自分に［解答を］示してくれる図書を調べることができる。そうだとすれば，解答可能なあらゆる問いへの解答を探すことができる図書館訳注4, 訳注5 は，知識の貯蔵庫と考えられるのではないだろうか？

2.5 典拠の基礎

人びとは，さまざまな方法で，我々の思考に影響を及ぼすことになる。人びとがどれほど影響力をもとうとも，その影響を受けることが適切であると我々が考える限り，我々は，その人たちの影響を擁護し，正当化する用意があることになろう。つまり，「なぜ，その人の話に耳を傾けるのか」「なぜ，それほどまでに，あなたに影響を与えることを許しているのか」，という問いへの答えをもっているのである。「その人が多くのこと知っているから」という回答は十分ではない。なぜならば，次なる問いが出てくるからである。その問いとは，「何が，あなたにそのように思わせているのか」である。いまや我々の課題は，その問いへの有用な回答を探究することである。それは慣習的に適切なものとして認識される回答である。その状況は，我々自身は一定分野の知識をもったうえで，他者がその分野についてどのくらいの知識をもっているかを把握しようとするものではない。他者を知の典拠に値すると考える理由は何であれ，他者の知識を直接検証しているわけではない。むしろ

我々は，信頼性という間接的な検証や指標を取り入れなければならない。その状況は，多くの異なる人々が一様に知識をもっていると主張しているが，同じ主題に関してすべて異なることを述べているかもしれない状況である。我々自身はその問題に関する知識をもっていないと仮定すると，どのようにしてそうした人たちを選ぶことができるのか？　あるいは，かつて行った選択をどのように擁護できるのだろうか？

知の典拠の検証

こうした問いに答えるには，きわめて慣習的な方法があるはすである。なぜならば，その答えは日常生活において繰り返し現れているからである。「何をもって，その人にその問題に関して語る資格が与えられているのか」という標準的な問いへの答えは，「それがその人の仕事である」ということである。その人はその問題を扱うことで生計を立てている，ということである。旧来の実践的な規則は，各人はその人自身が有する技術・技芸において，信用されなければならない（*Cuique in arte suâ credendum*），各人はその人自身の専門の事象において信頼されるべきである，職業上の専門性は知の典拠を認識するうえでの基礎を提供する，というものである。同様によく知られた答えとしては，その人はその主題について体系的かつ詳細に学んできており，その主題において上級の学位を取得してきている，ということもある。我々は，こうした旧来の職業上の取決めのほか，正規の学校教育という新しい取決め，その当然の帰結として，正式な研究プログラムの完遂に成功した証拠として資格証明書あるいは学位などを加えてきている。知の典拠に関して，この場では，この二つの基礎が認識される。専門家であることの証明は，「知識，技術，経験，養成，あるいは教育」によって，専門家としての資格が与えられていることが示さなければならない。知識やスキルに関する直接的な検証については，我々自身が知識を有していなければ，管理することはできない。そうした場合は，特に職業上の役割における養成や教育の証拠，あるいは実践的な経験の証拠が，専門家としての地位の主張を支持することになる[9]。

評判による知の典拠の検証

人は，偉大な専門家でなくても，専門家になりえる。経験や教育が，卓越してはいない基本的能力の証拠として受けとめられる。実際の問題として，我々は，卓越した能力の指標として，同様の業績や研究を行っている専門家による評判を用いる。「その分野における先導的な専門家」は，同じ分野の他の専門家がその人を高く評価していると見出すことで認識される。たとえば，我々が同僚の意見に依存す

る場合，同僚から不当・不適切に無視され中傷されている人たちを把握する方法を
もたない，ということを意味する。しかし，我々が独自の検証能力を欠いているの
であれば，同僚の意見に依存することしかできない。

　偉大な専門家を把握するうえで用いる評判というルールは，単純ではない。たと
えば，その同僚の評判が，ある集団においては高く，別の集団では低いかもしれな
いからである。考慮すべきは，同僚の中での評判のみとは限らない。ある人が，同
僚の集団以外の人たちの中で評判が高く，同僚の集団では評判が低い，ということ
があるかもしれない。外部の者の意見が，内部の者の意見にまさるかもしれないの
である。評判というものさしは，多くの場合，曖昧さなく機能するであろう。そう
でない場合には，適切な集団や準拠集団，それらの集団の集合的意見が能力の指標
として利用されるが，その集団をどのように選ぶかによって，評判というものさし
は異なる結果をもたらすことになろう。

　評判には別の原則もあり，それは事実上きわめて重要である。私自身が良く思う
人たちが，ある人間Ａを良く思うのであれば，私はＡを良く思う傾向にあるという
ことだ。そうすることで自分が正当化されると考えるのである。ある人たちの言
葉が私にはきわめて重要であるとしよう。その人たちが，Ａの言葉は自分たちに
とってきわめて重要であると言うならば，私はＡを知の典拠を有するものとして，
認識する傾向にあるだろう。私にとって知の典拠としてすでに確立している人たち
は，その典拠を別の典拠に転移させることができる。私はその人たちを信じてお
り，その人たちがＡは信じられると言うので，私はＡを信じるのである^{訳注6}。

　他方，私が知らない同僚の中での評判は，間接的に能力の検証を提供するものと
受けとめられる。同様に，知識を有しているとすでに信頼されている特別な集団の
人たちの間の評判も，間接的に能力の検証を提供するものと受けとめられるのであ
る。これは，個人の推薦に偏在する現象である。人は，自身が信頼する人たちに
よって信頼されている人たちを信頼できるという原則がある。この原則は社会生活
の中心的かつ根深い特徴である。我々は，混迷する人生を何とかして歩むために，
こうした取決めに固執するのである。

　我々は，知の典拠の基礎として，共通の承認というものに特別な地位を与えるべ
きである。誰もがＡを知の典拠として認識するのであれば，私は同様にそうする
であろうし，それにより，自分自身が正当化されると考えている。こうして，他の
二つの評判という取決めを一般化することになる。第1に，私自身にとって典拠と
なる人と他の誰もがＡは賢いと言うのであれば，それは，私がＡを賢いと考える
確かな理由となる。評判というものは，知恵や知識，能力の証明にはならないが，
別の人よりもその人に耳を傾けるほうが望ましいとする合理的な基礎として利用さ

れるのである。

達成による知の典拠の評価

遂行の成功は，いかなる種類であれ，特別な能力の指標として利用されうる。ある人がさまざまな集団の中で評判があったとしても，我々は，自分自身がある人の達成（performance）を評価できると考え，知の典拠を認識する基礎として自身の評価を用いるであろう。一般的な原則は次のとおりである。ある人が生活のある領域において，いかなる種類であれ，著しい成果をあげているのであれば，その人は，そうするために必要となる知識をもっているに違いなく，その領域における知の典拠としての認識に値する。そして，こうした達成に関する原則は，判定される達成が理論や原理の創造や表現とは異なるものであるときにのみ，適応可能である。なぜならば，理論の創造や表現は，我々が独力では評価できない種類の達成だからである。我々自身が検証できるような予想を立てること，目撃できる驚くべき成果（奇跡，驚異）を生み出すことは，その達成者がある特別の能力を有すると考えるための間接的な基礎を我々に与えるものである。

患者（特に，他の医者から見放され，途方に暮れている患者）を治療する医者，軍事作戦に勝利する将官（特に迅速かつ最小限の犠牲で，大きな困難に立ち向かう将官），大企業を創設する起業家は，それぞれ，当該の行為を達成することにより，当該の行為を実行するのに必要なものをもっていると考えられ，知の典拠としての資格が与えられると考えられるであろう。自身の努力によって大いなる力と富を獲得する人たちは，同じ原則のもとで資格を得ることになろう。なお，典拠が認識される分野は何かということ自体は別の問題である。

知の典拠の正当化の基礎としての達成

こうした達成に関する原則は，それが利用可能な場合には，知の典拠に関する認識を強力に正当化する。評判は（独占的ではなく，大部分において）遂行能力に基づいているので，この原則は評判のルールの基礎となるものである。自分自身で評判の基礎となる遂行能力を評価することができない場合には，評判のルールを用いるのである。しかし，遂行能力の検証はしばしば利用できないことがあり，確定的でないこともよくある。学者は，他者が確証しないということ，他者が病気を治療しないということ，他者が奇跡を起こさないということ，などは予測しない。ただ，探究分野において真偽を見出そうとするだけである。遂行が成功したかどうかに関して第三者が適用できるような検証方法はない。実績が明確に現れるところでも，その成功はしばしば曖昧なものとなる。患者が医者による治療の恩恵を受けた

2章　知の典拠　　25

かは明白ではない。経済学者の助言が事態を改善したかどうかも語ることはできない。なぜなら，事態が改善されていることが明らかでないからである。もしくは，その改善が，治療によるものであるかも明らかではない。患者は快方に向かっていると感じているが，その要因が医者の治療にあるかどうかを我々は語ることはできない。他方，我々が，治療が成果をもたらしたと確信したとする。しかし，その治療が，幸運に基づくのではなく，その医者の能力に基づくのか，医者のもつ特別で豊富な知識に本当に基づいているのかどうか訝しく思う。治療という行為遂行の結果は長い目で見れば現れるだけであって，今現在，その行為が成功であったかどうかを我々が語ることはできない。遂行の結果は，固く守られた秘密であるか，または，大きな努力を払うことによってのみ見出すことができる。達成の原則ルールというものが，まったく利用できないか，確定的なものでなく，知の典拠を正当化するための原理的基礎として役に立たないようなケースはとても多いのである。

妥当性による知の典拠の検証

ここまで，知の典拠に関する認識を正当化する間接的な方法を検討してきたが，無視できないほど重要かつ直接的な方法がもう一つある。典拠というものは，ある個人の見方が本質的に妥当で，納得でき，説得力があるという理由で，正当化することが可能である。たとえば，ある指輪が輝やいていて，それが本物であることを，情報源となる人物が繰り返し私に教えるならば，私はその人から同じことをもっと期待するようになり，その人を頼るようになり，他者をその人に紹介するようになり，他者にその人のことを取り立てるよう促すことになる。その人は，私を支配する知の典拠を獲得したことになるだろう。ただし，他の典拠と同様，その人が私に印象を与え続けられなければ，私にとっての知の典拠を失うことにもなる。他の理由（経験，養成，名声，見せかけの達成）に基づいて，知の典拠を主張する人は，その人が私に語ることの本質的な妥当性の検証に失敗したならば，知の典拠を獲得することができない。明らかに妥当でない見方を本気で採用することはできないのである。

本質的な妥当性の検証は，多くの関心領域において利用できるものではない。専門家が語るべきことは，私自身の経験や信念からあまりにもかけ離れているかもしれない。専門家が，私がすでに信念と確信の蓄積をもっているような問題に近付けて語るほど，妥当性の検証は利用可能であり，対立する見方の区別がより一層可能になる。我々の事前の信念が，新たな信念として受け入れ可能なものや，他者を知の典拠として受け入れる限界を定めたりする。我々が信じられることや語られる物事の中で，容易に信じられると思うことは，すでに信じている物事に強く依存す

る。妥当性の検証は，それが適用される場面では，典拠を受け入れるか拒絶するか，他のすべての理由に優先する。妥当性の検証は，他のすべての理由より重要なのである。

個人的信頼と知の典拠

つまり，典拠というものは，単にある人の個人的信頼，信念に基づいて，獲得され守られるものである。その顕著な例は，マックス・ウェーバー（Max Weber）が「カリスマのもつ権威」と呼ぶものである[10]。預言者や英雄，聖者は，個人的献身を引き付け，その個人が自身の知の典拠の領域を定めることを促すのである。それほど極端な例ではないが，我々は，非常に魅力的であり，魅惑的な人から感銘を受けることがあり，その人が言うことなら何でも進んで信じるようになることがある。異常なまでの達成に関して（利用可能な第三者による検証があるにもかかわらず）第三者による検証を必要とせず，名声という証拠（実際その名声は我々に影響を及ぼすかもしれないが）も必要とせず，資格や学位も必要としない。その個人が有する個性の直接的な印象で十分なのだ。本質的な妥当性に関する最終的な検証さえも破棄され，新たな見方に転向させられるかもしれないのである。この転向によりある種の内的革命を経験し，その内的革命は，無意味なものを意味あるものにし，妥当でないものを妥当なものにし，不愉快なものを魅力的なものにするのである。そして，そのすべてが，明らかに目を輝かせつつ行われるのである。宗教的，政治的人物だけがこのように知の典拠を獲得するのではない。学術機関の創設者を信奉する者は，同じようにして，信奉者になるであろう。そして，信奉者は偉大な教師の教えに固執するための理由を探すことも得意である。

典拠に関するこうしたさまざまな基盤は，ある人が典拠となる人物の言葉に依存するのを擁護する際に取り上げられる。その際，そうした基盤はいずれも問題にされるだろう。それらの基盤は言及すべき正当なものとして，また適切なものとして認識される。我々はみな，経験や養成，公的に賞賛された業績，同僚間での評判，他の知の典拠となる人物間での名声，本質的な妥当性，などに訴える。それらのものに訴えることが適切であると考えている。最終的に，ある個人の信頼に訴えることは，合理的でなく，客観的でもないように思われる。しかし，個人への信頼に訴えることは，最も強制的で問題とされないもののように思われるであろう。問題とされないのは，信頼というものがすべてを証明するからではなく，制御不能で抵抗できないものであり，それゆえ，熟慮した選択の範囲外にあるためである。しかし，これらの典拠の基盤はすべて確定的でなく，知の典拠の正当性を示す単なる記号であり，指標なのである。それらの基盤のいずれも，典拠を確立するうえで，完

全なものではなく，（ある分野において典拠の認識が問題とはされないときでさえも）典拠の領域や程度のいずれについても決定には不十分である。知の典拠の正当化が，どの程度穴だらけかを強調する価値はある。次節では，専門知識と典拠との難しい関係に専ら取り組む。

▌2.6 専門的知識と典拠

　一般的に，我々は，専門家と典拠という用語を互換的に使用する。ある主題に関する典拠とはその主題における専門家であり，逆も成り立つ。これは十分当然なことである。なぜなら，我々は，専門的知識を，ある特別な知識の所有を意味すると考え，典拠を知識の所有に依拠したものと考えているからである。しかし，専門的知識という考え方と典拠との間に何らかの空白を置く必要があり，それらの関係に注意を払うべきである。専門家はある特別な知識の集まりをもっているであろうが，それは世界についての知識でないかもしれず，その専門家を典拠として認めることを保証しないかもしれないのだ。我々が専門的知識と典拠の間の差異について自信をもって無視することができるのは，次のことを仮定する場合に限られる。それは，専門家はある事柄についての専門家であるばかりでなく，ある特定分野の世界に関する真の知識についての専門家である，ということである。もし，我々が，占星術についてもはや典拠を認めないのであれば，それは，我々がもはや，占星術家が世界に関する特別な知識の集まりを所有しているとは信じていないからである。

　しかしそれでも，我々は，非専門家と専門家の占星術家との差異を認めることができる。専門家としての占星術家は世界について特別なことを知らないかもしれないが，駆け出しの占星術家が知らないことを確かに知っている。占星術は一群の教えをもっており，なかには，その教えの説明や展開，さらには応用において他の者より優れた人たちがいる（特に，占星術が学術的な主題であった時代はそうである）[11]。問題は，人はまさに専門家としての占星術家さえも信じるべきかどうかといことであり，専門的知識はその人が典拠であることを保証するかどか，ということである。つまり，（分別のある多くの人たちにとって，占星術がいまなお，しかるべき典拠を伴った真摯な主題となっているが）多くの人たちにとって，その問題への答えは，専門的知識は典拠を保証しない，ということである[12]。典拠とならない専門的知識があるのである。占星術における長きにわたる実践経験も，より高度なものをもたらす体系的な研究のいずれも，専門的知識の主張を支持することはあっても，知の典拠の主張を支持することにはならないであろう。

専門的知識と典拠性の正当化

　典拠性を有さない専門的知識，すなわち典拠性を正当化しない専門的知識の例がほかにあるのかどうか，という問題がある。もはやいかなる真実の知識にも対応しないと見なされるような専門的知識があるだけではない。同一分野において，そのすべてが典拠を主張しているような，競合する専門的知識に関する多数の事例がある。その場合，どのようなものが知の典拠を保証する適切な専門的知識であるのか，という問題が生じる。専門的知識を主張するさまざまな人たちがいて，その中から我々が誰を選びたいのか，あるいは誰を選ぶ必要があるのか，ということではない。専門的知識にはさまざまな種類があり，我々は，その中から，選ぶ必要がある，ということである。そこで，我々は二重の問題を抱えることになる。すなわち，まず，競合する専門的知識の中から選ぶこと，次に，選んだものを代表する特定の専門家を選択することである。

　実際には，その問題は，二つとは捉えられないかもしれない。陪審員[訳注7]は，相矛盾している二つの心理療法の代表者が示す相対立する専門家の証言を前にして，二つの問いを一つの問いに縮約することなろう。その一つの問いとは，それぞれの証言にどの程度の重み付け（証拠に関する法律の議論の中で使用される用語）をするか，ということである。しかし，食い違いは残ったままである。たとえば，異なる神学は超自然の事象に関して典拠として認められるために争う。また，異なる種類の経済分析は，経済状態の診断と経済的困難の治療という問題に関して典拠として認められるために争う。異なる心理療法は精神的な健康と病という問題領域において争う。

　我々は，特定の専門における学説や探究において，ある人物の専門的知識を認めることができる。一方で，その人物が専門と主張する分野における重要な問題に関して，その人物を重視すべきかどうかを考えるのである。そして，我々は，先導的な専門家がその専門家の分野において知るに値するかどうかについて何も語れるものがない，と確信するかもしれない。もし，経験や養成という証拠が専門的知識の証拠であるならば，専門的知識から典拠に至るには大きな飛躍がある。我々は，考えることなく飛躍することがしばしばあるだろう。競合する専門的知識に関する双方の主張に対して，社会の論争が引き起こされることにより，我々は自分がうまくやっているかどうかを考えるようになるのである。

専門的知識と典拠性の及ぶ範囲

　承認された専門的知識が知の典拠を保証すると思われるときでさえ，典拠の範囲は解決されないままである。たとえば，法律は，専門家の地位にある人物の主張は

その人物の専門的知識の分野内に限って妥当であると，注意深く指摘している。医者は，専門とする医学分野の範囲外の問題に関しては，専門家としての証言することを求められることはない。しかし，法廷の外では，物事はそれほど明確ではない。そこでは，知の典拠の領域については，典拠となる人物との交渉で定まることがしばしばであり，典拠となる人物に耳を傾ける人は，専門家が自身の専門的知識の核となる領域であると考えている領域をはるかに超えて拡張するか，または，専門家が進んで典拠性を主張する領域のごく一部に限定するか，のいずれかである。専門的知識が知の典拠性を正当化する範囲について，それを支配するルールは客観的かつ広く認めれたものあると考えられがちである。それは専門分化のルールである。すなわち，ある人物の典拠性は，その人物が専門的知識を主張できる領域外のいかなる問いに関しても，主張されてはいけないし，認められてもいけない。しかし，このルールは一般的に受け入れられず，いかなる場合においてもあまり厳格ではない。典拠性は専門分化の限界をはるかに超えて認められてしまうのである。

知の典拠としてのジェネラリスト

　我々は，ジェネラリストの存在を認める。その人物とは，自らが専門家であると主張する範囲よりもはるかに広い範囲の問いに関して助言を求めて頼ることができる人たちである。たとえば，競合する専門領域をいかに扱うかに関する助言を求めて頼らなければならないのが，ジェネラリストである。それは，専門家に尋ねるのは良くない問いである。我々が，最大の価値を置く社会的，政治的，倫理的な問題に関して，その人たちの見方に最大の価値を置くとき，その人たちは厳密には専門家として語る人たちではないだろう。また，専門分野の範囲内に分類されるような問題に関してのみ語るような人たちでもないだろう。しかし，さまざまな種類のジェネラリストに対する態度には，個人や国家によって興味深い違いがある。フランスとアメリカの間の大きな違いの一つとして，例をあげると，それは著名な文学者と知識人についての公の期待に関するものである。ある鋭敏なヨーロッパのオブザーバーは次のように記している。

　　　アメリカ人のなかで，市民や社会が抱える問題について助言を求めるとき，小説家や劇作家を訪ねようと考える者は誰もいないだろう。というのは，そのような問題は「専門家」のみがもつ能力の範囲内あるからである。

　　　それとは対照的に，フランスでは，偉大な作家は考えることの教師（*maître à penser*）であり，社会的，政治的主題という広範囲の主題に関する重要な意

見や助言の情報源として認識されている[13]。フランスのコメンテーターが，同じ状況に関するアメリカに似た説明を提供している。

　　［フランスでは，］何らの典拠性もない作家が，何も知らないことを公然と鼻にかけている主題を扱うときでさえ，非常に多くの聴衆を獲得できる。これはアメリカでは思いもよらない現象である[14]。

　しかし，アメリカ人は，それも多くのアメリカ人は，市民や社会についての問題への助言を求めて，成功した実業家を頼り，政治や行政の問題に関する助言を求めて，成功した将官に頼ることが適切であると考えるだろう。どのような達成がいかなる領域の知の典拠性を正当化するかは，人（そして国）によって異なるとはいえ，成功したことは，当該の達成の領域をはるかに超えて，知の典拠性に関する認知を正当化するものと受けとめられる。

専門性のルールと典拠性

　ところで，専門性（specialization）のルールは，よくて融通性のある程度のものである。専門性の領域はさまざまな記述と解釈が可能である。最も狭い見方としては，ある問題に関する専門家としての資格を有する人とは，その問題に対して，独自に行った研究により，既に解答をもっている人たちであろう。すなわち，その人自身の業績によってのみ専門家となるという見方である。それとは対極の見方として，未解決の問いに対して，その人の業績によって光があてられるような場合，その人が専門家として習得した見方，訓練，経験が適合していて，有用となる問題である。そうした例では，実業家や将官，芸術家はみな，自身の本拠地となる分野の業績が，本拠地からかけ離れた問題についても，自分たちには専門家としての資格を有すると，もっともらしく主張するかもしれない。結局，そうした人たちは，人間の本性や社会機構，計画とその実行に取り組まなければならない。また，その人たちは，自分たちの経験により，広範で多様な人間の状況を理解できるようになる人たちである。転移可能な能力と広範囲にわたる専門的知識に関する主張は，いかなる特別な場合においても，取るに足らないかもしれないが，一般的な主張としてはまったく無意味ということではない。ゆえに，専門性のルールを無視しようが，捻じ曲げることになろうが，我々は専門性のルールに関する狭義の読みが保証するものをはるかに超えて，知の典拠性を認識するのである。

　今のところ，専門的知識に訴えても，「典拠性の領域」という問題が解決しないのは明らかであり，「典拠性の程度」という問題も解決はしない。典拠性に関する

2章　知の典拠　　31

適切な領域内において，専門家やジェネラリストの言葉にどの程度の重みを付与するのが適当かは，すでに用意された型にはまった答えなどない実践的問いである。陪審員のメンバーは，専門家の証言にいかなる重みを付与すべきかについて，どのよう重み付けを行い，また，行うべきなのか，に関して何も教えられず，自分の力で決めるように任せられている。問題は重大ではあるが，即座にそのことを明確にするいかなる試みも，我々を深く暗い無知の水域に連れ込むのである。理解をもう少し進めるために慎重に審理を進めよう。

2.7　我々は，我々の典拠を信じるのか

記憶と情報源

我々は記憶について語らなければならない。我々が聞いたり，読んだりしたことの多くは，ラベルを付与し，記憶の中に留め，いつ，どこでそのことを聞き，読んだのかを記録する。もちろん，我々は聞いたり，読んだりしたことの多くをすぐに忘れてしまう。そして，覚えていることの一部から，内容の説明とともにその情報源を呼び起こす傾向がある。しばらくすると，内容を保持しながらも情報源を忘れるかもしれない。しかし，誰が我々に語ったのか，あるいは，どこでそれを読んだのか忘れたとしても，誰かが我々に語ったこと，あるいは，どこかでそれを読んだことを覚えているのである。それはあたかも，読書とは別に，情報源というラベルが抹消されるか，次第に消えてゆくかのようである。いくつかの情報源から聞いたものは「彼ら」が言ったこととして単に記憶されであろうし，しばらくすると，「彼ら」はもはや個人として特定されないであろう。だいぶ前に収集された情報は，「彼らが学校で我々に教えてくれたこと」「このような場合に，図書があなたにすべきこととして述べていること」および，「人びとが，彼についてよく語っていたこと」として，呼び起こされるであろう。

我々に語られていることを，我々は信じるのか？　確かに，語られたことなら何でも信じるわけではない。私は，ブラウンは執念深いとスミスが言っていたのを聞いたことを思い起こすが，私はそれを信じない。私は，ジョンが野心的であると人びとが語るのを聞いたことがあり，それは正しいと私は確かに思う。私は，グリーンが大統領戦に出馬するつもりであると教えられたが，本当にそうなのかどうか私にはわからない。我々は，それを聞いたことを思い起こし，それをどこでいつ聞いたかを覚えているときであっても，聞いたことが真か偽かに関して意見をもつ必要がないのは明らかである。

典拠となる人物の言葉と命題の確率

　我々にとって知の典拠となる人たちから聞いたことについてはどうであろうか？ わずかな情報や助言には何が起きているのか？　知の典拠とは新たな信念の自動的な情報源として役立つと考えられてきたであろう。もし，私が典拠として認めている人が私にしかじかと語るのであれば，私にとって典拠となる人物からそれを聞いたという理由で，私は即座にしかじかという信念を獲得し，いまや私が知っていることとして，その信念について説明し，支持することになる。これは，実際に起こりえることである。もし，典拠についてつねにそうしたことが起きるのであれば，その典拠となる人物は私にとって絶対的な典拠である。しかし，こうしたことは，通常の出来事というよりはむしろ，限られた出来事である。多くの人たちにとって，最も明白で最も魅力的な代替となる見方は，典拠となる人が主張する言明や命題に私が付与する影響力の確率は，典拠となる人の言葉により変更される，ということである[15]。

　もし，私にとって典拠となる人が，ベーコンが癌の原因であると私に語るならば，ベーコンは癌の原因であるという命題に私が付与する影響力の確率の程度は上昇し，その人の典拠としての位置付けが大きくなるほど，その程度も上昇する。私の信念が個別的なものでも独立したものでないことから，そうした命題の確率が変化する場合に，無矛盾性[訳注8]を維持するべきだとすれば，論理的に関係する他の命題も変化する必要があろう。こうして，典拠となる人からの言葉は，心理的な再調整による全体的なつながりをもたらす（また，そうあるべきである）。

情報源としての典拠となる人物の言葉と制御の問題

　こうした心理的な見方は，心というものを過度に論理的な機械にする。心というものは，何かの出来事を正確に記述する場合もあるし，つねにそうである人もいるだろう。しかし，少なくとも我々の中には，そんなことはありえそうにない人もいる。我々にとって典拠となる人物から聞く言葉の多くは，我々の記憶の中の「伝聞の集積」に，情報源として適切に記述されたラベルを付して，しまい込まれるのである[16]。我々はそれを信じることも，信じないこともしない[訳注9]。我々は単に，将来参照するためにしまい込むだけである。何らかのかたちでそれを利用するまで，それはただ単に，思い起こされる一片の伝聞のままで在りえるのである。もし，行動を起こし，計画を作成し，あるいは，思い起こされる項目が適切であるような質問に解答するときがあった場合，我々はそれを思い起こし，評価することができる。ただし，そのときは（そのときまではないのだが），情報源にどのような重みを付与すべきかという問題に直面することになる。しかし，そのときでさえ，我々

2章　知の典拠　　33

は思い起こされる項目に確率を付与する必要はない。我々はただ単に，典拠となる人が述べたことが真である，という前提に基づいて行動するか，あたかもそれを信じているかのように行動するかを決めたいと思うだけかもしれない（あたかも信じているかのように行動することは，それを信じていることだと言う人もいるが，決してそうではない。物事がそうではないと知りながら，そうであるかのように振る舞わねばならないことはよくある）。もし，典拠となる人の言葉が大いなる重みをもち，相反する典拠となる人によって反対されることなく，他に適切と信じ考えていることと矛盾しないのであれば，我々は，その典拠となる人の言葉をそのとおり受け取るであろう。だが，そのことと，その人を信じるようになることは同じではない。

　より複雑なケースでは，我々は，擬似的な訴訟プロセスに関与し，ある典拠となる人が語ることと，別の典拠となる人が語ることとの均衡を図りながら，自分自身の経験や省察に基づいて自分が信じることを付け加える必要があるかもしれない。そして，こうしたプロセスの中で起きていることは，我々自身にはわかりえないことである。そのプロセスに関する内部者の独白は，次のように推移するかもしれない。「私はAが述べたことに多いに感銘を受けており，もちろん，Aは，このような問題について大いなる経験を有している。他方，Bが述べることは妥当性を欠いているわけでなく，確かに真であろうし，その人は強い印象を与える能力をもっている。しかし，決定の段階にいたっては，Bの側よりは，Aの側に引き付けられると思う」。

　我々は，どのくらいの重みを与えるべきかを決めてはいないが，どの程度の重みを与えているのかはわかっている。我々がそうしたプロセスを制御する唯一のことは，我々がさまざまな関係者に払う注意に関する制御であり，耳を傾ける時間への制御であり，語られることを熟考する時間への制御である。陪審員が証言への重み付けの方法に関してなんらの指導も受けない理由は，重み付けは我々がなしえるものでない，ということである。それは我々に偶然に起こることである。それは，異なる環境のもとでそれぞれに起こるものであって，我々の唯一の実践的な知恵は，我々が代替の立場に十分に注意を払う環境の中で最良のことが起こる，ということである。典拠となる人の言葉に，どの程度の重みを付与すべきか，という問題は，その人に公平に耳を傾け，自分の思考に起きていることを把握することによってのみ，解決されるべきものである。「事実の審査官が専門家の目撃証言にどのような重みが与えられるべきかを決める」というのは誤解を招きやすい。そこにあるのは，決定ではなく，決定とは別の種類の出来事である[17]。

2.8 結び

　社会的世界を見回すと，驚くほど多様で奇妙な信念システムがあることがわかる。それは，我々にとって奇妙であっても，その信念の持ち主にとってはそうでない。異様な宗教上の信念，嫌悪感を起こさせる道徳的信念，狂気的な経済理論，偏狭な政治信念・・・，信念のリストの追加は倦むことなく続く。我々は，他の多くの人たちの信念についてほとんど何も知らないというのが真実である。ある人物，たとえば，実際のモルモン教信者やカトリック信者，クリスチャン・サイエンスの信奉者は彼らの宗教上の信念について実質的に何も我々には語らない。通常の宗教の信奉者は，彼らが名目上，通常，賛同している公式かつ正統な教義の詳細について知っているとは期待できない。我々は，たとえ他者に心が傾き，他者と協力することがあったとしても，お互いの信念について網羅的に探究することはほとんどない。

　宗教上，道徳上，経済的，社会的，その他の問題に関して，地位のある擁護者の公的な言明を頼っても，普通の人たちの考えを見出す方法には不十分である。世論調査は表面的であり，通常の信念を探究する道具としては信頼性に欠ける。個人的な例として，そもそも，親しくしている少数の人たちの信念の詳細を知り得たとしても，我々の社会的位置が偶然に定まることで偏向がかかることは避けられない。親しくしている人たちと我々自身はよく似ており，友人が考えることから人びとがおおよそ考えることを一般化することは，必ずや誤ることになる。それでもなお，注意深く周囲を見わたすと，世界は，我々が知るべきであると考えることを知らない人で満ち溢れているばかりでなく，狂信的で誤った考えで満ち溢れている証拠が多々得られる。そして，知の典拠を誤って認識することが顕著である。人びとは，偽りの預言者，人の心を惑わせる理論家，擬似科学的カルト，知恵があるとの評判に値しない指導者たちの追随者である。こうしたことは，いかにして起こるのか？　なぜ，人びとは我々自身がもつ分別ある信念を共有しないのか？　なぜ，人びとは真実を目にしても，真実であることを認識できないのか？　知の典拠を獲得する方法に誤りがあるのか？　人びとは間違ったことを行うのか，ただ不運なのか？　原因は何であれ，その結果は不幸である。

典拠性の認識の正当化

　我々はまだ，人びとが我々の思考にいかにして影響を及ぼすようになるのかを語る段階にいない。しかし，我々はいまや，典拠の認識を正当化するうえで関連性が

2章　知の典拠　35

あり，考察の対象となる多くのリストをもっている。おそらく，関連するものという考えに何か体系的な誤りがある。同僚間の評判のルールか，その人自身の知の典拠間での評判のルールに立ち返ってみよう。いずれであっても，悲惨な結果を導きかねない。ある将官は部下の将官に大いに賞賛されているため，我々は作戦をいかに実行するかに関する助言を受け入れ，何が起こるかを確かめることになる。恐ろしい大量殺戮と決定的な敗北。私の友人は，同僚のヒトラーは耳を傾けるべき人間であると私に語り，私はそのとおりにする。このようなとき，評判のルールを放棄することが想像できようか？　確かに，我々は，そのルールを単にひっくり返すことはできないし，何の評判もない人や評判の低い人，あるいは我々が信頼している人たちから軽蔑されている人たちをつねに信頼できるわけではない。

　あるいは，妥当性のルール（知に関する主張の本質的な妥当性の検証）として，自身の事前知識を用いることを検討しよう。神と直接やり取りする救世主の主張に注意を払うつもりはない。検討するまでもなく，私はその主張を即座に退ける。同様に，空飛ぶ機械という考えも，即座に却下する。そうした機械はおそらく作動できず，それゆえ，私はライト兄弟に注意を払う必要はない。人間の愚かさに関する図書の中で，「疑いの愚かさ」というタイトルの章は，すでに知られていることに基づいて，真実ではありえないことを根拠に重要な発見を退ける学者の例で満ち溢れている[18]。これは良くない事例である。しかし，我々が聞く新しい事柄の妥当性を検証するために，先入観をもち込むことはまったく考えられないのか？　起こりそうなことと，起こりそうにないことを語ることは，心が志向する主たる事柄である。我々は，心をそらすことなしに，判断をそらすことはできない。我々の事前の信念が，多くの新たな信念に対して偏見をもつことになる。新しい主張に公平に耳を傾けようとするにもかかわらず，事前の信念が及ぼす影響を避けることはできない。しかし，なぜ，公平に耳を傾けたいと思うべきなのか？　我々は，頭を空にしたらより良く振る舞えると本当に我々は考えているのか？

知の典拠の正当化における両極性

　知の典拠を正当化するためのさまざまな基礎はすべて偶然の傾向があり，誤りの程度が高いものであるが，我々はそうした基礎がなければ正当化はできない。しかしながら，おそらくは，そうした基礎を誤って体系的に適用することから問題は生じる。常識と日常の経験により，我々はすぐに信じ込む傾向や過度の懐疑主義という正反対の欠点を認識することになる。なかには，いつも他者の優れた知識にあまりにも容易に納得する人もいるが，多くの人は時折，納得する。そうした人たちは，読んだり，聞いたりするものは何であれ，信じる傾向にあり，生来すぐに信じ

込んでしまう。また，信用に過度に印象付けられ，ある分野における達成からまったく類似していない分野の能力に過度に一般化し，名声に引きずられ過ぎ，概して，あまりにも容易に納得させられるのである[19]。

　もう一方の端は，すべての評判，すべての信用，すべての達成への不信で満ち溢れている。説得に対する頑強な抵抗，すべての権威への憤慨，優れた知識を主張するエリートへの敵意，自分たちの意見は誰もの意見と同様に優れているという鬱屈した主張で満ち溢れた強情な懐疑主義者がいる。両極のこうした欠点のいずれもがよく知られている。それらが欠点であるということに問題はないのか？　そうした欠点が修正可能であることはそれほど明確ではない。軽信性の程度を調整し，まさに適切な地点や範囲を突き止める一般的な方法があることもまた，それほど明確ではない。最後に，こうした欠点は我々の周囲で見られる奇怪な信念の型に起因するものであるということも，それほど明確ではない。我々は，軽信性は悪いもの，愚かしいものと考えるが，そうした軽信性を有する人たちを，あまりにも容易に典拠となる人を受け入れているとして非難するのは，悪しきながらも，有効な宣伝の武器である。

　しかし，いずれの側に対しても，そのような非難を行うことができる。そうした非難は対称的である。自由主義は保守主義よりも軽信性があるのか？　カトリックの教義への信仰あるいは無神論は，過度の軽信性の結果なのか，それとも，他の見方を拒絶する頑迷さの結果なのか？　いかなる議論においても，対極の誤りを犯す信奉者に独占的な地位を与えるようなことは，おそらくないであろう。そうした誤りは，意図的に誤解へと向かわせる偏向の源とは限らない。人のもつ軽信性はその人を真実に導くことを可能にし，人の頑迷さは考え違いに陥ることを阻止することができる。同じ程度で，人の頑迷さは人を真実から遠ざけ，その人を誤解へと向かわせることにもなる。

信念の多様性と歴史的観点

　もし，我々が信念の多様性を理解しうるとすれば，正当化に基づくのではなく，また，正当化の適用の範例に基づくものではなく，歴史的な観点から理解すべきであろう。その歴史的観点とは，まずは蓄積された信念によって装備された歴史的環境と，それに続く人びとや思想との出会いという歴史であり，これらの歴史的観点から，信念の多様性を見渡さなければならない。

1　ボヘンスキー（Bochenski）とディ・ジョージ（De Geroge）は，知の典拠（cognitive

authority）よりはむしろ，認識論的権威（epistemic authority）について述べている。

J.M. Bochenski. "On Authority," *Memorias, del XIII Congreso Internacional de Filospfa, Mexico, D.F., 1963, Comunicaciones Libres, Secciou I & II*（Universal Nacional Autónoma de México, 1964), vol.5, p.45-64.

Richard T. De Geroge. "The Nature and Function of Epistemic Authority," in *Authority: Philosophical Analysis*, ed. R. Baine Harris. University of Alabana Press, 1976, p.76-93.

本章の主題に関しては，ジョージ・コーンウォール・ルイス（Geroge Cornewall Lewis）の次の初期の著作の中で，それまでの参考文献を多数あげている。

An Essay on the Influence of Authority in Matters of Opinion, 2nd ed., Longmans, Green, 1875 を見よ。

権威［典拠］に関する哲学的研究に関する書誌としては，ディ・ジョージの Authority, p.141-70 に掲載の書誌を見よ。奇妙なことに，直接関係するものはほとんどない。認識論者は証言という証拠については，これまでにほとんど述べていないが，プライス（Price）はその主題に関しては標準的な見方さえもないと主張している（H.H. Price. *Belief*, Allen & Unwin, 1969, p.111)。

2 ボヘンスキーとディ・ジョージによる分析は，典拠となる人物とは，その人物の言葉がある命題に対して私が付与する影響力の確率を上げる人物であると述べているが，その点を除けば，ここでの分析に類似している。

3 これは，すべての権威を正当なものにするものであり，それは私にとっても，適切である。正当性のない権威は権威でない。

Charles W. Hendel. "An Exploration of the Nature of Authority," in *Authority*, ed. Carl J. Friedrich, Nomos 1, Harvard University Press, 1958, p.3-27, 特に p.14 を見よ。

4 Herbert A. Simon. "Authority," in *Research in Industrial Human Relation, A Critical Appraisal*, Industrial Relations Research Association Pubn. no.17, Harper, 1957, p.103-15 および彼の *Administrative Behavior*, 2nd ed., Free Press, 1965 の第7章を見よ。

5 Daryl J. Bem. *Beliefs, Attitudes, and Human Affairs*, Brooks/Cole, 1970, p.71-75.

6 証拠に関するウィグモア（Wigmore）の次の指摘と比較せよ。

"目撃者を専門家と考え，そうでない者を非専門家と考えるのは誤りである。目撃者は誰であれ，仮説によって想定される知識を提供することが認められた事象に合うように設定されており，その事象における「専門家」であり，そうであるに違いない。（John Henry Wigmore. *A Treatise on the Anglo-American System of Evidence in Trials at Common Law*, 3d ed., Little, Brown, 1940, vol.10, p.634)

7 前掲［6］，p.635-55.

8 「信念に関して」は，Price, *Belief*, p.426-54 を見よ。

9 *Moore's Federal Practice*, 2d ed., vol.11: *Federal Rules of Evidence*, by James Wm. Moore and Helen I. Bendix, Bender, 1976, ルール 702, "Testimony by Experts," 人は実践的な経験と自身の研究により専門家としての資格が与えられるようになる。専門家としての教育は必須条件ではない。

10 Max Weber. *The Theory of Social and Economic Organization*, ed. Talcott Parsons, Free Press, 1964, p.358-63.

11 「学問としての占星術」に関しては，次の文献を見よ。

Carolly Erickson. *The Medieval Vision*, Oxford University Press, 1976, p.22-27.

12 占星術における信念に関しては，次の文献を見よ。

The Psychology of Superstition, Allen Lane, 1969.

Mircea Eliade. *Occultism, Witchcraft and Cultural Fashions*, University of Chicago Press, 1976, Ch.4.

Claude Fischer. "Astrology and French Society: the Dialectic of Archaism and Modernity," in *On the Margin of the Visible*, ed. Edward A. Tiryakian, Wiley, 1974, p.281-93.

13 Jean Améry. *Preface to the Future: Culture in a Consumer Society*, Ungar, 1964, p.88. 次の文献と比較せよ。

Régis Debray. *Teachers, Writers, Celebrities: The Intellectuals of Modern France*, Verso, 1981, and Jane Kramer, "A Reporter in Europe: Paris," *New Yorker*, vol.30 June 1980, p.42-54.

14 レイモンド・アロン（Raymond Aron）は，Harold Rosenberg. *Discovering the Present*, University of Chicago Press, 1973, p.168 の中で引用されている。

15 前掲［2］を見よ。

16 私は，記憶に関して特定の身体的機構のモデルを含意しようとは意図していない。また，記憶は文章の集まりにおける個々の文章のように，分離したものであることを示唆しようとするものではない。私たちの典拠が私たちに語ることを信じるかどうかの問題に関しては，Ferdinand C.S. Schiller の *Problems of Belief*, Hodder & Stoughton, 1924, p.56 の次の記述内容と比較せよ。

こうして，典拠に関して受け入れた信念と，信じる者の自己の努力によって獲得されてはいない信念は，信念の一部ではなく，より本質的なものへと決して発展しない傾向にある。

17 この引用は，*Moore's Federal Practice*, Rule 702.3(2), p.VII-35 からの引用である。

18 Paul Tabori. *The Natural Science of Stupidity*, Chilton, 1959, Ch.7.

19 生来の軽信性という語句は，19 世紀の英国の哲学者 Alexander Bain からのものである。

訳注 1　本書において，"authority" を「自発的な服従や同意を喚起する能力あるいは関係」（出典：「権威」『岩波哲学・思想事典』岩波書店，1989，p.441）という意味で使用している場合には，適宜「権威」という訳語を与える。

訳注 2　"epistemic authority" という用語は，哲学分野においては「認識論的権威」という訳語が与えられている（出典：戸田山和久『知識の哲学』産業図書，2002，p.221-222）。戸田山は，この「認識論的権威」について，次のように説明している。

「エキスパートは素人にはない認識論的権威（epistemic authority）をもち，素人はそのことがらにかんしてはエキスパートに認識論的に依存しなければならない。こうした認識論的地位に関する非対称性があるときだけ，人は他者の証言を頼りに合理的に信念を形成することができる」（傍点は引用者）

訳注 3　図 2.1 は，知の典拠（A）は，関心領域 S における知を求める人物（B）によって認定されることを表している。この関係図において，ボヘンスキーは，知の典拠にあ

たる人物を「担い手」，知を求める人物を「主体」とし，関心領域・担い手・主体の三項関係を図式化している（ボヘンスキー『権威の構造』丸山豊樹訳，公論社，1977，p.40）。図2.1は，このボヘンスキーの図式化を採用して作成したものである。

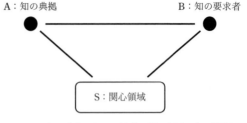

図2.1　知の典拠・知の要求者・関心領域の相互関係

訳注4　本書における「図書館」の初出箇所である。図書館が知識の貯蔵庫として捉えられている。図書館が所蔵している資料に記録されている内容が知識であり，知の典拠性を発揮することになる。そして，資料とともに，その資料を執筆した人物（著者）が「知の典拠」の候補となる。

訳注5　図書館が所蔵する資料や図書館を介してアクセス可能な資料は，あらゆる主題に関して，知識を求めるレファレンス質問への回答が可能な知識を保有している「知識の貯蔵庫」としての役割，すなわち「普遍的典拠」としての機能を発揮するという考え方が示されている。

訳注6　知の典拠性の認識については，推移関係が成り立つということである。例として，a，b，cの三人の間に次のような関係が成立しているとする。すなわち，aはbを知の典拠と認識しているという関係aRbが成り立ち，bはcを知の典拠と認識しているという関係bRcが成り立つとき，aはcを知の典拠と認識するという関係aRcが成り立つ。すなわち，aRbかつbRcならばaRcが成り立つ。

訳注7　アメリカの裁判で採用されている「陪審員」制度を想定した説明である。相矛盾している心理療法家が示す専門知識に関する主張を，法廷における証言と見立て，どちらの専門知識を選択することが妥当かを，法廷での審理という場面を使って説明している。

訳注8　「無矛盾性」とは，命題pとそれを否定した命題¬pが同時に保持されていない状態をいう。

訳注9　「信じることも，信じないこともしない」とは，無矛盾性を維持しないこと，訳注8の説明を踏まえれば，(p AND ¬p)の状態を保持しない，すなわち，¬(p AND ¬p)＝(p OR ¬p)という，排中律の状態を保持する，ということである。

3章　知識産業：質と流行
The Knowledge Industry: Quality and Fashion

▌3.1　産業の分析

　知識産業について語ることはいまや普通のことである。知識産業に従事する人は新しい知識を体系的に生産している[1]。知識産業は，知識の生産に専念する産業というだけでなく，知識を体系的に生産する人たちの集団という意味をもつ概念として捉えられる。知識産業の試みは，概して成功するとの前提から始めるべきではない。おそらく，知識産業では，知識ではなく意見が生産されている。すなわち，知識産業は，取り組んでいる問題の解決に対処するのではなく，多様な解答を生産して，その問題は開かれた（解決されていない）状態にされている。そして，おそらく知識産業は，知識と意見の両方を生産している。これらのことが，知識産業について，我々が見出したいことである。すなわち，知識産業が生産しているものを見出したいのである。

知識産業と考察の範囲

　知識産業に従事する人たちの仕事には，次の二つのことが含まれると仮定しよう。世界について新しい物事を見出すこと，また，他者の主張を分析，総合，解釈，改善，評価することである。知識産業の従事者の活動については，研究（research）という用語が最もよく使用されるが，探究（inquiry）のほうがより適切な用語である。なぜなら，探究という用語は，研究として理解されていない活動，すなわち，総合，解釈，評価からなる活動を含むからである。知識産業には，形式科学，自然科学，社会科学，および人文学に従事する人たちが含まれる。技術を改良する試み，物事を実行・生成するためのより優れた新しい方法を見出す試みは，確かに利用可能な知識のストックを増やす試みである。しかし，我々は，こうした試みは考察の対象とはしない。そうした試みに従事する人たちが生産するものは，新しい装置や新しい手続きである。我々にとって関心のある知識産業に従事している人たちが生産するのは，新しい見方であり，新たな知識（know-that）[訳注1]，すなわち，その人たちは命題で表現される知識を生み出そうとしているのである。それに

41

対して，技術の改良者は新しい専門的技術（know-how）を生み出す人たちである。

　ここでは，尊敬の対象とはならず，社会的に認められていない多くの種類の探究も無視する。占星術，テレパシー，透視，念動，霊感に関する探究は，産業における「地下の」知識の一部と考えられる。今日，尊敬の対象ではないものが，明日，尊敬の対象となるかもしれないことを念頭には置くが，差しあたり，ここではそれらを無視する。

　我々が知りたいことは，知識産業において実際に知識が生産されているのかどうか，さらには，生産される知識[訳注2]は獲得に値するのかどうか，ということである。本章では，これらの問題に回答する試みから始め，結論を引き出すことにする。ここでは，それらの問題を質に関する問題として扱う。すなわち，知識産業の成果の質を決定する方法は何かということである。この主題に取り組むために，まず考察すべきことは，知識産業の組織についてである。なぜなら，知識産業における活動の評価を理解することがきわめて重要となるからである。

知識産業の分析単位

　産業の分析に関する基本的な単位は，通常，事業または機関である。すなわち，会社や工場ないしは建物である。知識産業の分析においては，基本的な生産単位を個々の研究者あるいは研究者のチームとみなすことがより適切であろう。産業のある部門では，通常，生産者がそれぞれ単独で活動する。別の部門では，二人から数百人のチームが生産者となって活動する[2]。一人の研究者が非常勤の学生からの支援を得ながら活動するチームは通常，短期的で，恒常的なものではない。そうしたチームは特定の研究活動を実行するために編成され，その活動が完了すれば解散する。そして，次の研究活動のために多少異なるチームが改めて編成されるのである。他の産業では，同じ会社や企業，あるいは機関は被雇用者数を変えながら，何年にもわたって同じ成果を生産し続けるであろう。それに対して，知識産業では，各研究活動の単位は異なるものの，いかなる生産者も限られた数の型の成果だけを生産するのである[訳注3]。

専門領域と研究活動

　研究者と研究活動はさまざまな専門領域に分類可能である。専門領域は同じ種類の成果を生産しようと試みている生産者から構成されている。専門領域の定義はきわめて難しく，その概念は不明確であり，いかようにも変化する[3]。同じ専門領域の研究者は，同じ種類の研究に従事する者として相互に認め合っており，いかなるときでも（実際に，競っていようが，いまいが），自分たちは競争関係にあると思

っている[4]。研究者たちは，ほぼ同じ領域の問題を自身の能力と関心の範囲内にある問題として捉える。専門領域の範囲はそのメンバーが自由に移動可能な問題に応じて，狭い場合もあり，広い場合もある。

　専門領域はより大きな探究の領域の中に位置付けられる。その探究の領域は分野と呼ぶことができる。専門領域自体は下位の専門領域に細分化される場合がある。専門領域における生産者の人数は，多い場合もあり少ない場合もあるが，専門領域の広さや狭さとはかかわりがない。通常，専門領域の会員数は少ない。自然科学においては，おそらく多くの科学者は同様の研究を行っているすべての人たちを個人的に知っているであろう[5]。専門領域の中には，たった一人のメンバーしかおらず，世界で他に誰も研究していない種類の研究をしている場合がある。そこでは，（数学や系統分類学のように）ほかの誰も研究していない現象が研究されており，他者も研究はしているが，ほかのすべての研究者の方法とは異なる方法で研究されている[6]。ある人が単独の専門家であるのか，それとも会員数が多い専門領域の中の特異な会員であるのかを決めることは難しく，不可能であることが多い。ある個人の所属が同時に複数の専門領域となる場合ある。その人は，いずれかの専門領域に属するのではなく，時と場合に応じて，特定の専門領域の範囲内に通常分類される問題に取り組むジェネラリストのような人である。しかし，その人は，自分のことを，いかなる専門領域の集団のメンバーでもないと考えており，ほかの研究者からも，そのように思われている。専門領域の会員の身分は明確に定義されてはいない。専門領域自体がそもそも定まってはおらず，明確に定義されてはいない集団なのである。

自己選択型と他者選択型の研究

　知識産業における研究は，おおよそ，独立した部門と個別の業務に分けられる。ただし，その分け方は粗く任意である。こうした独立した部門と業務はプロジェクトと呼ぶことができるが，次の二つに区分することは有効である。その区分とは，自己選択型のプロジェクトと他者選択型のプロジェクトである。大学において，一人で研究している学者は通常，自分自身でプロジェクトを選択している。事業所の研究所で働く科学者や技術者は，他者によって選択され，与えられたプロジェクトを抱えている。そうした科学者や技術者は，所属集団とともに，あらかじめ定められたプロジェクトについて活動するように指示される。独立の研究組織は，政府機関が定めた研究を実行するために，政府機関と契約するが，実際には進んで提案し契約を取る選択をしている。それゆえ，自己選択型のプロジェクトに取り組んでいるといえる。しかしながら，ここでは，そうした研究を他者選択型として記述す

3章　知識産業：質と流行　　43

る。なぜなら，その研究の遂行と遂行方法の決定は，研究機関ではなく政府機関だからである。

　他方，科学者の研究は，補助金というかたちで与えられた政府の資金によって完全に支援されている。資金提供機関は，支援する研究を自由に決定し，支援対象とする研究を選択する。しかし，その研究は，科学者がそもそも提案したものであることから，ここでは，自己選択型と呼ぶことにする。重要なことは，他者選択型の研究は外部からの特定の要求を満たすために行われる研究であり，ほかの誰かがその研究に特別の関心をもっている，ということである。その研究が実行されるべき種類の研究であること，実際に行われた研究が受け入れ可能であること。これらのことは，問題を設定し，その解決のために充当される支援の量を決める人たちによって確定されることである。何が実行されているのか，そして，それが十分に実施されているかどうかは，専門領域集団の外部で決められるのである。

　企業向けに調査を行う世論調査機関は専らその企業に対して責任を負っている。世論調査機関が，企業の知りたいことを提示するかどうかが，企業が調査結果を受容するかどうかの基準となる。他方，自己選択型のプロジェクトに取り組む科学者や学者は，まったく異なる条件のもとで研究を行う。そのような科学者や学者は，自分のプロジェクトが支援に値することを外部の機関に説明しなければならず，誰かが支援してくれるまで，プロジェクトを修正することになるだろう[7]。しかし，支援機関は，特定の研究に対する特別なニーズをもっていない。その研究が価値あるように思われるという理由だけで，支援機関はその研究を支援することになるだろう。そして，研究の価値について判定するのは，支援機関ではなく，専門領域内の当該専門家の同僚である。それゆえ，大学は，学部の構成員に研究のための時間を与えることにより，学部の構成員を支援するのである。大学は学部の構成員が行う研究に対して特別なニーズをもたない。特定の研究の価値は専ら同僚の研究者によって判定されることになる。

知識産業における公的部門による研究

　知識産業における自己選択型研究の表向きの目的は知識の生産にあるが，最も明らかな最初の成果は論文である[8]。他者選択型研究に取り組む人もその成果を公刊することを認められる。しかし，公刊は主たる目的ではない。もちろん，企業や政府による支援を受けた研究は機密保持が意図されている。それに対して自己選択型研究は公刊を目的にしている。知識産業は公的部門と私的部門に分けられるが，その区分は，通常の分類基準（私的所有，営利企業対公的所有，非営利団体）ではなく，研究成果が公刊され公表されるか否かに基づいている。そして，以上の区分を

踏まえ，ここでは，私的部門を以降の考察対象から除外する。

　ここで扱うのは知識産業の公的部門である。他者選択型のプロジェクトであっても，その成果が必ず公表される場合は，公的部門に含める。もしそうしなければ，他者選択型研究の大多数は成果を公表するため，研究成果を公表する他者選択型研究を除外することになるからである。特に，科学と学術に関する多くの議論は，すべての研究が自己選択型であることを前提としているが，その前提は，とりわけ科学的生産の理解にとって重大な誤りである。だが，ここでは，研究の評価に関心があり，その研究は特に専門領域外の人たちの要件を満たすための研究ではなく，外部の人たちの要求に基づいて行われるわけではない。それゆえ，私的部門は無視することができる。以上により，ここでの考察は，大部分の応用科学は対象外であり，多くの純粋科学研究，すなわち，公的部門における自己選択型の研究が対象となる。

公的知識と研究成果の公刊

　知識産業の公的部門における研究の目的は，公的知識（public knowledge）のストックに新たに知識を付け加えることである。知識は原則として公開され，誰にでも利用可能なものである。個々の研究者は，公的知識のストックへの知識の追加だけでなく，研究者としての承認も目指すので，匿名性を求めることはない。研究者は名声を求めており，その名声はその研究者が公的知識の増加に寄与した程度に依拠している。名声を求めること自体が目的ではない。自分自身が知の典拠[訳注4]として認められるために，名声が求められるのである。知識産業の公的部門は，研究者が典拠となることを求めて奮闘する競技場として見ることができる。競技場の各行為者である研究者は，奮闘する分野内で，自分を可能な限り最高度の知の典拠性をもつ人物として他者に認めさせようとするのである[9]。自己の典拠性を他者に認めさせる主な方法は，同じ領域内で研究に取り組むほかの研究者に，たとえ不承不承であれ，自分の研究が興味深く重要なものであり，その成果は知識への追加に寄与するものである，と承認させることである。そして，その寄与は公にされなければならない。すなわち，研究成果が公刊されなければならない。名声は出版物の量が直接に関係して変化することはく，同僚の専門家が承認する質が重要となる[10]。

　しかし，知の典拠性については，個人的に交流のある少数の人からの承認は別として，ほとんどは，出版物によって一般に承認されることになる。出版物は専門領域に新たに参入するうえで必須である。出版物によってのみ，研究者は，専門家集団において完全な身分を確保し，独立したメンバーとして，自己の存在を確立するのである。また出版物によってのみ，安定した職が得られるとともに，職の異

3章　知識産業：質と流行　45

動[訳注5]をも可能にし，名声が得られるようにもなる。「出版せよ，さもなければ，滅びよ（publish or perish）」という標語は，出版物によって職を得る状況を正確に記述している。大学では，研究者は，"率直に言って，他の研究者からどのように見られているかに基づいて雇用される。・・・その人間が実際にどの程度，人間として立派な人物かどうかを見極めよとすることなど，ほとんどない。重要なのは，同じ分野の他の研究者がその人物をどのように考えているかである。なぜなら，概して，その人は立派な人間なのだからである"[11]。研究者は，発表した出版物の量と質によって，ほかの研究者から認知され，承認されるのである。

研究様式と研究成果との関係性

　専門領域において生産される個々の研究成果は，一定の研究様式を例示している。様式の概念は，芸術活動やその他の複雑な人間活動に適用されるのと同様に，探究にも適用される。研究様式の記述には，一人の研究者の活動方法や研究者集団の活動方法の特徴のすべてが含まれる。すなわち，選択される問題の種類，概念や理論，さらには実験技術の種類，使用される分析の方法，試みられる説明の種類，効果のある証拠の種類などが含まれる。研究様式の分析には，これまであげた種類に該当するもの以外に，研究対象の選択や研究方法の選択，研究成果の発表方法の選択が含まれる[12]。研究様式の明確な分析の例は，豊富にあるわけではないが，いくつか見られる。たとえば，ある心理学者は，態度に関する二つの研究様式を比較し，次のように記述している。

> 　ホヴランド（Hovland）様式は収束的である。一方，フェスティンガー（Festinger）様式は分散的である。・・・ホヴランド派の研究者は，従属変数と介入過程の測定に，より多くの注意を払う。・・・ホヴランド派の研究者は独立変数の操作については軽視している。・・・他方，フェスティンガー派の研究者は，独立変数についてきわめて巧妙かつ精巧な操作を用いている。しかし，従属変数に関する効果の測定にはあまり注意を払ってはいない[13]。

　いかなる種類の知的活動も，類似の様式上の分析の影響を受ける。個々の知識生産者の様式に関する入念な分析により，つねに独自の特徴が明らかにされると考えられる。各研究者は独自の様式をもっており，その様式は同僚の様式とは一定程度，異なっている。しかし，専門領域における共同研究者は，同じ様式で研究を進める傾向にある。実際には，他の研究者の研究様式が十分に類似している場合に限り，その研究者を共同研究者として認めることになる。芸術の世界においてもそう

であるように，"特定の作品の革新性と個別性は共通の基盤に照らして評価されるが，その共通基盤を提供するのが共通の様式である"[14]。「あらゆる様式が文化の時代に特有であること，特定の文化や特定の時代の文化においては，ただ一つの様式があるか，限られた範囲の様式がある」。文化を専門領域に読み替えれば，以上の指摘は研究成果にもあてはまる，と考えられる。すなわち，"ある時代の様式を用いた作品は，別の時代に生み出すことはできなかった"[15]，ということである。

研究者の生産性と知の典拠性

知識産業における知識生産者の生産性と重要性は多様である。研究の生産性がきわめて高い研究者とチームは少数であり，しかも，同僚からきわめて重要と考えられる研究の生産性が高い研究者は少数に限られる。大多数の研究者は，同僚の研究者から一定の価値があると考えられた論文をごく少数，生産するだけである。非常に多くの数の研究者はほとんど論文を発表しておらず，おそらく，そうした論文の多くは一般にあまり重要ではないと考えられている。数多くの豊富な研究から明らかなことは，知識に寄与する論文の数とその論文の重要性のいずれの点においても，知識生産者の分布がいかに極端にゆがんでいるか，ということである[16]。ここでは，研究成果の生産性と重要性は，特にさまざまな研究者の典拠性と影響力に作用するという点から，重大である。専門領域の他の研究者と外部の人たちの双方に対して，自分こそが知の典拠性を有すると最も強く主張できるのは，質の高い研究を生み出した偉大な研究者である[訳注6]。ある分野の知的指導者は（政治や行政の指導者とは必ずしも同じではないが），共同研究者によって，例外的に質の高い多くの研究の発信源として認められている人たちである。それゆえ，知識産業の指導者を認識するのは容易である[17]。

生産性の低い研究者が，実際に大いなる知の典拠性を有する場合もある。そうした研究者は，個人的な推薦や評判によって鋭敏な批評家であり分析家として知られており，きわめて優れた研究とみなされない研究成果は発表しない，と考える完璧主義者として知られている研究者である。一方，生産性の高い研究者でありながら，その評判が良くも悪くもなく，典拠性を有する研究者としてもほとんど認識されていないこともある。しかし，そうした研究者は例外である。知識産業の指導者は，質の高い研究成果を生産していると認められる偉大な研究者である[18]。知識産業の指導者は，専門領域集団内において，知の典拠性を有する研究者としての承認を得る争いに勝利した人たちなのである。

3.2 知識の生産と質のコントロール

生産される研究成果と知識への寄与

知識産業における研究の目的は，出版物が知識に寄与することであるが，いかなる出版物であれ，知識として寄与しない場合がある。少なくとも，自然科学においては，出版された研究成果は永続的な妥当性をもつ発見を示したものとして知識のリストに追加される，と単純に思われているかもしれないが，実態はそうではない。"ごく少数の割合の研究が科学に寄与し，最終的に科学的知識の集まりに永続的に統合される"[19]。物理学は，典型的なハードサイエンスであるが，その物理学では，発表される研究成果の多くが不採用か単に無視される。ザイマン（Ziman）は，不採用か無視される数は 90％ にものぼると指摘している[20]。他の研究者が確認できない「発見」を誤って報告する論文は多数ある。また，他の研究者が再現できない観察，誰も説得できない仮説や推測，他の研究者から信頼が得られない不備な実験，これらを報告した論文も多数ある。次のようなコメントはよくみられる。"関係者の大多数によれば，実証されていない主張はこの時代に流布しており，その数は圧倒的な数であった。・・・視床下部下垂体生理学という新興分野はすでに，死んでいるか死にかけているような仮説をばらまいている"[21]。

最新の論争は学術雑誌の紙面の多くを占めている。発表される研究の多くが反論や反証，論駁からなるのは，哲学分野だけではない。ある地質学者は次のように述べている。"長期にわたる論争により，問題を解決することなく，形式的な議論に終始する地質学が成立した"[22]。すなわち，問題に関するさまざまな側面について主張されてきたことへの論評，旧来の見方の再評価，新たな用語法や新たな分類の提案，過去の問題の繰り返し，これらが観察や実験に関する報告とともに学術雑誌の紙面を占めているのである。

批評と知識への寄与

批評（文学批評，芸術批評，社会批評など）という研究活動は，理解と評価に寄与するかもしれないが，知識に寄与する候補として分類されそうにない。人文学において発表される研究成果の多くは，"自説を単に使って行われた次のような研究からなる。詩・小説・演劇の解釈，文芸のみならず視覚芸術分野において繰り返される主題，象徴，心理的先入観に関する記述と思索，批評上の語彙の構築とそれに続くその解体への試み，などである"[23]。発表されたすべての研究成果が知識として寄与するわけではない。人文学の研究成果のごく一部が知識に寄与するだけである。

単純な観察結果の報告と知識への寄与

知識生産に関するこれまでの一般的主張に対しては，かなり重要な例外がある。それは，知識産業においては，特定の観察を報告した研究成果のほとんどが知識として寄与すると考えられる，ということである。観察に関する報告は，次のような主張を多少なりとも意味するものと解釈できる。すなわち，調査者は，非常に多くの人びとが，単に，イエスか，ノーで回答できる質問を受けたとき，イエスと回答することに注目している。また，調査者は，測定機器は特定の時点で，特定の読みを登録したものであることに注目している。こうした小規模な観察報告が当該分野の文献の多くを占めており，一般に信頼できるものとして受け入れられてもいる（ただし，調査者は，きわめて単純な観察結果を作成するか，観察結果について誤った説明を行うことが知られている）。しかし，一般に不正を疑わず，調査者は有能であると考えている限り，調査者が報告する小規模で単純な観察データは正しいものと仮定される。それゆえ，その時点で観察されたものに関する問題は閉じられることになる。[問題が閉じられたことにより]観察された問題に対する回答は知識となるが，本質的に興味をもたれない種類の知識である。その知識は個々のデータから引き出された，より一般性のある結論と関連させたときにのみ，興味深いものとなる。もし単純な観察の報告が本質的に価値のある知識を提供するならば，1週間でどのくらいの量のミルクを我々は消費するのか，また，職場に行く途中で何台の黄色の自動車を目撃するか，という報告は，すべて価値ある知識を提供していることになるだろう。知識産業が知識を生産しているかどうかについて本当に問いたいことは，研究者が単純な観察を正しく報告しているかではなく，その観察から興味深く価値あるものを生み出すことができるのか，ということである。単なるデータの集積には興味がない。

公的会話としての研究論文

発表公刊された研究成果は，知識への寄与として捉えるよりはむしろ，異なる専門家集団のメンバーによる公的会話を生み出すものと考えるほうがよいように思われる。専門家集団において，ある提案が行われると，その提案は完全に無視されるか，受け入れられるか，異なる提案によって反駁されるか，修正したものが受け入れるか，のいずれかである。実際に，知識産業における論文の読者は，同種の研究に従事する他の専門家から専ら構成されている。専門領域が大きいならば，論文の読者も多くなるだろう。研究領域が小さいならば，論文の利用者も少なくなる。ある数学者は，"もし，あなたの論文を三人が読んでいることがわかったならば，あなたは光栄に思うだろう"[24] と述べている。一人の研究者からなる専門領域では，

3章　知識産業：質と流行　49

文字通り特定の出版物の読者はいないかもしれない。一人の専門家とは，メンバーが一人の集団であり，その専門家は自分自身にのみ語ることになる。もちろん，より多くの読者に向けた出版物も多数ある。しかし，それらの出版物は一般的には専門家に向けた出版物から派生したものであり，専門家向けの出版物に依拠したものである（専門知識をもたない，非常に多くの読者向けの著作は学術的なものではないと考えられる）。

　新たな知識は，公刊された論文と図書から構成される公的会話から生産されるが，より重要なことは，さまざまな研究者共同体で進められている私的なやり取りや熟考から新たな知識が生産される，ということである。ある出版物が知識に寄与するのは，専門家集団において共有されている意見を変更する場合である。知識への寄与の大きさは，共有されている意見に対して生み出された変更の大きさによって測定される（ただし，ここでは測定可能な量を扱っているわけではないので，変更の大きさを実測することはない）。知識の生産は，個々の研究者ができることではない。個々の研究者ができることはただ，所属集団に研究成果を提案し，その提案が何らかのかたちで受け入れられることを期待するだけである。もし，その提案が，差しあたり何らかの問題を解決するものとして専門家集団から受け入れられたならば，知識としての寄与に向けた重要な一歩が踏み出されたことになる。特定の提案が，いまなお，問題に関する一つの意見として単に受けとめられるならば，知識には寄与はしないものの，専門家集団の状況は変化したことになる。なぜなら，その提案は，いまや知識として寄与する可能性のある選択肢の在庫に入る新たな提案となるからである。提案が無視され，忘れられ，それゆえ専門家集団の共有意見を何ら変えることがないならば，提案した研究者自身が問題を解決したと，どれほど確信したとしても，その研究者は問題を解決したことにならないのである（解決したと確信するのは本人だけである）。

レビュー作成者の典拠性と専門領域の知識状態

　多くの提案は顧みられることがない。すべての研究者が，他の研究者が述べたことに耳を傾けるわけではない。研究者の誰でもが，語られたことを考察，評価し，そのうえで語られた内容の価値について決着をつけようとするわけではない。その一方で，他の研究者の提案に注意深く耳を傾ける研究者はその提案のもつ価値に同意しない可能性がある。研究者が提案に同意しない限り，その提案が扱った問題は開いたまま（未解決の）状態である。問題が，差しあたって閉じられる（解決される）のは，専門家集団が，その問題は解決されたと一致して合意に至るときである。

特定の出版物について専門家集団のうちの一人ないし二人の研究者が実際に入念に検討しなくても，問題が閉じられる事態が生じるかもしれない。一人の研究者がある問題に関する状況をレビューする役割を引き受け，批評を寄稿し，その寄稿を他の研究者が受け入れる場合，レビュー作成者の典拠性に基づいて重要な評価が行われる。そのような方法で，レビュー作成者は専門家の共同体において実際に広く共有される意見を形成するかもしれない。他の研究者は，寄稿された論文の価値に関するレビュー作成者の説明を喜んで受け入れるのである。専門家集団が重要と考える問題に関しては，集約された意見というものが容易に決められるであろう。あまり重要でない問題に関しては，専門家集団の意見が実際にどのようなものかは，必ずしも明確ではないであろう。ゆえに，ある問題が，専門家集団の外部の研究者にとって重要なものであっても，専門家集団にとって重要でなければ，その問題に関する意見は不確かなものとなろう。

　研究者は，一般的利用のために，ある問題に関する意見の状況について，渋々記述するように思われる[25]。その記述が専門家集団において共有されている意見に影響を及ぼす場合に限り，その記述は専門領域における知識の状態に実際に影響を与えるのである。なぜなら，関係する専門家集団において共有されている意見に注意を向けることで，我々はその専門領域における知識の状態を把握できるからである。しかしながら，専門家集団において共有される意見だけでは十分ではない。なぜなら，専門家集団において集約された意見は，その専門領域の知識の状態を構成するが，それは次の人たちを対象に構成されたものだからである。その人たちとは，専門領域というものを，当該問題に関して独占的な支配権をもつとみなしている人たちであり，専門領域を当該分野における問題を解決できる能力を有する専門家集団とみなしている人たちである。

　個々の出版物は必ずしも知識に寄与できるわけではない。もし，個々の出版物には，知識として寄与する内容が含まれていないのであれば，その出版物に提示された研究成果が知識に寄与することはないであろう。最終的な結論の中に，何ら知識として承認できるものがない出版物であっても，専門家集団の議論を前進させる出版物があるかもしれない。ある特定主題に関する現在の知識状態が，個々のオリジナルな論文の内容を単に累積したものから説明されることはない。知識状態に関するそのような説明では，多くの論文を無視しなければならない。また，説明に取り上げられている論文であっても，その内容の多くは修正される必要がある。もちろん，出版物の中に報告すべき知識はなく，対立する意見が集められたものもあるだろう。回答が対立する意見となるような問題は，閉じられていない問題（未解決の問題）である。たとえ探究の結果，知識が生産されたときでも，探究を通して見出

3章　知識産業：質と流行　51

された内容を探す場合，最も望ましくないのは次の場合である。すなわち，知識生産の試みを記述したオリジナルな出版物を直接，利用して探すような場合である。探究の結果，見出された内容を探すには，典拠性を有する研究者によるレビューや知識の状況を要約したものを利用する必要がある。

知識と専門家集団の合意

　知識生産に関するこれまでの説明は，多くの人びとにとって著しく常軌を逸しているように思われるかもしれない。知識は，いかにして世論にとって，また，専門家集団においてさえも，重要事となりえるのか？　知識生産に関するこれまでの説明は，知識を主観的なものとして捉える説明である。だが一方で，次のような状況においては，ある人物が重要な真理を発見できることを確実に知るべきである。その状況とは，その真理がほかの誰からも承認されていない状況である。また，ある特定の時代における専門家集団内で真理として受け入れられたものが，後世において，偽との認識の有無にかかわらず，偽である可能性がある場合である。知識とは真でなければ知識とは呼べないことから，専門家集団で受け入れたものが偽となるものは実際には知識ではないことになる[26]。専門家集団の合意は真理を保証はしない。それゆえ，専門家集団の合意だけでは知識の成立に十分ではない。我々は，知識の生産は客観的な事柄として考えるべきである。ある人物が論理的にも方法論的にも正しい方法で，真となる結論に至ったならば，その人物は知識に寄与したことになる。知識への寄与が成立しているかどうは，他の人や集団が，知識に寄与したと偶然に考えるようなことに依拠してはならない。

　前述の，専門家集団の合意は真理を保証しないという議論は理解可能ではあるが，不毛である。当然ながら，専門家集団のメンバーは，その問題は閉じている（解決済みである）との合意に至ったとき，適切に到達した結論は真であると考えていることになる。専門家集団が，いかなる問題についても，その回答が偽であるか，不適切に到達された回答であると考えたならば，その問題が解決されたとは考えないであろう。専門家集団のメンバーのみならずほかの誰にとっても問題なのは，何が真と考えられるのか，そして，適切に到達された回答なのか，ということである。何が知識であると考えることができるのか？　「偽であることや，不適切に到達したものについて知識であると考えてはいけない」と言うのは無益である。誰もそのようには考えていないからである。誰しも，今日の見方と真実は明日には，修正されるかもしれないことを認めている。ある提案については，今日却下されても，明日には，その逆となり，熱烈に受け入れられるかもしれないと，誰しも認めるであろう。

さらには，もっと先になって，専門家集団が，当初の見方が正しかったとの結論を下すかもしれないのである。ここでの関心は，いかにして，ある特定の時点において，知識にふさわしいと考えるものに到達するのか，ということになる。知識にふさわしいと考える結論が誤りであり，不適切に到達されたものとの反論が出されたならば，その反論は検討される。その反論に対して代替案が提案されたならば，その代替案についても検討することができる。しかし，その場合にも，同じ問題に直面することになる。すなわち，これらの代替案のうち，どれが知識にふさわしいと考えることができるのか，という問題である。

　しかしながら，その反論は妥当な主張を確かに示している。専門家集団がある知識を生産したことを認識することは，その専門家集団が合意に至ったことをただ認識することではない。その専門家集団が当該領域における問題を解決する能力がある，という見方を我々が抱いている必要がある。ある意見が知識にふさわしいかどうかは，ただ単に，共有される意見に関する問題ではなく，専門家の意見についての合意に関する問題でもない。専門家の意見が知識となるのは，その意見を提示した専門家が有能であり知の典拠として承認される人の場合に限られる[訳注7]。

専門領域における研究成果の評価基準

　専門職は一般に，自分たちの研究を批判することへの独占権を獲得し，それを保持することを目的としている。その目的は，専門職でない者には自分たちの研究の利点と欠点を判断する能力がないとの主張に依拠している。それゆえ，知識産業における専門領域は独立した専門職として振る舞う傾向にある。同僚による査読システムは，知識産業における質のコントロールの土台であり，評価に関して専門職が独占権をもつという原則を重視したものである。学術雑誌に発表するために投稿された論文や補助金の申請は，専門領域の他のメンバーによって評価される。そのメンバーは研究職の任用や昇進の審査も行う。関連する専門領域のメンバーも参加することがある。専門領域の境界はやや曖昧であり，評価を行う研究者が同じ専門領域のメンバーなのか，それとも密接に関係する専門領域のメンバーだけなのかは，明確でない。しかし，基本原則は，専門領域内の研究者と，ほとんど専門領域内の研究者といってよい専門領域外の研究者だけが，専門領域において生産された研究成果を評価する，ということである。

　知識産業は多くの研究者と規模の小さい多数の専門家集団からなり，研究者は専門家集団のいずれか属している。この事実を仮定するならば，異なる専門家集団はまったく異なる評価基準をもち，研究成果の評価に専門領域ごとに異なる基準を適用することを疑問に思うのは当然である。また，単一の専門領域内であっても，そ

れぞれの研究者や異なる専門家集団が適用する基準は異なるのではないか，との疑問が生じるのも当然である。では，知識産業全体に適用される統一的な単一の基準はあるのだろうか？　マイケル・ポラニー（Michael Polanyi）は，「いま我々が検討しているすべての研究活動領域に対してではなく，自然科学のすべての範囲について，評価は統一的な基準に従って行われるべきである」と論じている[27]。科学者による確実な理解対象は，自身が所属する科学のごく小さな領域外には及ばない。それにもかかわらず，科学者は通常，自身の専門領域と密接に関係する研究成果に対して有能な判定者を務めるのである。その際，科学者は自身の研究領域に適用するのと同じ基準を適用し，ある専門領域の全メンバーは，同じ基準を適用するのである。すなわち，専門領域の誰もが関連する研究成果を判定する能力をもっており，科学のすべては重なり合う近傍領域によってカバーされていることから，統一的な基準が普及することになる。だが，この議論は説得的ではない。ポラニーは，同じ専門領域のメンバーが自身の専門領域内の研究成果に同じ基準を実際に適用していることを示していない。また，研究者が，近傍の専門領域の研究成果を判定するときに使用した基準が，自身の専門領域内の研究者が使用した基準と同じであることも示していない。ポラニーはむしろ，単に同じ基準を適用すると仮定しているだけのように思われれる。

研究成果の評価結果に見られる不一致

　たとえ，近傍領域の専門家が同じ基準を共有しているとしても，すべての科学にわたって，その基準が統一的な基準であることを保証しないであろう。「同じ基準をもつことが，すべての研究成果に対してまさしく同じように対応すること」を意味するものではない。仮に，それを意味するとしても，これまで，基準を共有しているような研究者はわずかであろうし，基準を共有しているかどうかを知る研究者は少ないであろう。評価基準は正確な手続きからは程遠いものである。研究者たちが基準を共有していると言うとき，それは，単に自分自身が用いる評価が相互にかなり類似しているということに過ぎない。しかし，たとえ，Aの基準がBの基準にかなり類似しており，Bの基準がCの基準にかなりよく類似しているとしても，Aの基準がCの基準に必ずしも類似している必要はない。そうした関係性のつながりが多くなればなるほど，出発点の基準と，つながりの最後にくる基準との相違はより大きくなる。近傍の原則，すなわち，「研究者は，自身の研究領域と同様に，自身の研究領域にごく近い研究領域で行われた研究を判定する能力をもつ」という原則は，領域ごとに基準が変わることと矛盾はしない。

　実際，ある専門領域内においてさえも，評価の基準については，かなりの不一致

が予想される。同僚による査読システムの研究によれば，補助金申請の審査者の間でかなりの不一致がみられた。その審査者はすべて申請内容が該当する専門領域から選ばれた研究者である。その研究では次のように結論付けている。

　　　確認された審査者の不一致の多くは，おそらく，優れた科学とは何かについて，実際に専門家の意見の間にみられた妥当な相違の結果である。この結果は，科学とは「何が優れた研究成果であるのか，誰が優れた研究を行っているのか，何が有望な探究方針なのか，について幅広い合意によって特徴付けられる」という広く抱かれている信念に反している[28]。

　そして，統一的な評価基準が自然科学に存在するとしても，自然科学と同様に，すべての人文学と社会科学にまでに拡張されると，誰が真剣に考えているのだろうか？　評価に関する専門職の独占権の原則を事実上，受け入れることは，各専門家集団が独自に基準を設定できることを意味する。ただし，独自に設定された基準が他の専門家集団の基準に類似していることを保証するものではなく，また，各専門家集団が一組の基準に関して同意していることを保証するものでもない。

評価における統一的基準の意義

　たとえ，専門領域内の研究者が，主として自身の専門領域における研究に関する質のコントロールに責任を有するとしても，その研究者は，自分にはその責任を全うする能力があると，他の研究者を説得しなければならない。批評に関する独占権は勝ち取らなければならず，絶えず正当化されなければならないのである。専門領域外の人にとって問題なのは，専門領域内の研究者が新たに生産された知識であると宣言するものが，そのとおりに受け止められるのかどうか，ということである。専門領域外の人はそのような問題を提起する機会をもたない。知識産業は，長期にわたって，さまざまな専門領域や専門分野とともに歩んでいるが，それらの各専門領域と分野は互いを顧みることなく，独立した世界として活動しているのである。

　しかし，専門領域外の人たちで，専門領域の成果を利用したいと思っているか，あるいは利用する必要がある人たちは，その成果が利用に値するものであり，信頼できると確信しなければならない。専門領域外の人が，どの専門分野を支援すべきかを決めなければならない場合には，どの専門領域が支援に値するかを決める必要がある。だが，専門領域の研究者による説明によって，研究の価値に関する問題が解決されると考えるわけにはいかない[29]。それは，人びとは自己中心的な幻想により，自身の専門領域の価値と重要性を過大評価してしまうことがあるためである。

3章　知識産業：質と流行　　55

ほとんど避けがたいこの種の幻想は，ただ知識産業において一般的であるだけでなく，知識産業以外の領域でもみられる。しかし，こうした幻想の先には，次のような可能性がある。その可能性とは，専門領域内の全研究者が自身の専門領域において価値のある新しい知識の生産性が高いことに同意しているような場合である。その場合には，その専門領域や分野全体が，その専門領域外の観察者にとっては，まったく別もののように思われる，ということである。

　自分自身の研究を過大評価しがちであるとの仮定のもとで，統一的な基準を適用すれば，過大評価という誤った評価が導かれることはないであろう。その誤った評価とは，専門領域の研究者はある研究成果が知識に重要な寄与したと見ており，その一方で，専門領域外の人たちが，専門領域内の評価基準と同じ基準を使うことで，ただ無駄な時間を費やしただけだとみることである。それに対して，もし評価基準が分野ごとに大幅に異なるならば，次のような可能性がある。その可能性とは，知識産業のある分野は知識の生産が精力的に行われ，成果を収めているのに対して，他の分野においては，何らの知識も価値あるものも生産していない，という可能性である。

　なぜ，人びとが関与するあらゆる種類の探究が成功しなければならないと人は考えるのであろうか？　人びとにとって関心のあるすべての主題が体系的探究でなければならないと考える理由は何であろうか？　実際に，知識産業の多くの分野は，そこで生産された研究成果が専門領域内で受け入れられた基準にどれほどよく合致していても，専門領域外の人たちばかりか，専門領域内の研究者からも，何の価値もないものを生産していると思われるのである。すべての分野において，専門領域内の基準によれば，成果に乏しい研究が行われている，と判断される場合がある。しかし，そのことは問題ではない。問題は，他の基準によって，何の価値もないものを生産している専門領域があるのかどうかということである。

人文学と社会科学における知識生産

　擬似科学は，大学の学科や政府の支援を受けている研究機関といった，知識生産のための組織からは除かれる。なぜなら，専門領域外の人たちは，擬似科学が知識を生産しているとは確信していないからである。しかし，知識生産のために設立された組織内であっても，多くの分野が知識の生産性が高いという主張はしばしば疑問に付される。"最新の実践を加えるだけでなく，取り除くことで，多くのものが得られるであろう。なぜなら，現在の社会科学の多くは時間の浪費であり，誰かがそのように言う必要があるからである"[30]　ある哲学者の批評家は，"社会心理学における純粋研究は，今日の人間の企ての中で，最も非生産的分野の一つである"[31]

と述べている。多くの社会心理学者は"実験社会心理学は決して重要なものとはなりえない"[32]との見方を共有するようになった。学問としての言語学の中で，"崩壊に近い極度の危機"について言及したある評者は，次のことに注目している。"際限のない単行書，記事，反論記事，返信，答弁が永続するように，それらを対象に作成された無数のレビュー・・・，きわめて込み入った複雑な議論（Byzantine debate）[訳注8]。この躊躇なき資金の乱用・・・は，もちろん，概して，人文学や社会科学に特有である"[33]。これらは，いかなる分野においても聞こえてくる種類の不満である。あまりにも多くの著作が，つまらなく，欠陥があり，軽率であるという不満である。最も成功している分野でさえも，同僚による査読に基づく質のコントロールシステムの努力にもかかわらず，貧弱な著作を含んでいる。むしろ，これらのことは，すべての専門領域と分野全体に関する不満であり，その不満は専門領域の研究者にとって専門領域を活気付けるもののようにみられるが，専門領域外の人たちにとっては不毛に思われる。

否定的批評と知識生産

　一般に，否定的批評は説得によって正当化されと仮定するならば，非生産的な研究がどのように継続するのか，疑問に思われるだろう。知識の生産は，専門領域外の人たちがその成果が有用であると思う場合だけに限って継続される。その一方で，否定的批評が広まることで，生産活動は停止するか，生産方法は大きく変更されるであろう。しかし，実際には，知識産業における知識の生産は，専門領域外の人たちが認知する成果の効用に一律に依存することはなく，強く依存することもない。専門家集団は特定の方針に沿って研究し，必要な支援を見つけたいと考えているため，研究は継続するのである。たとえ，専門領域内の研究者が当該研究の価値がほとんどないことに同意しているとしても，次のような理由から，研究者は研究の継続を望むだろう。その理由とは，研究の遂行のために異なる研究方針を見出す意志も能力も意欲もないこと，大学は博士課程の学生が行うべきことを見出す必要があること，研究者の名声を維持し高めるために出版を継続する必要があること，ある研究者によって価値があるのか疑わしいと認定された研究であっても名声を獲得し続ける力があること，等である。この他にも，信用できる理由や信用できないような理由があげられる[34]。しかし，専門家の集団は，たとえ極端に厳しい批判に直面したとしても，研究の様式に対する熱意を維持し，自分たちの研究に関する重要な評価について独占権を主張するのである。

公的部門における研究と知識生産

　公的部門における研究は，研究成果の売買によって支えられていないので，他の支援を見つけなければならない。その支援は，長期にわたり，ほとんどが自動的に決まったものである。公共部門の多くの研究は，特に大学における研究は，保護された研究である。すなわち，基本的な支援が終身在職権というシステムによって保証されている。大学の終身在職権は研究者がある方針による研究を行いたいという理由だけで，その研究を遂行する自由を保証するものである。専門領域外の人たちが，そのような研究はつまらなくて不毛であるとみている事実は，研究を継続しないための十分な理由とはならない。その研究の遂行に多額の費用が必要ではなく，時間だけが必要であるとすれば，研究は継続されるのである。任用と昇進が主として同僚の意見に依拠している限り，また，同僚には研究成果の良い点を検証する用意がある限り，任用は継続され，終身在職権は継続して与えられ，自己選択型のプロジェクトを遂行する自由が保証される。たとえ専門領域外の人たちから見ると，互いの研究成果を評価するよう要請された同僚が役に立たない研究活動を遂行している場合であっても，同僚に依拠した任用等の継続は変わらない。

　費用のかかる研究は，多くの支援スタッフや高価な備品が必要となるため，研究者は当然ながら専門領域外の人に資金提供を説得する必要がある。資金提供者が主に同僚の評価に依拠するならば，評価の結果は費用のかからない保護された研究と同じことになる。専門家集団を志望するあらゆる集団が，必ずしも大学の保護下に入るわけではなく，大規模な資金提供機関に選ばれるわけでもない。まったくの偶然から，外部の資金提供機関が，研究成果の価値について，同僚の評価に依拠しないように求められている場合もある。しかし，資金が自由に利用できる場合には，確立された専門領域は，外部の批評家によって価値がないと考えられた研究について支援を得ることがあるかもしれない。研究支援のために提供できる資金をもっている人が専門領域の価値について納得している限り，批評家によって嘲笑された研究であっても，次のいずれかの場合，その研究は継続することができる。その場合とは，その資金提供の用意のある人が，その専門領域は知識に値するものを生産していると考えているか，その専門領域は最終的には知識に値する成果を生産することになると楽観している場合である。外部の人たちは誰であっても，専門家集団が価値のあるものを生産しているかどうかを結論付けなければならない。外部の人たちの中には，専門領域を非生産的であるとして拒絶する人もいれば，支援に値する十分な成果があるとみる人もいる。専門領域の知識生産が非生産的ありながら，どのようにして継続するのかという問題は，なぜ，支援者がその専門領域は支援に値する成果を生産すると考えるのか，という問題になる。そして，その問題には非常

に多様な解答が可能である。

3.3 流行と知的好み

　知識の生産は，知識を生産していると一般に認められているかどうかにかかわらず継続できるが，同じ方法で長期にわたって継続することはない。研究様式は，知識産業全体を通して，一律の割合ではないが，絶えず変化している。探究すべき新たな領域は発見され続けるのであり，領域を探究する新たな方法が考案され続ける。専門領域が永久に続くことはない。専門領域は成長し，衰退する。生産の量は増大し，やがてゼロにまで縮小する。新たな専門領域が登場し，古い専門領域は収斂または発散する。その際，専門領域は，研究アプローチの様式をわずかに変化させるか，大いに変化させる。また研究の規模にかかわらず，その性格を変容させる。こうした絶え間ない変化はどのように考えるべきであろうか？　絶え間ない変化とは，探究を進めるために改善される方法を絶えず発見すること，また，掘り起こされる潜在的な知識に関する豊かな鉱脈を絶えず発見すること，と考えるべきだろうか？　その絶え間のない変化とは，生産方法に関する継続的な改良と，生産される知識の量における変化として，考えるべきだろうか？　あるいは，研究対象を絶えず探索すること，あるいは，非生産的な古い方法を放棄して新たな方法を採用すること，と考えるべきだろうか？

人文学と社会科学における研究様式の変化

　知識産業の中で行われている研究の性格における変化の程度について，社会科学と人文学からの実例を取り上げながら検討しよう。特に歴史学はうってつけの例を提供してくれる[35]。歴史研究の古い方法と新しい方法は，一時的な観察者にとっても異なるようにみえる。古い方法は語りを生み出し，新しい方法は分析を生み出す。古い方法は出来事に焦点をあて，新しい方法は条件と条件の変化に焦点をあてる。古い方法はごく少数の著名な人物の行動に焦点をあてているが，新しい方法では，多くの人と貧しい人びとの生きざまについて深く論じる。古い方法は文字通り，提示という様式を取り，新しい方法は量的，抽象的なものとなる傾向がある。古い様式に慣れた人にとって，新しい様式の研究は歴史学とはまったく認められない。

　研究に関する新旧の様式については，人文学や社会科学の研究様式に対しても同様の比較が可能であろう。たとえば，論理実証主義のもとの哲学で行われる研究と通常の言語哲学における研究，文芸批評におけるニュークリティシズムの登場と衰

3章　知識産業：質と流行　59

退，構造主義とそれ以降の優位性，ポスト構造主義と脱構築，ノム・チョムスキー（Noam Chomsky）の登場前後の言語学の研究，政治学と社会学における行動主義的，計量的アプローチの発展と比較的最近の解釈学的社会学の発展，経済学の数式化，社会科学における地理学の変容，である。

　研究様式に大きな変化があることは，新旧の研究について最も表層的な検討からも明らかである。より古い世代にとって，新しい研究は同じ分野の研究ではないように思えるかもしれない。すなわち，本当にこれが哲学なのか，本当にこれが歴史学なのか，ということである[36]。主な変化は，研究分野の特性そのものを根本的に変えているように思われ，過去の研究との違いすらも認識できないほどの変化である。対象，手段，および結果における数多くの重要な変化は，劇的な変化でないにせよ，様式に関するより緻密な分析によって見出すことができる。目的と方法における根本的な変化は，ときに，公の場での闘争にまで至る対立を伴ない，さらには次のような事象が伴うのである。その事象とは，大学において学科設置を実現するための運動，雑誌の編集権，専門職団体における事務局，さらには学術研究における権力の椅子である。そのようなエピソードは革命とさえ呼べるものであり，革命と呼ぶことに何の疑問もない。こうしたエピソードは明らかに，単なる技術的進歩の事例ではない。それは様式における革命なのである。では，様式における革命を説明するのものは何であろうか？

研究における流行

　流行という概念は，様式における革命を説明するものは何か，という問題に回答する鍵となる。経済学において，ヤコブ・ヴィナー（Jacob Viner）は，次のように指摘している。

　　　実証主義と合理主義のアプローチの間には絶えざる弁証法がある。その弁証法は，知的流行の変化に基づかなければ，決して解決されないものである。・・・いずれのアプローチが一時的に優勢となる状況を説明するためには，‘流行’に訴えなければならない[37]。

　レビュー，概説，および研究に関する一般的な議論では，流行にそれとなく言及されている。すなわち，"オックスフォード学派の哲学では，曖昧性が流行になりつつあるという徴候がある"[38]。"流行それ自体は，都市の歴史に関する新しい企てに長い影を落としている"[39]。"政治学における流行と基準は，大恐慌と戦後期の間に一度ならず変化しており，行動主義の時代である 1950 年代に，・・・再び変化し

た。そしていま，もう一つの変化を受けている"[40]。"複数の研究を似たものとして実際に結び付ける場合，それらの研究がすべて高度に批判的な流行に関する研究である場合である"[41]。"学術研究における概念の評価は，効用と同じ程度に流行に依拠している"[42]。"我々は，真理により近付いていているのか，それとも，ただ，重要な流行の潮流の中を漂っているだけなのか？"[43]。変化を説明するためには，流行に訴えなければならないことは明白のように思われる。"'流行'と'モード'が我々の生活を支配していることは誰もが知っている"[44]。

　偉大な哲学者にして社会学者であるゲオルグ・ジンメル（Georg Simmel）は，科学のような重要な事柄における流行の規則は耐え難いと考えていた[45]。ハグストロム（Hagstrom）は，科学における流行は科学の概念からの逸脱を表していると考えている[46]。流行というタグに何らかのラベルを付与することは，多くの人たちにとって正体を暴露させる戦略である。すなわち，"単に流行している"という表現は，軽蔑して放棄する場合の言い回しである。流行は取るに足らないものであり，不合理なものである[47]。流行によって説明されるものを信用しない場合，流行を用いた変化の説明を受け入れることができるだろうか？　流行のような非常に浅薄なのものが，学術分野における生産という非常に厳粛な事業の背後に本当に存在するのであろうか？

研究における流行と様式

　様式に関するこれまでの議論で，流行に関する主張を検討するための基礎が用意されたことになる。一般に流行，特に知的流行は，様式の問題として考えるのが適切である。専門領域の外部からみれば，流行とは，新しい様式を特徴とし，複数の特徴をあわせもった様式が一時的に人気を博す現象である。何が流行しているかといえば，それは様式全体であり，活動方法の全体であり，活動方法の細部である。すなわち，新しい手続き，概念，ツール，議論の様式，問題領域，これらが流行しているのである。新しい様式上の変化は絶えず生じており，大きく顕著な場合もあるが，大抵は小規模で目立たないものである。なかには，研究者全体に広がり，ほとんどすべての研究者が採用する様式もある。だが，様式の多くは，その様式を生み出した研究者以外には，誰にも採用されない。様式がどのように生じるのか，という問題は，流行に訴えることで回答できるようなものではない。その問題は，研究者が気にかけている発明と創造性の理論に関するものである。

　変化した様式が広範囲に採用されていることを説明する際に，流行が登場する。しかしながら，最も表層的なレベルにおいて，流行は説明に使われるものではなく，むしろ説明の対象となる表層的な現象である。様式上の革新は年を追ってその

成り行きを跡付けることができ，その勃興は図式化することができる。すなわち，様式上の革新を採用した人数を数え，革新が採用されるまでの時間を測定し，革新を用いている図書と記事の数を集計し，利用の始まりから利用の下降までを示した曲線を描き，さらに，その曲線の形を記述した数式を示すことができる。最も表層的なレベルにおいては，我々は，一時的な熱中（急速かつ広く採用され，急激に放棄され，その盛衰が鋭い曲線で描かれるもの）を流行（より緩やかに採用され，より緩やかに放棄されるもの）と区別でき，生まれた慣習や習慣（緩やかに採用され，長期に渡り広く受け入れられるもの）と区別できる。こうして，流行とは，外側から見れば，単に広く使用されはするものの，その使用が一時的であるような様式上の革新である。

研究活動における好みの問題

　水面下では，流行は好み（taste）の変化にかかわっている[48]。現在流行している様式は，特に最新の好みに訴えるものである。新しい様式が流行に参入すると，それまでの様式は流行遅れとなり，廃れることになる。昨年の服装は，着古されたという理由からではなく，現在の好みからみて魅力的でなく，着ることはできないという理由で，片付けられるのである。昨年の研究様式は，もはやその様式ではこれ以上何も研究できないという理由からではなく，次のような理由から，新しい研究様式に取って代わるのである。その理由は，旧来の研究様式は，今となっては退屈であり，つまらなく，古臭く，無意味であり，好みを大幅に変更することになるからである。また，旧来の研究様式は，間違った方向であり，ばかばかしく，おかしく，卑しむべきものであるからである。これまで魅力的であったものが魅力的ではないものとなり，逆に，当初は魅力に欠け奇怪ですらあったものが，魅力的なものになることもある。

　好みは変わるものであり，好みによって，これまで良いとされてきたものが否定される。好みの変更は様式の変更に先立つことになろう。その場合，研究者は，現在の様式が魅力を失うと，より魅力的な様式を求めて周囲を見回すのである。逆に，様式の変更が好みの変更に先立つ場合には，研究者は新しい様式がやっかいなもので，いやなものに思えるにもかかわらず，その新しい様式での研究を試みることになる。しかし，次第に研究者は，新しい様式が古い様式に取って代わることを当然と考え，新しい様式のほうが優れていると考えるようになる。好みの変更は，実際にある様式を使って研究する研究者に限定される必要はない。研究者の研究様式が変わるならば，研究者は，研究成果の受け手となるメンバーの好みも変わること，それも同じ方向に変わることを期待する。好みの変更は小さいことも，大きい

こともある。革命的な時代に生じる様式の変更は大きいが，好みというものは，つねにわずかに変わっていくのである。

知的好みと研究

　好みの概念は十分によく知られているが，知的好みという特定の概念については，さらに解説が必要であろう。研究者の知的好みに関する記述とは，研究者が自ら行っている知的作業，あるいは他の研究者が行う知的作業について，いかに批判し，評価し，その真価を承認するかに関する記述である[49]。知的好みは，研究者自身が次のように感じる場合に生じる。すなわち，ある研究が，抽象的過ぎているか，あまりにもつまらない細部を扱っている場合である。また，あまりにも粗雑な議論であり，不必要なまでに露骨な議論である場合や，基本的に小さな問題の場合や非常に興味深い問題を対象にした研究の場合である。知的好みによって判断されるのは，問題とその解決への本質的な関心であり，問題に取りかかる方法の適切性であり，問題の取り扱いの十全性の有無である。研究者により明確に定式化された基準は，その研究者の知的好みの反映である。研究者が行う特定の判断の背後にある基準や原則を述べようとするとき，その研究者は自身の好みについて表現しようと試みているのである。

　しかし，明確な基準，標準，原則が，好みを完全に反映しているわけではないことは容易に示される。おそらく，好みに関する典型的な表現は，以下に例示するように，これこれのものが十分である，という判断を示したものである。たとえば，注目に十分値するほど重要である，十分良く組織されている，証拠により十分強力に支持されている，十分詳細に表現されている，十分慎重に解決されている，と表現される判断である。明確な基準を使って，「何が十分であるのか」という問題は解決できない。我々は，これこれのことは十分であると確信できたとしても，知的好みを判断するための規則として一般的に利用される明確な規則を定式化することはできないであろう。好みというのは，言明の真偽を判定するものではなく，特定の言明に至るために行われた研究が十全なものかをどうかを判断し，また言明の興味や重要性を判断するものである。知的好みの変更は，それを知ることが良いと研究者が考えるものが変わること，知るために良い方法であると研究者が考えるものが変わることを意味する。また，知的好みの変更は，研究に値するものであると研究者が考えるものが変わること，価値あることを研究する最良の方法であると研究者が考えるものが変わること，を意味する。

3章　知識産業：質と流行　63

研究様式の変更と流行の等級

　研究者個人ないしは研究者集団による一定程度の研究様式の変更は，新たな技術の採用と概念の借用を意味する。研究様式が変更されたとき，それに伴う好みの変更について論じるには，新たな探究が必要である。表面的に流行の事例に該当する現象を扱うには，二つの異なる範疇が必要となる。ここでは，好みの変化が関与しない流行を第1等級の流行と呼び，好みの変更が関与する流行を第2等級段階の流行と呼ぶことにする。どの流行がどちらの等級に該当するのかを説明するまでもなく，第1等級の流行に該当するケースは多数あることがわかる。そのケースとは，価値と効用がすでに確立された基準で判断できる新規性をもつ流行であり，それまでのツールや技術よりも効率的で効果的な新たなツールや技術を使用する流行である。また，次の理由から提示される新たな問題は，第1等級の流行にかかわるものである。その理由とは，問題に回答するために必要な資金が調達可能であり，その問題は他の問題より回答しやすい，という理由である。方法の変更は，好みの変更と同様，外的な環境における変更に対応する。その外的な環境は，新たなツール，新たな資金提供の刺激や実践的な面での動機などを提供する。研究様式における短期的な日々の変更の多くは，第1等級の流行の範疇に該当するものとみて間違いない。他者の専門領域や自身の専門領域における評価の変更の多くは同様に第1等級に該当する。

　ある分野においては，進歩が緩やかな場合もあれば，急速である場合もある。我々は，以前よりも，悪くなっているか，良くなっているかと考えるが，良し悪しを考えるのは，評価の基礎は安定しているが客観的条件が変化している場合であるか，逆に，客観的条件は同じであるが評価の基準が変更されている場合である。ただし，分野における実際の状況がそのどちらかなのかを指摘することは難しい。

専門領域の衰退と消滅の要因

　専門領域の衰退と消滅の理由としてよく出てくるのが，専門領域における研究機会の枯渇である。研究機会の枯渇とは，利用可能な技術を使って取り組むことができる興味深い問題の発見が困難になりゆくことを意味する[50]。かつて生産的であるとみられた研究様式がその潜在能力を使い果たしたとみられるのである。そこで，これまでの専門領域を新たに成長させ，ときには新たな専門領域の形成にさえつながるような，新しくより生産的な様式が追求されることになる。様式の枯渇という概念は，変化に関する合理的な説明のように思われる。ある様式を用いて多くの研究が行われ，現在の研究遂行者の将来が過去に強く縛られ，「独創的な想像力が袋小路に直面する」ときこそが，その様式を変更する機が熟したときである[51]。しか

し，様式の枯渇に訴えても，専門領域の衰退に関して決定的な結論が出ることはなく，その結論も不十分なものとなることが多い。専門領域内の者にとっては決して枯渇などしていないように思われる研究様式が，専門領域外の人からみれば当初から枯渇していたかもしれないのである。ある段階において，知識の生産者は，研究成果が「悲しいまでのつまらなさ」に不満を覚えるようになるかもしれない。言葉の学習という心理学の専門領域において長年にわたって研究してきた研究者は，明らかにそのような不満を覚えていた[52]。しかし，研究成果は，専門領域内の者がそのように感じる前から，長期にわたって，悲しいまでにつまらないものであったかもしれない。役に立たない情報の生産は，最初の段階よりも，最終の段階のほうが少ないであろう。最後に生み出された情報は最初に生み出された情報よりも少ないことはないだろう。昨年まで興奮するような種類の研究が，いまや悲しいまでにつまらない研究のように思われるとき，研究の潜在能力が実際に縮小しないまでも，好みは変更されたと考えることができるだろう。

好みの変更

　あまり自信をもって解答できない，より深刻な問題がある。それは，好みの変更を説明するものは何か，という問題である。これには，二つの種類の説明が考えられる。人間の出来事に関する流行を扱った論者が強調するように，流行は力をもっている。すなわち，流行は社会的強制力を発揮する[53]。第2等級の知的流行の広がりには，この社会的強制力がかかわっていると考えられる。多くの人たちの好みが変化するのは，他者の好みが変わり，それに対応した場合である。新しい様式を初めに採用する人たちは，その様式に引き付けられるが，その新しい様式を最後に採用する人たちは，以前の様式から引き離されるのである。ますます多くの人たちの好みが変われば変わるほど，自分の好みがまだ変わっていない人たちは，多くの重圧を覚えることになる。いまや，他の誰もが，今なお行っていることが適切でなく愚かしいことに気付くようになると，今行っていることをやめる重圧をより多く感じるようになる。また，それが適切でなく愚かしいという見方を共有する可能性もより高くなる。我々が感じる重圧は他者からのあからさまな言動とはかかわりがない。たとえ，我々が変えられないからといって，他者が我々に変えるように急き立て，我々を脅かすようなことはない。単に他者が我々について何を考えているのかを我々は知っている，と考えるだけのことである。

　我々の好みは，他者を意識し，他者を意図的に模倣することなどで変化することはない。人は，実際，活動様式を模倣することを慎重に決定し，新しい様式を好む傾向にあるが，簡単に新しい様式を選好することはできない。人は，冷笑しながら

も流行を採用し，その流行への好みを装うことができるのである。その一方で，密かにその流行をひどく嫌ってもいるが，これは特異なケースである。流行に屈することは，他者が行っていることを行うことではなく，また，他者がそうしているという理由から，それを行うことでもない，と説明される場合がある。流行に屈するとは，他者の好みの変更を知ることで自身の好みが知らず知らずのうち影響を受け，新たな様式のほうを好むようになることなのである。流行に屈することは，他者の好みの変更に依存するがゆえに，好みの変更を示す証拠の数やその証拠を宣伝するスピードにも依存し，さらには，その証拠に対する一人ひとりの感受性にも依存するのである。他者の好みの変更に最もよく気付くような立場にいる人たちは，他者の力を最も早く感じるであろうし，集団とのコミュケーションを欠いている人たちは最後にその力を感じることになるだろう。

知の典拠性と好みの変更

　これまで述べてきたことは，大衆にみられる流行現象である。すなわち，好みが変わった人の数が多ければ多いほど，変更への重圧はより大きくなる。知識産業の部門にかかわる人たちの数は，大衆とみなされるほど多くはないが，それでも，数の重圧は重要となろう。知識産業にかかわる人たち，特に知の典拠性を有する人たちは，明らかに，他の人よりも影響力をもっている。ある人がより多くの典拠性を有していると承認されればされるほど，知の典拠性を有する人の好みの明らかな変更は，人びと好みの変更を導く可能性をますます高くする。知の典拠性は価値の問題にまで広がり，知的好みは知的価値の問題となる。私にとって典拠となる人物が「あなた方はこの新しい研究方法を受け入れないという過ちを犯しており，古い研究方法に過度に満足している」と言うのであれば，私は古い研究方法に過度に満足してきたことを反省し，新しい様式は真剣に捉える価値があると考えるであろう。

　そこで私は，反省の後，私の好みが変化していることに気付くことになるだろう。知の典拠と認められた人が賞賛する流行を他者が賞賛し，知の典拠と認められた人の見方と選好に他者が大きな重みが与えているとき，知の典拠性を有する人は流行の先導者となる。特別な典拠性をもたない人が行う革新が流行にはならない条件は次のとおりである。それは，典拠性を有する人がその革新を取り上げない場合であり，また，革新を正当化する人たちによって取り上げられない場合である。なお，典拠性を有する人は，他者に影響力を行使し，その革新を試みるように促すような人物である。しかし，たとえ流行の先導者が新規なものの受容を促進するとはいえ，流行の先導者は，好みについて他者が抵抗できないほどの力まではもってい

ない。流行の先導者は自分には追従者がいないことを知るかもしれない。流行に関係しない事象に関する知の典拠の場合と同様に，典拠性を有する人の言葉やその人が示す先例を受け入れる際には，障害が伴うであろう。典拠性を有する人が，不合理であると絶望させるような話を我々に語り始めるならば，追従者を得るよりはむしろ，典拠性を失うことになろう。そして，典拠性を有する人が，我々が常軌を逸していると絶望するような探究の様式を推奨するならば，追従者を得るよりもむしろ，自身の信用を傷つけるかもしれない。

好みの変化と世代

　好みの大きな変化を説明するためには，知の典拠性を有する人の影響と専ら数による影響とに訴える必要がある。しかし，集団の好みは，個人の好みが変わっていないにもかかわらず，変わることもある。ある集団において優勢となっている研究様式は，次の理由により変わる可能性がある。その理由とは，古いメンバーが好みの変更を許容するか，集団に参入する新たな研究者が異なる好みをもっているか，のいずれかである。異なる研究領域から参入する新たなメンバーが，すでに形成された異なる好みを携えて，ある集団を支配するならば，個々の人の好みは変わらないにもかかわらず，その集団の平均的な好みは，徐々に変化するであろう。より一般的には，専門家集団に新たに加わる者は，彼らの教師から，それまで少数派の好みであったものを教えられるであろう。そこで，多数派であった集団の古いメンバーがいなくなると，当初は少数派であったメンバーが多数派となり，その結果，以前は少数派の好みであったものが多数派の好みとなる^{訳注9}。

　より古い世代の中には，より若い世代に決定的な影響を及ぼす人もいるであろうが，新規参入者からなる少数派が多数派を占めることで，少数派の好みであったものが多数派の好みになるのは，好みの変化に関する標準的な世代間のギャップの方式とでもいえるものであろう。若い世代に影響を及ぼすことのない古い世代の人たちは，同時代人に影響を及ぼさないが，教師として多大な影響力をもつ知の典拠となるだろう。これとは異なるもう一つの世代間のギャップは，より古い世代全体に対して，若者全体が集団として形成する無意識の反感から生じる。若者は年長者に対してすべての知の典拠性を否定し，新たに若者が集団としての好みを形成するために，互いに反応しあい，影響を与えあうのである。以上述べてきたことは，好みの変化が生じる道筋を類型化しただけであり，その道筋は曲がりくねり，見えにくいものである。

　好みの変更は，強制できるものではなく，予測できるものでもない。"100の異なる革新が同時に認められると仮定すると，・・・なぜ，そのうちの10の革新が外部

に広がり，その一方で，90は忘れられるであろうか？”というタルド（Tarde）の問いかけは，彼が1世紀前に提示したときよりも，現在のほうが解答に近付いているというわけではない。どの10の革新が成功するかを示す確かな方法を問われても，それには解答できそうにないからである[54]。

3.4　知識産業における流行

いまや我々は，探究の様式がいかに変化するかをよくわかっている。我々は，研究に流行があることに同意できるであろうか？　第1等級の流行という表層的な意味では，研究に流行が存在することは疑いない[55]。探究の様式は確かに変化し，主題，ツール，手続きは，その人気の度合いが上下する。重要な問題は，様式上の変更が好みの変更にかかわるのかどうかである。少なくとも，自然科学においては，様式上の変更は好みの変更にかかわることはない，とされてきた。トーマス・クーン（Thomas Kuhn）は，自然科学における理論選択の際に用いられる基準や価値は，知的好みの表現であって，大雑把に言えば，"ただし，きわめて大雑把に言えるだけではあるが"，"決定的に不変である"[56]と考えている。クーンは，そうした価値（たとえば，正確さ，範囲，単純さ，という価値）を実際に適用すること，より明確にいえば，異なる基準に付与する相対的重み付けは，時代とともに著しく変化し，適用される分野によっても変化することを即座に認めている。しかし，価値の適用や基準の重み付けの変更は確定的でない。なぜなら，理論間の選択は知的好みの表明の一種に過ぎず，他の領域において好みの変更を示す数多くの兆候があるからである。以下に一例をあげる。

　　動物学におけるポスト・ダーウィン派の大いなる復活のための本当に重要な作業は，進化の道筋をかつてないほどに詳細に注解することであると，ほとんどすべての重要な動物学者によって信じられていた。そうした悪しき時代においては，きわめて多くの動物学の分野は，分野を「比較して」記述することが可能になったときにはじめて，社会的地位を達成していると考えられたのである。・・・比較解剖学に反対する動きの中で，比較生理学は概して大いに邪魔となり，悪しき迷惑な存在となった。比較解剖学を今日，記述するとき，動物学者にとっての主な義務とは，より下等な動物の生理学を理解することと考えられたのである。この分野の業績の多くはあまりにも面白くなく，輝いてもいない。・・・不幸にも，学術的改革への自負が，ついには一種の鬱陶しいまでの嫌悪感をともなって否認されるまで乱用されるのが，学術的革新というもの

の特性であるように思われる[57]。

　専門領域外の人にとって，上記の引用内容は好みの変化を記述したもののように聞こえる。上記の引用内容は自然科学に関するものであるとはいえ，人間に関する研究は好みの渦巻きの上に載せられているとみなされるのである。人間に関するほとんどすべての研究分野においては，リン・ホワイト（Lynn White）の次の指摘に同調する人がいるであろう。その指摘とは，"我々の研究は次のような段階に到達したのである。その段階とは，学者がまったく新たな種類の問題を設定しはじめている段階であり，学者が証拠を引き出すために，ほとんど知られていない型の資料に取り組んでいる段階であり，先人が狂気とみなしたであろう解答の種類に知的満足を学者が見出している段階である"[58]。特に最後の段階が重要である。すなわち，知的満足の源泉は変化するということである。

　我々は，満足感が根底から失われるような経験をする。すなわち，"雑誌，図書，教育課程の多くは，我々自身が生み出したものだが，それらの中で例示されている人類学に，我々の多くがうんざりしているという理由から，'人類学の再考'に関するこのようなセッションが設けられている"[59]。我々は，同僚が研究しているものを，"歴史的骨董趣味を削り落とし，・・・旧来からある飽き飽きした問題と同じ問題を何度も蒸し返している，と考えるようになっている"[60]。それに対応して，我々は，新たな情熱を発見し，新たな種類の事柄に価値を見出している。大学という環境で数年以上研究してきた人なら誰でも，他の研究者の中にそのような変化を目撃してきたであろうし，個人的にもそうした変化を経験してきたであろう。長く大学にいればいるほど，知的好みの絶えざる変化の兆候は避けられない，といえよう。

　　人間の集団のみならず，個々人の中でも，好みは変化し続ける。風は思いのままに吹く[訳注10]。すなわち，なぜ好みが変わるのか，何が次に表出するのかについては，あなたは，なぜクリノリン[訳注11]が入り，消えてなくなるのかを語ることができる以上に，語ることはできない。・・・好みは現れ，しばしば，草原地域での手に負えない火事のように世界に広がる。好みに火をつけた事柄はあまりにも小さく，探知することはできない。その好みが燃え立たなくなるとき，あなたは何がその好みを追いやったのか，語ることはできないのである[61]。

知的好みの変化
　知的好みの変化は，小さいものであれ，大きいものであれ，ほとんど否定できな

いものである。科学者や学者は，他の研究者の好みの変化を知って，自身の基礎的な基準や知的な好みを変更するとは考えていない。科学者や学者は，妥当な議論や有無を言わさぬ証拠にのみ応じて好みを変更していると考えている。あたかも，科学者や学者は，他の状況における他の人たちと同様，時流にのる傾向がある，と［科学者や学者は主張していないにもかかわらず］我々が主張しているかのようである。すなわち，あたかも，知的好みの変更は"不合理であり，群衆心理の問題"[62]［と科学者や学者は考えている］かのようである。もし，社会学者のブルーマー（Blumer）が主張するように，流行とは，"実用的あるいは合理的配慮によって案内されるようなものではなく，・・・競合するモデルの見かけ上の利点や価値が，開かれた決定的な検証を通して，明示できないものである"，とするならば，不合理性というものが，知識生産のすべての企ての中核にある，ということになる[63]。

　しかしながら，好みは個人的な影響を受けないという考え方には，著しい例外がある。それは将来における研究者の公教育段階での影響である。大学院教育の核心は将来の研究者の好みを形成することであり，たとえそれに限られないとしても，好みの形成こそが主要なものである。もし，学生が自らの知的好みを開拓することがなければ，その学生は，研究者として独立した研究が行えると信用してもらえるために必要な社会化ができないことになる。学生がすでに，意義のある問題を構成する適切な感覚をもち，あるいは，意義のある問題に取り組む適切な方法をもっていることは前提とされていない。学生は，指導教授の好みと矛盾しない好みをつくり上げる必要がある。学生に認められるのは，自分がモデルとする好みを指導教授の好みと，できるだけ競合しないようにすることである。指導教授の研究方法がより優れていることを客観的に示したものが提供されたからといって，それが適切な好みを獲得する唯一の手段となりえない。好みを獲得する前に，学生は提示された指導教授の研究方法を評価する立場にはない。学生が専門領域の研究者として独り立ちした地位を得る通常のルートである徒弟制度が機能するためには，学生が教師を高度な知の典拠性を有する者として，それゆえ，学生の精神に強く適切な影響を与える者として認めることである。

　たとえ教師の個人的影響が，学生が研究者としての独立する前の段階で許容されるとしても，学生が独立した研究を開始した後には，その影響力は厳しく排除されという考え方がある。不可解なことは，なぜ，これから研究に従事する者がそうした排除が可能であると考えるべきなのか，ということである。なぜなら，これから研究に従事する者は，他の研究者の意見に無意識に影響を受けないようにするために使用される技術を何ら与えられていないからである。しかも，彼らは実際に同僚の研究者の意見に無関心であること，あるいは，彼らは残された人類がこれまで学

習してこなかったこと，すなわち，自らの境遇の及ぼす影響から抜け出す方法を学習すべきだとは，信じられない。我々は，彼らに他者がなしえないことを実行するように実際に期待することはできない。それゆえ，もし，我々が，知識産業において研究者の好みを変える際に，個人的な影響を有効なものと認めるのであれば，個人的な影響は物議を醸す原因とはならない[64]。

知的好みの変化の理由

それでもなお，次のような重要な問題があると述べる人もいるであろう。その問題とは，好みの変化に十分な理由があるのかどうかであり，特定の個人に実際に及ぼすもので，まだ知られていない心理的な影響がどのようなものであれ，存在する可能性があるのかどうか，ということである。どれほどの知的好みの変化が生じようとも，我々は，その変化が合理的に正当化できることを保証してもらいたいのである。さもなければ，知識産業全体の基盤が不安定なものとなろう。知識産業は説明のつかない個人的な気まぐれに基づくことはできないのである。基本的な好みの領域において十分な理由を求めることは，J.O. ウィズダム（J.O. Wisdom）が示した，次のような科学理論の受容のための十分な基礎を求めることと変わりない。

> 特定の論理的な手続きの基礎として，たとえば専門分野において最上位にいる人たちが受け入れる一定の証拠をもつ限り，もし，多くの一般の人たちが主に社会学的基盤に基づいて理論を受け入れるならば，その理論の合理性や地位に好みというものが影響を及ぼすことはない[65]。

もし，先導者が満足な説明を行うことができるという条件のもと，群衆は流行に追従し，それを正当化するというのであれば，差し支えないであろう。しかし，道徳的，美的好みと同様，知的好みの特徴は，好みの変化を正当化するために特定の論理的手続きが利用できないことにある。我々は，様式上の革新を採用することについては，好みと表現可能な範囲でのその好みの基準や標準に訴えることで，説明し正当化するのである。好みが革新の採用過程で変わらないのであれば，より深い意味の流行は関与しない。好みが変化するならば，革新は，その革新を拒絶したであろうこれまでの好みではなく，新しい好みに訴えることで正当化される。しかし，好みの変化を正当化するにあたり，一体何に訴えることができるというのか？それはこれまでの好みでも，共有していない他の好みでもなく，新たな好み自体でもない。より深い意味での流行は新たな評価の段階への移行にかかわっており，その移行に関するいかなる議論も，論理的には結論が出ないものでなければならな

3章　知識産業：質と流行　71

い。なしえないことをなすこと，すなわち，好みの変化について決定的な理由を提供するように求めることは，無意味なのである。

　我々は，好みの変更は不合理であり，知識産業全体は不合理な基盤に基づいていると結論付けなければならいのか？　我々はそのように結論付けることになろうが，代わりとなる見方がある。そうした結論の代わりに，好みの変更は合理的でも不合理でもなく，合理性自体が知的好みによって提供される枠組みからのみ判定されなければならない，と考えることができる。そこで，流行は，「功利的な，あるいは不合理な配慮によって導かれることはない」[訳注12]というブルーマー（Blumer）の主張のもつ力は，これまで適応してきたかもしれないものに適応できていない心や行動の変化を非難したことにあるのでなく，むしろ，関係する変更の種類を表すもの，すなわち，功利的あるいは合理的な配慮がはらたく新たな一組の条件への移行を表明したことにある。

好みの変更の仕組みに関する証拠

　好みの変更に関してこれまで提示された仕組みには，異議はないかもしれない。しかし，提示された仕組みは好みの変化を生み出すように実際に機能するという証拠はあるのか？　その仕組みは無意識なものであることから，我々は，単に観察し，あるいは内省することによってその問題に答えることはできないであろう[66]。どのような種類の証拠がそのような問題の解決に適合しているか，ということさえ，明確ではない。しかし，ある種の適合する証拠は豊富に提供できる。それは流行が関係する社会的圧力という証拠である。我々はみな，自分自身の経験から，自分が見下すものや，他者が見下すのを期待するものについて，示すことができる。我々は，以下のとおり，これと同じ例を提供することができるだろう。

　　　もし，あなたの同僚から，現在の研究関心に関する問合せがあり，それに，あなたがイタリア憲法裁判所を研究していると回答したならば，その同僚の反応はどのようなものになると，あなたは考えるであろうか？　その同僚は，おそらく，あなたを時代遅れの制度主義者として，その分野の主流から完全に外れているとみなすであろう[67]。

　最も適切な技術や手続きに関する考え方が前進し，後退するのをみることができる。例えば，[『政治学の成功の方法』と題する論文[訳注13]の中で]次のような例があげられている。

パリがそれを着なさいと言うならば，それを着なさい。どの統計技術でもよいから，今夏，アナーバ（Ann Arbor）訳注14を攻略する統計技術を必ず使用しなさい。[なぜなら昨年流行したものを身に纏うのは無礼であるから]・・・a，bからbetaを語る方法について最終的に学習したことで，政治学者は因子分析のもつ能力に混乱している。今なお，頭を直角と斜めに繰り返し掻きむしりながら，我々は，弁別分析が前衛的であると教えられている。次は何か？　懲罰的賠償金というものは正統な相関性に依存している[68]。

我々は誰しも，いかなる様式に人気があり，廃れているのかについて，噂を聞いたことがあるかもしれない。

　　我々の中で，1930年代に大学院生であった者は，植民地の歴史は途絶えたという言葉がいかにして行き渡ったかを思い起こすであろう。野心のある若き大学院生が消滅しかかった分野に危険を冒して参入することはないであろう。ごくわずかな大学院生がそうするだけである。知的歴史とは，流行りものの歴史であった。しかし，我々はみな，植民地の歴史に起こったことを知っている。その一方で，知的歴史はいまや忘却に委ねられるのである[69]。

以上のことは証明ではなく，証拠である。

研究の流行と利用度減少

　知識産業における生産の一部は，流行を参照し，また知的好みの基礎的な変化を参照することで説明されると結論付けられるだろう。流行は，現在の生産だけでなく，過去の研究に関する現在の評価にも影響を与える。好みの変化は過去の研究を実質的に放棄することにつながる可能性がある。すなわち，研究者集団は過去の研究を拒絶し，白紙の状態から始め，やり直そうとするであろう。さもなければ，専門領域の路線は完全に消滅し，それまでのすべての成果は，図書館の書架にほこりを被った状態で排架されたままとなり，完全に無視される。

　流行は，我々に研究の利用度減少（obsolescence）という見方を提供する。利用度減少とは，過去の科学研究の成果の利用の低減を説明するために通常導入される説明とは異なるものであり，オリジナルな科学研究報告がもはや必要なくなるのは次のような場合である。すなわち，研究成果がより優れた多くのものに置き換えられる場合，不正確なものとして却下される場合，新しく一般化されたものの中に従属される場合である。また，その分野の共通知識になる場合である[70]。しかし，多

少異なる運命が，好みの変化によって流行遅れとなった研究に訪れる場合がある。その運命とは，我々が，問題に対してそれまでの解答を却下し，新しい解答を選ぶことではない。古い問題を，誤ったものであり，つまらないものとして拒絶することである。その場合，それまでの成果は忘れてもよいものとされ，最新の知識全体に照らして，その成果に対し明確な地位を誰も付与しないことになる。その成果は，現在，知られていることの一部でもなく，誤りであるとわかっていることの一部でもなく，ただ無視されるのである。

論文と知識への寄与

そこで，知識産業は，以上の説明に基づくならば，数多くの流動的な専門家の小集団から構成されることになる。その小集団は，仲間の専門家たちの精神の変化を意味する論文を生産し，異なる基準にしたがって互いに自身が提供する成果について評価する。その異なる基準は，知的好みの変化に応じて経時的に変化するが，その変化は予測不能なものである。論文という成果は，知識へのわずかな寄与を表現するものではない。専門家集団は，ある論文の内容が知識のストックに追加される候補であることを承認するかどうかの結論を下すが，論文の多くは専門集団の結論にほとんど影響を与えないか，まったく影響を与えない。いかなる分野においても，論文の多くは，ほとんど価値がないものとみなされるであろう。分野の中には，いずれの論文も知識には寄与しない分野があるかもしれない。それは，その分野には今後登場するような知識がまったくないからである。［知識への寄与の有無にかかわらず］知識産業における研究者は，自身の研究分野において可能な限り最大の知の典拠性を獲得するために奮闘する存在と考えられるだろう。

知識産業に関する以上の見方は，明るいものではない。知識産業の内部にいる者にとって，自分たちが行っていることが知識の状態にほとんど，ないしはまったく影響を与えないかもしれないと考え，あるいは，それを認めることは，落胆させるものとなろう。出版物は，たとえわずかであっても，知識の寄与というかたちで，知識の総和に永続的に貢献するものから構成されると考えるほうが心地良い。知識産業の外部の者にとって，男性，女性を問わず，多くの学者が知識の生産に取り組みながら，何も生産できないでいると考えることには当惑を禁じ得ない。知識産業のある分野に関する次の真摯な指摘に耳を傾けるとき，我々は不安になる。それは，"我々は，過去30年で何も学習してこかなかったばかりでなく，常識，論理，および利用可能な知識はおおよそ素朴であると宣言している前提に基づいて進んできたように思われる"[71]。確かに，その指摘は知識産業全体についてあてはまらないのであるが，知識産業の一部については，同じことがいえるのだろうか？

知的好みの変化と知の典拠性

　流行と知的好みに関する考察から，知的好みの変化は予測不能かつ劇的であることがわかる。こうした知的好みの変化に依拠した知識産業の活動に信頼を置くことが，なぜ，期待できるというのであろうか？　という意気消沈させる問題が生じる。世界についての見方は，新しい発見に伴って変化するとの認識があり，それとは異なり，世界についての見方は新しい発見に伴って変更されるのではなく，研究者の判断の基礎の変更に伴って変更されるとの認識がある。世界の見方についての変更がつねにより良いものを求めたものという保証があれば，人は満足するであろう。知的好みの変化がつねにより良いものを求めた変化であることは間違いないように思われるが，それを研究者に保証するように求めることは何の意味もない。

　今日，研究者は，知的好みの変化はより良いもの求めたものであることを確信し，それに沿って研究を進めているが，はたしてその確信がどのくらい継続し，明日その確信はどうなっているだろうか？　流行という概念は信用できないものとして，しばしば使用される。単に流行を追う，という言い回しは，流行の対象に対する信用を低下させる表現である。そしてもし，知の典拠性が変化しうる知的好みに依拠していると考えるならば，知の典拠性は弱まるように思われる。経時的に一貫していないことは，ある時点で一貫していないことと同様に，意気消沈させるものである。さらに，好みの変化が大きいほど，そして速いほど，変化しうる好みを表現した研究に与えられる重みは，より小さくなるだろう。変化しうる好みを表現した研究が，変化しうる今日の流行に関する典拠となるならば，典拠性は縮小することになる。

1　知識産業という用語の普及はおそらくフリッツ・マッハルプ（Fritz Machlup）の著作 *The Production and distribution of knowledge in the United States*. Princeton University Press, 1962（『知識産業』高橋達男，木田宏共監訳，産業能率短期大学出版部，1969）による。本書は知識の生産と伝達に関する最初の明確な経済分析である。彼が取り上げた産業の構成要素の多くは，知識の伝達に関するものであり，知識の新たな生産に関するものはない。我々の目的のために定義された知識産業は，マッハルプの知識産業の基礎と応用研究の1部門にすぎないが，それは確実に中心的な部門である。1962年の著作の新しい版では，*Knowledge: Its Creation, Distribution, and Economic Significance* という集合タイトルのもと，数巻で刊行される予定である。最初の2巻は現在刊行中で，*Knowledge and Knowledge Production and The Branches of Learning*. Princeton University Press, 1980-1982.

　　マッハルプは，知識に関して広い概念を用いており，知識の生産を「人間の精神の中に，いかなるものであれ，その有意味な理解，知ること，認識，意識をつくり出し，

それらを改変し，確証するために効果的に実行される人間の（あるいは人間によって引き起こされた）活動」として定義している（*Knowledge and Knowledge Production*, p.92）。その定義によれば，知識産業が実際に知識を生産するということは問われない。しかし，この定義は異常なまでに緩やかな定義であり，マッハルプの目的にはかなっているが，我々の目的には適していない。

2　Warren O. Hagstrom. "Traditional and Modern Forums of Scientific Teamwork," *Administrative Science Quarterly*, 9, 1964, p.241-63.

3　専門領域に関しては，次の文献を見よ。

Warren O. Hagstrom. *Scientific Community*. Basic Books, 1965, 4章，特に p.159-63。

Warren O. Hagstrom. *Competition and Teamwork in Science, Final Report to the National Science Foundation for Research Grant GS-675 to the University of Wisconsin*. Madison, 1967.

Richard Whitle. "Cognitive and Social Institutionalization of Scientific Specialties and Research Areas", Richard Whitley ed. *Social Process of Scientific Development*. Routledge & Kegan Paul, 1974, p69-95.

Daryl E. Chubin. "The Conceptualization of Scientific Specialties," *Sociological Quarterly*, 17, 1976, p.448-76.

4　Warren O. Hagstrom. "Competition in Science," *American Sociological Review*, 39, 1974, p.1-18.

5　Hagstrom. *Scientific Community*, p.91.

Hagstrom, *Competition and Teamwork in Science* と比較せよ。

6　Philip Handler ed. *Biology and the Future of Man*. Oxford University Press, 1970, p.523. "組織体の集団の数があまりにも多いので，彼の生涯の間に一人の人間が特定の集団を追究する唯一の人間であることがしばしばである"。

7　Karin D. Knorr-Cetina, *The Manufacture of Knowledge: An Essay on the Constructivism and Contextual Nature of Science*. Pergamon Press, 1982.

本書では，科学的な選択と推論に影響を与えるものとして，「可変的で科学横断的領域」を特に強調している。その領域とは，たとえば専門領域のメンバーだけでなく，資金源，出版社，雇用主からなる領域があげられている。自己選択型の研究では通常，助成による資金提供が行われ，他者選択型の研究では契約による資金提供が行われる。ヴォルマー（Vollmer）の定式化では，「助成とは一定の種類の研究を実行できるように人々を支援するものであり，契約とは同意された仕様にしたがって行われる研究を支援するものである」Howard M. Vollmer, "The Organization of Basic and Applied Research," Saad Z. Nagi and Ronald G. Corwin ed. *The Social Contexts of Research*. Wiley-Interscience, 1972, p.82.

しかし，提案の出所と資金提供の形態との関係は，それより，はるかに複雑である。この点については，次の文献を見よ。

Irving Louis Horowitz and James Everett Katz, *Social Science and Public Policy in the United States*. Praeger, 1975, p.148.

自己選択型の研究は，純粋な研究となる傾向があり，他者選択型の研究は，応用研究の傾向があるが，自己選択型の程度の高い研究が応用研究であり，他の誰かの監督

のもとでチームの一員として研究する人が純粋な研究に従事する可能性もある。研究の支援とコントロールに関しては次の文献を見よ。

Roger G. Krohn. *The Social Shaping of Science: Institutions, Ideology, and Career in Science*. Greenwood Press, 1971.

次の文献をも見よ。

Smon Marcson. *The Scientist in American Industry: Some Organizational Determinants in Manpower Utilization*. Industrial Relations Section, Department of Economics, Princeton University, 1960.

Harvey Brooks. *The Government of Science*. MIT Press, 1968.

8　Bruno Latour and Steve Woolgar. *Laboratory Life: The Social Construction of Scientific Facts*, Sage Library of Social Research, vol. 80. Sage, 1979, p. 71.
"論文の生産は研究者らの活動の主要な目的として研究活動に参加する者によって承認される"。

9　これは，次の文献で述べられているように，ピエール・ブルデュー（Pierre Bourdieu）の見方に近い。

"The Specificity of Scientific Field and the Social Conditions of the Progress of Reason," *Social Science Information*, 14, 1975, p. 19-47.

しかし，彼が主張するのは，"科学的な典拠性の独占であり，技術的能力や社会的能力と区別することなく典拠性が定義されている。別の言い方をすれば，それは科学的能力の独占であり，科学的な事柄において，ある特定のエージェントに対して，正当に述べ行動する能力が社会的に承認されたもの（すなわち，公認された，信頼できる方法で）という意味である"（p. 19）。

独占というのは強すぎるように思われる。同僚の専門家がいかなる典拠性もまったく有していないとき，専門家はすべての知の典拠性を本当にもちたいと思っているのだろうか？　専門家は，明確な権限が与えられた専門家集団の代弁者がいなくても，大いなる知の典拠性をもちえたであろう。

10　Jonathan R. Cole and Stephen Cole. *Social Stratification in Science*. University of Chicago Press, 1973.

11　Theodore Caplow and Reece J. McGee. *The Academic Marketplace*. Doubleday, Anchor Books, 1965, p. 110.

12　E.H. Gombrich. "Style," *International Encyclopedia of the Social Science*（McMillan, 1968）, 15, p. 352-61.

13　William J. McGuire. "The Nature of Attitudes and Attitude Change," *Handbook of Social Psychology*, 2nd ed.（Addison-Wesley, 1968）, 3, p. 139.

14　Meyer Schapiro, "Style." Morris Philipson ed. *Aesthetics Today*. World Publishing Co., 1961, p. 81.

15　Ibid. p. 82.

16　Drek J. De Sollla Price. *Little Science, Big Science*. Columbia University Press, 1963（『リトル・サイエンス　ビッグ・サイエンス』島尾永康訳，創元社，1970, 224p.）
Henry W. Menard. *Science: Growth and Change*. Harvard University Press, 1971.
William D. Garvey and Belver C. Griffith. "Communication and Information Processing

within Scientific Discipline: Empirical Findings for Psychology," *Information Storage and Retrieval*, 8, 1972, p.123-36.

17　Hagstron. *Scientific Community*, p.185 では，次のような理論物理学者の言葉を取り上げている。

　"理論物理学では，真に第1級と私が言うような物理学者はおよそ5人いる。・・・残りの理論物理学の研究は世界中のその5人とは別の200ないし300人によって行われており，それらの人は，その5人の研究を引き受けており，生涯にわたり，その研究に取り組んでいるだけである"。

18　Cole and Cole. *Social Stratification in Science*, Ch.4.

19　John Ziman. *Reliable Knowledge: An Exploration of the Growth for Belief in Science*. Cambridge University Press, 1978, p.130.

20　Ibid., p.40. 次の文献と比較せよ。

　Menard. *Science*, p.21. "大抵の科学論文はインクが乾く時点から無視される"。

21　Latour and Woolgar. *Laboratory Life*, p.116.

22　Menard. *Science*, p.143.

23　Walter J. Bates, "The Explosion of Knowledge: The Humanities," Francis Sweeney ed. *The Knowledge Explosion: Liberation and Limitation*, Centennial Colloquium at Boston College. Farrar, Straus & Giroux, 1966, p.108.

24　Hagstrom. *Scientific Community*, p.229.

25　John Ziman. *Public Knowledge: The Social Dimension of Science*. Cambridge University Press, 1968, p.123.

　"いかなる分野の研究においても経験に基づく実践家（経験を積んだ実践家という言い方のほうがわかりやすいが）は，どの考え方がよく理解され，誰にでも受け入れられるか，また，いまなお，思い付きにすぎず，不確実であるか，をあなたに示すであろう。しかし，論文でこのことを扱うのは気が進まない"。

　合意の問題に関しては，次の文献を見よ。

　Michael Mulkay. "Consensus in Science," *Social Science Information*, 17, 1978, p.107-22.

26　しかしながら，ある事柄について，それが真ではないと認めていながら，まさに，それを知識と呼んでいる著名な尊敬すべき人間がいる。マッハルプがそうである（注1を見よ）。

　Charles E. Lindblom and David K. Cohen. *Usable Knowledge: Social Science and Social Problem Solving*. Yale University Press, 1979, p.12 には，次のように記述されている。

　　　通常の知識は，"誤りが多いが，たとえそれが偽であっても，我々はそれを知識と呼ぶであろう。科学的知識の場合においてそうであるように，知識とは，それが真であれ偽であれ，何らかの関与や行為のための基礎として受けとめるいかなる人にとっても，知識なのである。

　上記の内容は，彼らが次のようなものを知識と呼んでいることを単に意味するだけである。それは，たとえ彼らの意見では，ある行為者は誤っているとしても，ある行為者が，自分が知っていると考えるものであれば何でも知識となる，ということである。

27　Michael Polanyi. "The Republic of Science: Its Political and Economic Theory," in *Criteria for Scientific Development: Public Policy and National Goals*, ed. Edward Shils. MIT Press, 1968, p.1-20.

Donald T. Campbell. "Ethnocentrism of Disciplines and the Fish-Scale Model of Omniscience," in *Interdisciplinary Relationships id the Social Science*, ed, Muzafer Sherif and Carolyn W. Sherif. Aldine, 1969, p.328-48. この文献では，学術機関の理念を提案しており，その理念は，ポラニー（Polanyi）の重複する能力を表現しているが，実際の状況はその理念からかけ離れていることが明確にされている。

28　Stephen Cole. Jonathan R. Cole, and Gary A. Simon. "Chance and Consensus in Peer Review," *Science*, 214, 1981, p.885.

29　Alvin M. Weinberg. "Criteria for Scientific Choice," in Shils, *Criteria for Scientific Development*, p.21-33.

支援の配置の問題に関しては，ウェインバーグ（Weinberg）の論文が再録されている巻の全体を見よ。

また，Joseph Ben David. "The Profession of Science and Its Powers," *Minerva*, 10, 1972, p.362-83. 特に p.376-83 と Brooks, *Government of Science* をも見よ。

30　Eugene J. Meehan. "What Should Political Scientists be Doing?" in *The Post-Behavioral Era: Perspectives on Political Science*, ed. George J. Graham, Jr., and George W. Carey. David McKay, 1972, p.67.

31　Michael Scriven については，次の文献の中で引用されている。

Irwin Silverman, "Why Social Psychology Fails," *Canadian Psychological Review*, 18, 1977, p.354.

32　Silverman, "Why Social Psychology Fails," p.356.

社会心理学における危機に関しては数多くの文献がある。たとえば，次の文献を見よ。"Crises in the Two Social Psychologies: A Critical Comparison," *Social Psychology Quarterly*, 43, 1980, p.5-17.

33　T.P. Waldron. "For the Want of a Theory," *TLS*（［London］ *Times Literary Supplement*）, 11, July 1980, p.785.

34　Boutilier, Roed, and Svendsen. "Crises in the Two Social Psychologies" では次の点について言及されている。発表せよ，さもなければ滅びよ，という圧力の観点からの研究に対する他者の防御について，また，科学的に尊敬されたいという欲求，および，穏当な時間と経費で研究プログラムを完遂させる能力について，である。次の文献を見よ。

Alvin Zander, "Psychology of Group Processes," Annual Review of Psychology, 30, 1979, p.417-51. では，なぜ，特定の主題が研究されてきたのか，について次のように記述されている。

"大学院生や，費用のかからない研究について十分な資金が得られていないその他の研究者の中でのニーズは，同僚から受け入れられることが革新できる方法を使うなかで，生じてくる"（p.423）。

35　次の文献を見よ。

Lawrence Stone. "History and the Social Sciences in the Twentieth Century," in *The Fu-*

ture of History: Essays in the Vanderbilt University Centennial Symposium, ed. Charles F. Delzell. Vanderbilt University Press, 1977, p.3-41.

しかしながら，人は新しい様式で実施された研究の量を誇張してはいけない。次の文献によれば，"今日，出版されている歴史研究の少なくとも90%は方法，主題，および概念化において断然，伝統的なものである"。

Geoffrey Barraclough. "History," in *Main Trends of Research in the Social and Human Services*, Pt.2, vol.1, *Anthropological and Historical Science, Aesthetics and the Sciences of Arts*, under the editorship of Jacques Havet. Mouton, 1978, p.435.

36 デヴィッド・ヒルベルト（David Hilbert）の新しい種類の数学的証明に関する数学者のゴードン（Gordon）の言葉に「それは数学ではない。それは神学である（Das ist nicht MatJhematik. Das ist Theologie)」がある。

Constance Reid. *Hilbert*. Springer Verlag, 1970, p.34.

Jacques Barzun. *Clio and the Doctors: Psycho-history, Quanto-history and History*. University of Chicago Press, 1974, p24 には，次のように指摘されている。"彼は，図のすべての方向に目配りするにつれて，自分は歴史を読む，ということをしていないとわかった"。

37 Jacob Viner. "'Fashion' in Economic Thought" in *Report of the Sixth Conference of the Association of Princeton Graduate Alumni*, 1957 (Princeton, 1957), p.47.

38 Stephen Stich. "Desiring, Believing, and Doing," *TLS*, 27 June 1980, p.737.

39 Michael Frisch. "American Urban History as an Example of Recent Histography," *History and Theory*, 18, 1979, p.363.

40 Theodore J. Lowi. "The Politics of Higher Education," in *The Post-Behavioral Era*, p.24.

41 Calvin S. Brown. "Faulkner, Criticism, and High Fashion," *Sewanee Review*, 88, 1980, p.636.

42 Edmund R. Leach. "Social Structure, I: The History of the Concept," *International Encyclopedia of the Social Science*, 14, p.482.

43 Robert Crosman. "The Twilight of Critical Authority," *Annals of Scholarship*, 1, 1980, p.51.

44 Pitirim A. Sorokin. *Social and Cultural Dynamics*. (American Book Co., 1937), 2, p.236.

45 Georg Simmel. "Fashion," *American Journal of Sociology*, 62, 1957, p.541-58.

46 Hagstrom. *Scientific Community*, p.177-84.

47 Kurt Lang and Gladys Lang. "Fashion: Identification and Differentiation in the Mass Society," は，彼らの著作である *Collective Dynamics*. Crowell, 1961, p.465-87 の中に収録。同論文は，次の文献にも収録されている。

Dress, Adornment, and the Social Order, ed. Mary Ellen Roach and Joanne Berbolz Eicher. Wiley, 1965, p.322-46. 哲学者にして歴史家である R.G. コリングウッド（R.G. Collingwood）は，単に形而上学は「思考に関する絶対的な前提条件」を変更する研究であるという主張について論じながら，そうした変更が次のことを指摘することにより，流行に関する単に変更であるのかどうかという問題に回答している。その指摘とは，「'流行の変化'は表層的な変化であり，より深く重要な変化を示すおそらく兆

候である。しかし，流行の変更それ自体は深くも重要でもない」。「絶対的な前提条件」の変更は深く，重要であり，「その変更については，表層的でも軽薄なものでもない」。それゆえ，その変更は流行にはあてはめることができない。

R.G. Collingwood, *An Essay on Metaphysics*. Clarendon Press, 1940, p.48.

48　Herbert Blumer. *International Encyclopedia of the Social Sciences* における "Fashion" の見出しのもとの記述。
Herbert Blumer, "Fashion: From Class Differentiation to Collective Selection," *Sociological Quarterly*, 10, 1969, p.275-91.

49　Weinberg. "Criteria for Scientific Choice," p.21 に次の記述がある。"個々の科学者はどのような科学を行うか，いかなる科学は行わないかを決定しなければならない。そのような判断の総体がその科学者の科学的好みをつくり上げる"。
　　むしろ，科学的好みがその科学者の様式のもつ特徴であり，その様式がその科学者の好みを反映していると述べておこう。

50　Warren O. Hagstrom. "The Production of Culture in Science," *American Behavioral Scientists*, 19, 1976, p.752-68. 次の文献と比較せよ。
Diana Crane. *Invisible College: Diffusion of Knowledge in Scientific Communities*. University Chicago Press, 1972, 2章（『見えざる大学：科学共同体の知識の伝播』津田良成監訳，敬文堂 1979）。

51　A.L. Kroeber. *Style and Civilizations*, Ithaca: Cornell University Press, 1957, p.43.

52　Roy Lachman Janet L. Lachman, and Earl C. Butterfield. *Cognitive Psychology and Information Processing: An Introduction*. Erlbaum, 1979, p.47-54.

53　Lang and Lang. "Fashion" と比較せよ。

54　Gabriel Tarde. *The Laws of Imitation*, trans. Elsie Clews Parsons. Holt, 1903, p.140.

55　科学研究における流行に関しては，特に次の文献を見よ。
Hagstrom. *Scientific Community*.
Diana Crane. "Fashion in Science: Does it Exist?" *Social Problems*, 16, 1969, p.433-41.
Honor B. Fell. "Fashion in Cell Biology," *Science*, 132, 1960, p.1625-27.
Harold J. Morowitz. "Fashions in Science" *Science*, 118, 1953, p.331-32.
Alvin M. Weinberg. *Reflections on Big Science*. MIT Press, 1968 の特に p.45-47.
Fred Reif and Anselm Strauss. "The Impact of Rapid Discovery upon the Scientist's Career," *Social Problems*, 12, 1965, p.297-311.

56　Thomas S. Kuhn. *The Essential Tension: Selected Studies in Scientific Tradition and Change*. University of Chicago Press, 1977, p.335.
クーン（Kuhn）の *The Structure of Scientific Revolutions*. University of Chicago Press, 1962, 2nd ed. Enlarged, 1970 『科学革命の構造』（青木薫訳，みすず書房，2023 新版）という広く知られた著作によれば，クーンによる［パラダイム］の変化の説明と現在のパラダイムの説明との関係について問うことは当然である。第1に，クーンは，ある理論が別の理論に取って代わることに関心をもっている。我々は，より一般的に研究の様式の変化というものに関心をもっている。
　　次に，クーンの有名なパラダイムは，ある意味で，相互に排他的である。あるパラダイムが別のパラダイムに完全に置き換わるというのが，クーンのパラダイム論の特

3章　知識産業：質と流行　81

微である。すなわち，いかなる時点においても，一つのパラダイムだけが研究領域を支配する。しかし，ある流行，ある研究様式が，他のすべての様式や流行を追い出す必要はない。研究は流行していない様式で継続して行われるかもしれない。また，古典的な様式（「つねに良い好みとして」）と他の競合しない様式（地域単位で，国内全体で）が流行している様式と共存する可能性がある。

　流行は，新たなパラダイムというすべての勝利を具現しない変化を説明することができる。さらに，流行は大きな変化だけでなく，小さいな変化も説明することができる。すなわち，たいていの様式上の変化は革命的なものではない（大きい変化と小さい変化に等しく適用できる説明装置をもっていることは，利点であって，欠点ではないように思われる）。

　クーン流の革命は世界を眺める方法における基本的な変化である。流行における変化は，それ以前の様式での研究を次のようなものと思わせることになるだろう。すなわち，不正確なものではなく，単にうんざりさせるものであり，誤りではないが誤った方向での研究であり，実りのないものではないが軽薄なものである。しかし，最終的にクーンは，新たなパラダイムが次第に勝利する過程についてほとんど何も語ってはいない。彼は，「印象主義的な概説」と称するものだけを提示しており，次のようにし指摘している。科学者は多くの理由から新たなものを受け入れている。その新たなものには，自叙伝や個性という特異なものが含まれており，革新者や教師の国籍や事前の評判さえも含めている。彼は，初期の採用者は信頼にのみ基づいて，そうすることができることを強調している。クーン流の革命は流行の一つのケースであり，クーンの説明と我々の説明は矛盾しないように思われる。

57　P.B. Medawar and J.S. Medawar. *The Life Science: Current Ideas of Biology*, Harper & Row, 1978（『ライフ・サイエンス：人間とその未来』野島徳吉［ほか］訳，パシフィカ，1978），p.96.

58　Lynn White. "New Horizons for the Social Science," in *Report of the Sixth Conference of the Association of Princeton Graduate Alumni*, p.197.

59　Gerald D. Berreman. "Bringing It All Back Home: Malaise in Anthropology," in *Reinventing Anthropology*, ed. Dell Hymes. Vintage Books, 1974, p.83.

60　Stone. "History and the Social Sciences," p.6-7.

61　E.E. Kellett. *Fashion in Literature: A Study of Changing Taste*. Routledge, 1931, p.64.

62　Imre Lakatos. "Falsification and the Methodology of Scientific Research Programmes," in *Criticism and the Growth of Knowledge*, ed. Imre Lakatos and Alan Musgrave. Cambridge University Press, 1970（『批判と知識の成長』森博訳，木鐸社，1985），p.178.
　　ラカトシュ（Lakatos）は，科学革命に関するクーンの見方に言及しているが，ここで示された見方に対して確実に同じ反応していたであろう。

63　Blumer. "Fashion: From Class Differentiation to Collective Selection," p.286.

64　科学的行動に関する思想と実在についての新たな見方については，次の文献を見よ。
　　Michael J. Mahoney. "Psychology of the Scientists: An evaluative Review," *Social Study of Science*, 9, 1979, p.349-75.

65　J.O. Wisdom. "The Nature of 'Normal' Science," in *The Philosophy of Karl Popper*, ed. Paul Arthur Schilp (Open Court, 1974), 2, p.832.

66 クレーン（Crane）は，科学研究の動機を見出すことは難しい，それゆえ，流行がいかなる特定の事例においても存在するかどうかを決定ることは難しいと指摘している。そこで，クレーンは，流行に関する自身の議論を，計数可能なものは何か，という純粋に外的な問題に限定している。その結果，流行については何も語ってはいない。Crane. "Fashion in Science," p.433-41.

67 Jorgen Rasmussen. "'Once You've Made a Revolution, Everything's the Same': Comparative Politics," in *The Post-Behavioral Era*, p.79.

68 Lee Sigelman. "How to Succeed in Political Science by Being Very Trying: A Methdological Sampler," PS（*Political Science*），10, 1977, p.302.

69 Stow Persons. "The Wingspread Papers," *Reviews in American History*, December 1979, p.447.

70 Maurice B. Line and A. Sandison. "'Obsolescence' and Changes in the Use of Literature with Time," *Journal of Documentation*, 30, 1974, p.283-350.

71 E. ローゼンフェルド（E. Rosenfeld）の論文は次の文献の中で引用されている。Harold Orlans. *Contracting for Knowledge*. Jossey-Bass, 1973, p.189.

訳注1　原文で使われている"know-that"とは，「…という知識」という意味であり，…の部分に対象となる事象や主題が入る。

訳注2　「生産される知識」は原則として学術論文や図書という公式の情報源である出版物の中に記録される。

訳注3　研究の成果は，学会発表，学術論文の執筆と学術雑誌への掲載，図書の刊行が主な成果の型となる。

訳注4　本章における「知の典拠（cognitive authority）」の初出箇所である。「知の典拠」の条件が示されている箇所でもある。

訳注5　「職の異動」とは，研究者が別の研究機関に移ることである。

訳注6　他の研究者から質の高い研究を生産する研究者として認められている証拠の一つが他の研究者からの引用頻度である。

訳注7　ここでは，知識を求める人間にとって，ある専門家の意見が知識となる条件が提示されている。その条件とは，図3.1に示したように，専門家が知の典拠性を有する人物として承認されるという条件である。いま，ある主題に関する専門家をXとし，その主題について知識を得たいと考えている二人の人物をA，Bとする。このとき，人物Aが専門家Xを「知の典拠性」をもつ人物として承認すれば，人物Aにとって，その専門家の意見は知識となる。それに対して，人物Bが専門家Xを「知の典拠性」

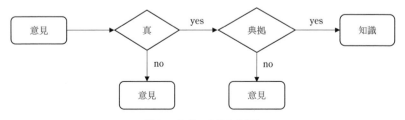

図3.1　知識の条件と典拠性

をもつ人物として承認しない場合，人物 B にとって，その専門家の意見は意見にとどまり，知識とはならない。このように，ある専門家の意見が「知の典拠性」を有するかどうかは，知識と求める人によって異なるのである。ただし，ここで注意すべきことは，専門家の意見が真である，という条件は，その意見が知識となるうえでの前提条件，必要条件であるという点である。その意見が偽であるならば，そもそも「知の典拠性」の判断の対象とはならない。

訳注 8　"Byzantine" という語には，「入り組んだ，理解しにくい，複雑な」という意味がある。そこで，「ビザンチンディベート（Byzantine debate）」とは，入り組んだ複雑な議論を指す。その名称はビザンチン帝国にみられた議論に由来する。

訳注 9　ある専門分野における研究者の世代交代がもたらす，その専門分野における研究における好みの変化の法則のようなものについて述べられている。

訳注 10　The wind bloweth where it listeth.「風は思いのままに吹く」《聖書「ヨハネ伝」から》。（出典："listeth"『研究社　新英和中辞典』Weblio. https://ejje.weblio.jp/content/Listeth［アクセス日：2024-07-26]）。引用文では，主語の "The wind" を "The wind of taste" に置換して用いられている。

訳注 11　クリノリンとは，19 世紀の後半，西欧の婦人が用いたスカートを広げるためのアンダースカート，または腰枠のこと。（出典：『日本大百科全書（ニッポニカ)』JapanKnowledge. https://japanknowledge.com/lib/display/?lid=1001000072912［アクセス日：2024-07-26]）この引用文におけるクリノリンは，クリノリンを着た婦人を指している。

訳注 12　この一文に原注は付与されていないが，このブルーマーの主張は，原注 48 に示された文献の中で示されているものと，考えられる。

訳注 13　この論文（原注 68）では，政治学における研究方法について述べられている。基礎的な方法論が「パリがそれを着用せよ，と言うのであれば，それを着用せよ」である。ここでは，統計的技法（因子分析，弁別分析，相関分析）を適用し，その結果を政治学の研究成果として重視する姿勢が述べられている。

訳注 14　アナーバ（Ann Arbor）は，アメリカ，ミシガン州の都市で，ミシガン大学の所在地でもある。

4章　知識産業：組織のもつ典拠性
The Knowledge Industry: Institutional Authority

▌ 4.1　組織のもつ典拠性

参考図書等の情報源が有する典拠性

　我々が知の典拠性を認識する対象は個人だけではない。図書や機器類，組織，機構についても，我々は同様に知の典拠性を認識するのである。多くの者にとって，宗教に関する文書は，歴史的知識と道徳上の指導に関する超自然的で誤りのない情報源からの絶対的に正しい啓示であると信じられている。多数の参考図書には知の典拠性が付与されており，それは単にその参考図書の編纂者が有する典拠性がその参考図書に転移したのではない。なぜならば，我々は，その編纂者が誰であるかを知らないし，あまり気にすることもないからである。多くの人にとって，「辞書」は，（あたかも，辞書だけが有する典拠性があるかのように）絶対的な知の典拠性を有するものである。正字法，発音，および意味に関する問いは，辞書を調べた時点で，閉じられた問いと考えられる。新聞や雑誌，テレビ番組は，出版物を生産する（匿名であるかもしれない）特定の個人と結び付かない知の典拠性をもつことができる。きわめて純真な人たちにとって，いかなる出版物も典拠性を伝達するものであろう。すなわち，印刷物の中で，あるいは一斉送信メディアを通じて何かが述べられている，という単なる事実だけで，述べられていることに対して，典拠性としての重みを与えるうえで十分である。

機器類・政党・専門家集団のもつ典拠性

　機器類は典拠性をもつ。時計や温度計，気圧計を参照することで，問いが解決され，ある意見に対して大いなる重みが与えられるであろう。組織は，たとえば教会や政府，政党などは，その職場に配属されている特定の個人とは関係なく，知の典拠性をもつかもしれない。正式な組織の特徴は，その職場に典拠性を与えることであるが，その典拠性がその職場を占めている個人の特性にのみ専ら依存するようなことはない。この特性は管理運営にみられる権威に対しては明白であるが，知の典拠性についても同様にあてはまる。ある職場の特定の職員が，目にあまるほど不十

85

分な成果によって叱責されるのは，個人の誤った行動のためだけでなく，職場の名誉を貶め，その結果として，その職場のもつ知の典拠性を弱体化させたためである。

　組織体が有する知の典拠性の事例の典型は，大聖堂から発せられる教皇の語りである。その声は単にある特定の人間の声ではなく，単独法人の声であり，一人からなる法人の声である。政党の中央委員会の言葉は，たまたま，ある特定の時点で，そのメンバーになったごく少数の人たちの言葉として受け取られることはない。その言葉は，その政党自体の言葉であろうし，政党の党員にとって大いなる重みをもって伝えられることになろう。専門の職業集団はその集団全体の共通の所有物である技芸や技術の総体を所有すると考える限り，我々は，集合単位としての集団や団体に知の典拠性が存在することを認めることになろう。それゆえ，我々は，医療という専門職の個々のメンバーが無能であり，不誠実であり，健康にとってきわめて危険な人物であるにもかかわらず，専門職自体は基本的に有能である，と考えるのである。

科学共同体という制度と知の典拠性

　我々の時代においては，組織のもつ知の典拠性がかかわる主たる場は科学共同体であり，科学という社会制度である。この制度・組織が含んでいるものと，除いているものについては，論争の対象である。科学共同体は，物理学，化学，生物学，すなわち，基礎的な自然科学を包含している。また，数学，論理学，統計学という形式科学をも含んでいる。さらには，地球科学，宇宙科学，応用生命医学，工学，農学を含んでいる（基礎科学と応用科学を区別することは実際には難しいが，その違いに我々は関心がない。また，科学と工学との境界を正確に定めることにも関心はない）。社会科学と行動科学が科学の下位分野かどうかは開かれた問いである。歴史のような主題が人文学の一部なのか社会科学の一部なのかという問いも，同様に開かれた問いである。科学には何が含まれるか，という問いは，英語圏に特有の問いである。他の地域では，科学に対応する用語は体系的に組織化された探究の全分野を範囲として使用されている[1]。

　人文学は科学の部門ではないが，明らかに学問（Wissenschaft）の1部門である。しかし，英語の特異性は，実際に他の言語では曖昧にされている違いを実際に反映しているものといえる。すなわち，組織としての典拠性を有している研究と，組織としての典拠性を欠いている研究の違いである。研究が科学の1部門であるのか，1部門として承認すべきなのかという問いとは，典拠性を有する制度として認められている自然科学や形式科学がもつ種類と程度の典拠性を，その研究が有しているのか，有していると承認されるべきなのか，という問いを意味する。

4.2　科学の典拠性

　我々の社会においては，大学で教育を受けた人たちの多くは，組織のもつ知の典拠性を認めているといって間違いない。ただし，これ以上の指摘は慎重にならざるをえない。人びとが一般に何を考えているかについて，我々がもっている情報は，世論調査で少数の人たちに尋ねたわずかな質問から得られたものか，さもなければ，時折行われる体系的ではない観察と印象から得られたものである。たとえば，1981年のカリフォルニアにおいて，世論調査における質問に回答した人のほぼ半分が，「科学研究者」を「大いに信頼している」と回答しており，残りの人の多くが「ある程度の信頼している」と回答している。ごくわずかな人が「あまり信頼していない」と回答している。「科学研究者」は［信頼性の順位の］リストの最上位に位置しており，地方政府，大学，アメリカの大統領がそれに続いている[2]。

　この結果は，科学に対して知の典拠性が認知されていることを示唆しているが，人びとが典拠性の領域や典拠性の程度についてどのように考えているかに関しては，ほとんど何も教えてくれない。人びとは，制度としての科学は取り組んでいる問題を解決していると考えているのか？　制度としての科学は，対象となる分野における問いについて，典拠として機能するだけでなく，独占的な典拠として機能しているのか？　その分野とは何か？　以上の問いは，我々の大多数にとって，日常生活では生じないために，多くの人たちが以上の問いに関する見方を明らかにしているとは期待できない。中等教育や大学で受ける科学についての公教育の量について知られていることを仮定すれば，科学に関する一般的な考え方は，漠然としていて，表面的であり，一貫していないとの疑念がもたれるに違いない。科学研究者は信頼できるという漠然とした感想は，占星術やオカルトの主張を，科学と同等の知識源として等しく尊重する前向きな姿勢とまったく変わりない。そこで，科学のある分野への信頼性は，聖書は間違いないとの信念と両立可能なものなのである。

科学という制度のもつ典拠性に関する思考実験

　もし，世論調査によって提供されている以上に，科学という制度のもつ典拠性について，より良い理解を求めるのであれば，我々は想像的な装置，すなわち思考実験に訴えることになろう。全住民から無作為に選ばれた陪審団が思案していることを想像してみよう。陪審団は個々の目撃者の証言にどのくらいの重み付けをするかについて判断しなければならない。我々は，陪審員名簿から選ばれた陪審団がさまざまな目撃者の集団，すなわち，自然科学者，社会科学者，歴史家，神学者等の目

4章　知識産業：組織のもつ典拠性　　87

撃者からの証言にどのくらいの重み付けをすべきかを判断するのを想像してみることができる。各集団の代弁者は，知の典拠に対する要求を行い，2章で記述した配慮事項と同様の配慮を行うことで，その要求を擁護する。すなわち，他の集団の代弁者はその主張の論駁を試み，代弁する集団の主張を提示するであろう。

　議論と熟慮の後，陪審団の決定は，個々の陪審員がもっていた事前の信念や意見に対応しないかもしれない。なぜならば，議論と熟慮の過程で，これまでに存在した意見が変更されるだけでなく，これまでに存在しなかった意見が生み出されることになるからである。加えて，陪審団全体の決定は，陪審員の誰をも喜ばせるものではないかもしれない。しかしながら，その決定は陪審員の熟慮された意見を反映し，幸いにも考慮される世論を代表するものとなろう。そのような陪審団とその取組みを想像するのは難しいことではない。難しいことは何かといえば，それは，時間が異なり，陪審員が異なれば，あまりにも異なる結果を生み出す可能性がある，ということである。その可能性はあるが，我々は同じ取組みを試みてみよう。科学の代表による典拠性への要求とは何か，それを正当化するものは何か，またその結果は何か？

　科学は，対象となる探究の領域内の問いに関して，独占的な支配権を要求する。自然科学の主な特徴は，日常経験の範囲外の事柄について，我々に語ることである。自然科学の研究対象は，あまりにも微小のため裸眼で見ることはできない実体であり，あまりも大きいために一瞥(いちべつ)できない実体である。また，その研究対象は，はるか遠くの空間と時間であり，あまりも速いか，あまりも遅いために，何の補助もなく我々の感覚では検知できないような過程である。科学はこうした対象に対して機器を使用することで，研究の遂行が可能となる。もし，我々が以上の説明を受け入れないのであれば，我々には，科学が記述する事柄について知る方法はない，ということになる。科学はまた特別な概念的ツールを用いる。数学がその最も明白な例である。しかし，科学には，思考や議論，証明，推論について特別なトリックはない。科学における思考の方法は単に常識を洗練したものにすぎない[3]。科学が実際に典拠性を要求するとき，その要求は，他者が行っても成功しないか，成功させることができないことを科学は研究する，という事実に依拠しているのである。

科学における合意と典拠性

　これまでのところ，真相は述べられていない。なぜなら，科学者は典拠性を有することなく専門家でありえ，他の研究者が無視するような領域について，成功をおさめることなく探究することがあるからである。その真相とは，次の二つの特徴を志向する科学者の存在である。すなわち，他者が検証できない科学的予測という特

徴と技術における科学の応用という特徴である。現代の技術の多くが科学的成果の応用に依拠していると科学は主張し，技術はそれに同意する。そこで，陪審団はそのような技術が存在し，機能しているかどうかを判断することができる。科学者の予測能力は，陪審団が望むように，陪審員のために用意し示すことができる。

まだ，真相は述べられてはいない。予測通り成功し，予測通り発見し，それらが実際に明らかに応用されているからといって，自動的に制度としての典拠性が正当化されるわけではない。ニュートンやアインシュタイン，メンデレーエフが専門家であることを承認することと，制度としての科学が知の典拠性をもつことを承認することは，別のことである。科学は内部での合意を志向する。他のあらゆる集団の探究者と同様に，科学は，すべての有能な探究者が合意する結果を出すことを目的にしている。多くの他の集団と異なるのは，科学がこの目標を驚くべき程度で達成することである[4]。科学の教科書や参考図書には，科学共同体全体が受け入れていることや，科学者集団としてこれまで合意されてきたことに関する説明が含まれており，受け入れられたことや合意されたことはたくさんある。

しかしながら，科学には不同意がない，ということはない。今さまに論争されていることは多々あり，その論争は，普遍的な功績として一つの物語の中で終わることもあり，その物語の中では終わらないこともある。しかし，科学はしばしばその不同意を解消し，一般的に承認された単一の学説に達するのである。いまや，意見に関する全員の合意というものが，制度のもつ典拠性にとって必須である[5]。集団は多数の研究者から構成されているであろう。その一人ひとりが知の典拠として認められる。集団は，こうして，一つの意見に集約して語る程度によってのみ，集団として認識されるに値するものとなる。もし，その組織が特定の問いに関して合意された見方をもたないのであれば，いかなる特定の見方に対しても，その組織に重み付与をすることはできない。しかし，合意された見方があるならば，結果として，その見方が，少なくとも差しあたって，その組織の見方となる。こうして，科学のために組織が行う典拠性の要求は，組織の見方には，適切に表現された非常に多くの見方があるという事実に最終的に依拠することになる。一般的な言い方は，「科学は我々に・・・と教える」，あるいは「科学は・・・ということを示している」となる。科学は重要な競争がない領域をもっており，科学は予言と技術に関して含意する強力な能力を示すことができる。科学は広い範囲にわたって共通の最前線を示すのである。

制度としての科学と絶対的な典拠性

以上のことは自然科学に関する事例であろう。形式科学については，異なる種類

の事情が述べられるであろうが，われには形式科学については取り上げない。陪審団は特別な方法，すなわち科学的方法の存在については何も主張されていないことに驚くであろうが，科学的方法に関して合意はない。陪審団は技術を科学と区別することを知って，多少困惑もするであろう。なぜなら，陪審員はおそらく科学と技術は同じものとそもそも考えているからである[6]。陪審団は科学の事情だけを聴取するだけでなく，啓示宗教やオカルトの代表者による反論にも耳を傾ける。熟慮の結果，陪審団は制度としての科学は知の典拠には値するが，絶対的な典拠には値しないとの決定を下す。その理由は，今日の科学的な合意は昨日の合意とは異なり，おそらくは，明日の合意とも異なることを，科学の代表者は認めているからである。

　それゆえ，今日の主張に対しては，たとえ全員に合意されているものであっても，その主張が関係する実践的な目的のために最適な作業仮説として機能している場合であっても，一定の疑いをもって接するべきである。独占的な支配権の主張は，対立しない場合に認められる。究極の起源と究極の運命の問題の場合のように，対立する場合には，その主張は認められない。陪審団は，そのような問題に関して，科学的意見は適切であるが，決定的なものではないと認定するのである。

　こうした想像上の陪審団の決定については，想像されている種類に該当するような実際の裁判の結果としてありそうな場合を除いて，何も言えることはない。同様の結果は，形式科学の事例についても考えれるであろう。ただし，形式科学の場合には，陪審団は独占的な支配権のみならず，絶対的な典拠性さえも認める用意がある可能性はより高い。形式科学の分野においては，数学者は他の集団とはまったく競合しないものに取り組んでいると認められているであろう。他の集団は数学者による全員一致の決定をもって最終的に問いを解決したものとして，捉える用意があるだろう。そうした審問の結果は，決定に対する全員一致の合意が必要か，全員一致とまではいかない程度の合意が必要かどうかにより，確かに異なるであろう。陪審団の誰もが科学に対してすべての典拠性を否定するような陪審団を想像するのは難しいが，陪審団のなかには，科学のいかなる分野に関しても独占的な支配権を与えないメンバーがいることを想像することは容易である。

　そうした独占的な支配権を与えないメンバーは，きわめて多様な非科学的な情報源（たとえば，占星術や透視力）を科学と典拠性を共有するものとして認識する用意のある人たちである。我々が期待すべきものはせいぜい，大多数の者が，典拠性を要求する分野の大部分において，科学的意見について重大な競争はないことに合意することである。すなわち，その合意とは，科学者が所属する分野の問いを解決できないのであれば，他の専門集団も解決できない，というものである。以上の想

像上の決定は，陪審団が到達すべき決定であること，あるいは，完全な情報を得ている陪審団が到達する決定であること，そのいずれについて何も示唆していないことに注意する必要がある。

科学の典拠性の承認と異議

我々は，ある人物が系統的な科学教育の課程を首尾よく受けてきた事実をもって，その人物の専門家としての地位と知の典拠性を有する資格がある証拠とする。なぜなら，我々は，その人物による知の典拠性への要求の背後に，その人物が所属する組織が有する知の典拠性を承認するからである。ある人物が能力のある共同体に認定されたメンバーであると考えられるのは，その人物が共同体に認定されたメンバーであることが証明されるまでのことである。典拠性に対する他の種類のいかなる要求についても同様だが，頽廃や不誠実，欺瞞，精神的な不適性などの兆候があれば，典拠性への要求は拒絶されることになる。しかし，最初に仮定されるのは，科学のある領域における基礎的なレベルの能力である。ある人物を当該専門集団のメンバーとして認定する過程は完全に機能しているわけではないため，その仮定に失望することがあるかもしれない。そうした失望が頻発し，大きなものになれば，認定の過程と最終的には組織の典拠性に異議が唱えられることになる。個人的な利益を求めての不正な地位利用や隠匿，情報の歪曲の証拠や，政治的，思想的偏向の証拠は，科学者個人の信頼性を破壊する。もし，その証拠が大きな規模になることが判明したならば，組織自体の信頼性を破壊することになる。おそらく，今現在，そうした問題を吟味した人の多くは，そのような証拠は科学的な典拠性をあまり脅かさないことに同意するであろうが，脅かすことがあまりないことに常に同意するわけではない。

専門家集団における閉じられた問いと知識生産

専門家集団は，関心領域の範囲内の問いに対する最新の回答が専門家の中で合意されれば，その問いは閉じられている（解決されている）と考えるであろう。こうした見方を取れば，専門家たちはある知識を獲得し，生産したことになる。その問いに関して専門家に独占的な支配権を与え，専門家をその支配権内で問いを解決する能力をもっていることを認めるならば，専門領域外の人たちはその専門家集団の合意をもって，少なくとも現時点において，その問いを実際に解決したと捉える用意があるということである。その結果，他者はその専門家集団を知識の生産者として認めることになろう。しかしながら，もし，他者がその専門家に独占的な支配権を与えず，また，関心領域内の問いを解決する能力をその専門家に認めないのであ

4章　知識産業：組織のもつ典拠性　　91

れば，その専門家は意見の生産者として認められるだけである。その意見は実際には影響力をもつことになるが，専門領域外の者にとって，問いを解決するのに十分なものではない。さまざまな人たちが，ある問題に関してきわめて異なる見方をもっているので，専門家集団が知識を生産するかどうか，という問いは開かれた問い（未解決の問い）となろう。実際にあらゆる人がその専門家集団の支配権と能力について合意しているのであれば，その問いは社会的には閉じられている。すなわち，その専門家集団は一般的に知識の生産者として認められるが，事情に応じて，認められないことになる。そこで，人が知識に寄与するかどうかは，その人が生産するものに依拠するだけでなく，その人が属する専門家集団を他者がどのように捉えているかにも依存するのである。

　新しい専門家集団が登場し，知識の生産を始めるとき，通常は，その専門家集団は，自らの集団が支配権と能力を有することへの承認要求を，すでに認められている他の専門領域から認めてもらうことを期待することになる。なぜなら，もし，すでに確立している専門領域が新しい専門家集団の承認要求を認めるのであれば，すでに確立されている専門領域の典拠性を認める他者は新たに登場した専門家集団の承認要求を認めることになるからである[7]。新しい専門家集団が，そのような承認を得ることができないか，確立された典拠性を拒絶されたならば，目に見える驚嘆すべき業績を約束して，一般大衆に直接訴えることになろう。そうした新しい専門家集団は，すでに堅固に守られている専門領域から示される懐疑や敵意にもかかわらず，支持者を引き付けることになろう。そのような場合には，その専門領域が知識を生産する能力があるかどうかの問題は，社会的には開かれており，おそらく最終的には，その能力が広く認められるか，その専門領域が消えるか，のどちらかとなって，閉じられることになろう。

「知識を生産しているかどうか」という問いの複雑性

　そこで，我々は，「この集団は知識を生産しているのか？」という単純明快な問いの複雑性を知ることになる。「この工場が実際に自転車を生産しているのか？」という問いは，単に自転車という生産物を見ることで答えられるであろうが，「この専門集団が知識を生産しているのか？」という問には答えることができない。しかし，この問いには二つの異なる方法で取り組めることを心にとどめておかなければならない。専門領域外の観察者（おそらくは別の文化の人たち）にとって，その問いは，その専門集団の主張が実際に問題を解決すると受けとめられるかどうかを調べることで回答される。自分たちの専門領域が知の典拠性を有すると承認されるのかを明らかにしたい専門領域内の研究者にとって，その問いは次のようなものと

なる。すなわち，その問いは，他の専門領域が自分たちの能力を認めるかどうかを問うものではなく，誰からも自分たちの専門領域が問題解決能力を有するとして受けとめられるかどうか，という問いとなる。

4.3 社会科学

　社会科学と行動科学（経済学，社会学，人類学，政治学，心理学）の状況は自然科学とはきわめて異なる。公式には，これらは科学の部門として認識されている。すなわち，社会科学と行動科学は，アメリカ科学財団が管理する科学者・工学者登録名簿（National Register of Scientific and Technical Personnel）で使用されている科学的専門分野のリストに含まれている。社会科学と行動科学は，1863年以来，アメリカ政府に科学的な助言をしてきている全米科学アカデミー（National Academy of Sciences）では，個別の部門として示されている[8]。しかし，社会科学は，制度として，あるいは独立した組織集団として，他の科学とは著しく異なった様相を呈している。社会科学は日常的な経験の範囲を超えた現象を研究対象とはしていない。すなわち，社会科学は合意された成果を多数，示しているわけではない。また，社会科学は予測能力を提供することはできず，組織のもつ能力を間接的に示す証拠として，研究成果を実際にうまく応用できるわけではない。独占的な支配権への主張と組織として典拠性を有するとの主張は弱いのである。

社会科学の独占的支配権への疑義

　自然科学について公衆が有する意見を理解するより，公衆が組織としての社会科学について何を考えているかを理解するほうが，はるかに難しい。この点に関しては，世論調査はほんのわずかな証拠にすらならない。しかし，散発的で印象的な証拠は多数あり，陪審団の前に示される想像上の議論は容易に構成される。社会科学が研究対象とする人間の生活に関する領域に，社会科学の独占的な支配権を認める陪審員はいないであろう。我々はみな，社会科学が扱う主題である日常生活について，多少なりとも知識をもっている。社会科学者は，ジャーナリストや社会批評家，コメンテータ，実業家，政府高官，小説家が対象とするような現象と同じ種類の現象を研究対象としている。社会科学の仕事は，誰もがもつ仕事であり，当初から，大学の社会科学者に研究が委ねられているわけではない。政治上の問いが政治学者の独占的な領域であることに同意する人は誰もいないだろう。実業家は，経済に関する経済学者の見方のほうを，自分たちの見方よりも，常に重視すべきであることを認めはしないだろう。一体，誰が，社会学者から社会関係についての見方を

4章　知識産業：組織のもつ典拠性　　93

得るべきであることを認めるであろうか？　独占的な支配権に関するいかなる主張
も，この想像上の陪審団からなる法廷外では，笑い飛ばされるであろう。

　組織に高い程度の知の典拠性を与えるのは，特別な能力が示されているケースで
なければならない。その能力とはその組織以外からは利用できない手段によって知
識を得て理解する能力である。その能力によって，日常的な観察や経験，熟慮の範
囲内に分類される問いに取り組む際に，社会科学が尊重されるのである。また，日
常的な観察や経験では接しえない事柄に関する問いについて社会科学に典拠性が付
与されるのである。こうして，社会科学が社会現象の説明と予測を可能にする理論
の構築と理論の発見に特別な能力をもっているという主張に依拠して，社会科学は
組織として典拠性を有すると主張しなければならないのである。差しあたり，ここ
では，社会科学は社会理論に関して典拠となる情報源として認知されるべきであ
る，との主張に限定して検討しよう。

社会科学の理論がもつ説明と予測能力

　事態を難しくするのは，社会科学の側からは上述の説明が提示されているが，社
会科学が社会理論の構築という課題に成功してこなかったということである。ある
著名な社会科学者は「現代の社会科学の主たる価値は・・・悪しき社会理論につい
ての懐疑を促すことである」と記している。また，別の社会科学者は，"ここ数十
年で社会科学の最も重要なただ一つの発見は，自然科学が自然界に関して所有して
いるような種類の知識を社会について生み出してはおらず，社会に及ぼす影響力を
もたらさない"[9]と述べている。20世紀のほとんどの期間で，社会科学の先導者は，
自然科学の目的と方法を模倣し，物理学や化学の法則が物理世界における説明と予
測を可能にしているのと同様に，社会的世界における説明と予想を可能にする法則
を慎重に探そうと努めてきた。しかし，社会科学はこれまで何も見出してはいな
い。"[自然科学において見出されるような]この種の理論が，社会学において今の
ところ存在しているとは誰も信じてはいない。また，近い将来においてそうした理
論が構築される見込みがあると信じているものはいない"[10]。社会科学がせいぜい
なしえることは，説明能力が低いながらも，中心となる傾向について限定的ながら
も一般化を行うことである[11]。

　経済学は世界的にみて最も大きな成功をおさめてきた社会科学であり，経済学は
強力で厳密な理論と分析技術をもつと思われる。しかし，経済学者でさえ，理論が
世界を記述していることに同意はしていない。多くの経済学者にとって，経済学が
どんなに精巧で経済学の内部では自己矛盾はないとしても，経済学は"現実に直面
したとき役には立たない"と思われている[12]。経済学以外の社会科学では，いかな

る社会理論に関しても，全員一致はほとんどみられない。しかも，経済学の内部で
さえも，理論について実質的に全員一致を主張するには，（マルクス主義者と急進
的な経済学者のように）相反する理論をもった学者がいずれも経済学者であること
を否定しなければならないのである。

社会科学における教科書と参考図書

　合意された科学の成果がいかに派閥主義的で貧しいものであるかは，教科書や参
考図書をみれば明らかである。社会科学における教科書は，一般に受け入れられた
理論と法則に関する標準的な教科書ではなく，科学史家が，"直観的に認識された
一般化を実証的な法則であるかのように粉飾し，不確かな理論的考察を基本的な説
明であるかのように見せかけているもの"[13] として厳しく指摘しているものを提示
しているのである。社会科学においては，グメリン（Gmelin）の『無機化学ハン
ドブック *(Handbuch der anorganischen Chemie)*』のような物理定数に関する正確
な数値の詳細からなる標準的な参考図書に該当するようなものはない。あるのは，
広範にわたる『国際社会科学百科事典 *(International Encyclopedia of the Social Sci-
ences)*』や曖昧で平凡なベレルソン（Berelson）とスタイナー（Steiner）の『行動
科学事典 *(Human Behavior: An Inventory of Findings)*』[14] のようなものである。社
会科学が日常的な主題を探究する特別な能力を示しており，また，日常生活に関し
てこれまで発見されていない特徴や，取り上げられていない特徴を明らかにしてい
ると言えるためには，次のような知見ではとても覚束ない。その知見とは，"事実
上，社会的に異質なものをともなった現代の民主的な工業国において，政党は多数
派を獲得するために，ある範囲の社会集団に訴えなければならない"[15]，というよう
なものである。

社会科学における合意された結論と典拠性

　ジョージ・ホーマンズ（George Homans）が指摘するように，科学を形成する
ものは，科学の成果ではなく，科学の目的である。なぜなら，社会科学は，「物事
の本性の間の，多少なりとも一般的な関係を確立することを目的にしている」がゆ
えに，社会科学は科学なのである[16]。組織に対して知の典拠性を認めるには，良き
意図以上のものが必要である。すなわち，良き意図というものが能力と結び付いて
いると考える理由が必要である。常識的な合理性と一般性以上の何かをそなえてい
る社会理論について，一般的な同意が欠けているのであれば，組織として典拠性を
有しているとの主張は台無しとなる。ジョージ・コーンウォール・ルーイス
（George Cornwall Lewis）は，100 年前の著作の中で，次のように記している。

4 章　知識産業：組織のもつ典拠性　　95

道徳科学と政治学においては，物理学に比べて，全体で合意されることはない。・・・それゆえ，真となる結論に達した政治経済学に関する研究者は，その真なる結論を理由に典拠性を発揮することはない。なぜならば，その結論はその分野の他の研究者によって異議を唱えられるからである[17]。

　ルーイスは，真となる結論に達していた人たちが誰なのかを知っていると考えた。もし，誰が真なる結論を得ているかを誰も知らないのであれば，どの人物が典拠に値するのかをどのように決めるのかが問題となる。もし，合意された結論があったとしても，合意された見方が真摯に受けとめるに値するのかどうか，組織において合意された見方が重要なものかどうかを決めるという問題が残るであろう。しかし，得られた結論のいずれも合意に至らない場合には，組織としての典拠性が問題となることはない。

社会科学理論の応用と典拠性

　予測する能力については，いまや，多くの社会科学者は，自分たちの能力は予測能力によって間接的に示されると主張していない。そうではなく，社会科学者は，予測の失敗は予測能力がないことを証明するものと考えるべきではない主張するであろう[18]。科学がその技術的応用の成功から間接的信用を得ているのとは異なり，社会科学は社会理論の応用の成功に基づいて，典拠性を主張できそうもない[19]。

　応用社会科学と呼ばれることもある国勢調査や世論調査における大規模なデータ収集のように，実際に有効で成功している活動がある。しかし，それらの活動が，それまでに純粋社会科学において開発された一般理論が実際に適用されているのかは明確でない。社会工学の他の分野は，よくて社会理論の実践上の応用を示す証拠とはなるものの，説得力に欠けているように思われる。教育の分野は，社会心理学の応用に基づいて著しく成功したとみられる成果を報告していない。犯罪学や社会福祉の分野も同様に提供できるような成果はない。経営管理の分野，すなわち企業や政府，非営利組織における経営管理が，実務上の成功が依拠している強固な理論的土台の証拠を提供しているかどうかは，ただただ疑わしいだけである。工学の1分野としての精神科医の地位については，激しく議論されているが，精神科医は心理学理論のもつ工学的能力を示してはいない[20]。

　一般に，物理工学は外部の観察者にとって，科学のもつ能力の強力な指標である。しかし，外部の観察者にとって，社会工学は社会理論をつくり出す社会科学の能力を示す指標としては弱いものであり，それどころか，何らの指標にもならないように思われている。このことは，次のとおり何人かの社会科学者によって認めら

れている。"たとえ，我々の世界から，科学的心理学のすべての知識を取り除いたとしても，対人関係における問題は容易に対処され，以前のとおり，その多くは解決されるであろう"[21]。ある心理学者は，応用社会科学の落胆させる結果を説明する中で，次のように記している。

> あなたはあることを知っているときにのみ，あなたはそれを応用することができる。社会科学の分野はあまりにも新しいため，多くの領域において，社会科学者は生産的な応用研究が可能となる知識をほとんど蓄積してはいない。・・・，応用研究の基礎となる明確な枠組みもなく，仮説を引き出し，予測を行うために必要な首尾一貫した知識のまとまりもない[22]。

もし，典拠性を有するとすでに認められている組織によって，社会科学が支持されているならば，社会科学の知の典拠性については強化されるであろう。この状況は，2章で論じた個人的な推薦の原則と類似しているであろう。社会科学を信頼することができる，と科学がいうのであれば，そして，我々が科学を信頼するのであれば，社会科学を信頼するのは適切であると考えられるだろう。だが，不幸にも，社会科学に対しては，そのように考えは是認されそうにない。もし，科学者の間で，合意される事柄があるとしても，「ある範囲と一貫性をもった理論を生み出し，成長する理論や予期せぬ新たな事実の予測を生み出す理論」に関する記録は，社会科学には乏しく，社会科学は"探究の分野としては未成熟で効果的でない分野"[23]であることを示している。こうした証言[訳注1]は社会科学による知の典拠性の申し立てを無力にすることになろう。

個々の社会科学者と社会科学の典拠性

社会科学に対する組織としての知の典拠性に関する裁判は，社会科学に反発する陪審団によって決定が下されるであろう。その裁判は社会理論の領域における特別な能力に関する主張を中心にしているため，その裁判は問題を解決するものではない。なぜなら，典拠性への主張は他の種類の能力に基づいているからである。これまでのところ，特定の個人が有する専門知識と典拠性の承認は，認証機関が提供する証拠には依存していないように思われる。もし，その機関自体が典拠性を欠いているのであれば，その機関は，体系的な調査による認証作業を行っても，個人に対して典拠性を与えることはできない。個人がどのような典拠性を獲得するかは，その個人が自らの利点に関して述べたことを評価して行われる。ただし社会科学者の信用証明は，形式科学や自然科学における信用証明がもたらす力を欠いているであろう。

4章　知識産業：組織のもつ典拠性　　97

たとえ，学派主義は組織としての典拠性への主張を台無しにするとしても，学派主義は派閥としての典拠性への主張も台無しすることはない[訳注2]。マルクス主義者と新古典派経済学者およびその支持者は，互いに相手の存在にうろたえるようなことはないであろう。スキナーの支持者とフロイトの支持者についても同様である。各学派は実際には全員一致で語ることになろう。それゆえ，人は，ある問題については，最高のものとしてのマルクス主義について，最高のものとしての新古典派経済学だけについて，それぞれ語ることになろう。一般に世論を反映した陪審団が，いかなる学派についても知の典拠性を有していると認めるのに十分な理由が見出せないからといって，特定の学派の典拠性を承認する集団が存在しないことにはならない。特定の学派の支持者にとって，適切な認証作業は専門知識と知の典拠への権利の両方の証拠となろう。しかし，支持者でない者にとって，社会科学は，典拠性を有しない専門家という現象か，よくいえば，学説に関する擬似専門家という現象を見出す最適な場となろう。擬似専門家とは，特定の学派の学説に深い学識をもつ人物，フロイト派の心理学の学説や新古典派経済学の理論に関する偉大な専門家である。しかし，擬似専門家は，人間の行動や現実の経済現象の説明に関して，偉大な典拠とは認められない専門家であるか，何らの典拠性も認められない専門家である。

社会科学と行動科学の中で，心理学の位置付けは，多少，変則的である。心理学の一部は，心的過程よりもむしろ，生理的な過程を研究しており，おそらくは，生物学の部門と考えるほうが適切である。心理学の中で明らかに非生物学的な部分では，長い間，行動主義が理論的な探究を支配し，その探究を誰もが観察可能なものに限ろうとしきた。心理学者はますます無意識の心的活動の研究を試みる訓練を受けるようになっている。それゆえ，心理学者は，心理学とはまさに日常的な観察の範囲外に実際に存在する主題（あるいは，心の働きは単純な内省では明らかにならない，という考えに同意する心理学者が研究することを認める主題）を扱うものと主張するように思われる[24]。しかしながら，これまでのところ，こうした特殊な主題について探究し知識を獲得する特別な能力に関する外的証拠は不足しているように思われる。

4.4 歴史学

我々は，過去の知識については歴史学者に頼ることになる。しかしながら，もし，我々が十分に定義された社会的制度に目を向けるのであれば，我々は間違いを犯すことになる。歴史学者は散らばっており，ゆるやかに組織されている。事実，

大多数の歴史学者は，かりそめにも，自分のことをまずもって自然科学者と考えており，次に歴史学者と考えているのである。すなわち，まず宇宙学者として次に宇宙の歴史学者として，地質学者として次に地球の歴史学者として，古生物学者として次に生命に関する歴史学者として，歴史学者はそれぞれ自分のことを考えるのである。これらの学者は科学者でありながら，歴史学者でもある。

　自然史はこうした研究の良い名称であろうが，自然史は誤った言外の意味をもっている。人間の文化の各分野は歴史学者によって補完される。すなわち，音楽，芸術，文学はこれらの各分野の歴史学者によって補完され，科学，工学，農学，医学，経営，教育，戦争はこれらの各分野の歴史学者によって補完される。また，宗教，哲学，政治学，経済活動，経済学説，社会活動，社会学説は，これらの各分野の歴者学者によって補完されるのである。各専門職，各職業，各スポーツは，歴史学者にとっての主題である。あらゆる種類の人工物と過程には固有の歴史学者がいる。切手の歴史，住宅の歴史，刀剣づくりの歴史，製本の歴史，楽譜印刷の歴史，ピアノ演奏の歴史，などがある。伝記作家は歴史学者である[25]。組織には歴史があり，その歴史を記述する人がいる。言語の歴史学者や地名の歴史学者がいる。自叙伝や記憶に関する図書を執筆する人は誰でも，"自分自身に関する歴史家"[26]である。このように，歴史を記述する人の数はきわめて多いのである。

　伝記作家は歴史を記述する人と考えたとしても，伝記作家は，大学の歴史学科で教える人たちから，歴史学者とは認めらない。その点でいえば，「文学や科学，絵画，哲学に関する歴史学者を'歴史学者'と見なすのは通例ではない」。歴史学者という用語は，その使用法が限定されることはないとしても，特別な歴史というよりも，むしろ一般の歴史に関する専門家が求める用語である[27]。科学のさまざまな分野のメンバーは，自分たちを科学者と考えており，他の分野のメンバーを科学者として認める。歴史を記述する人たちの大きな集団のすべてのメンバーが，自分たちを歴史学者とは考えてはおらず，他のメンバーを歴史学者とは認めないのは明らかである。たとえ歴史学が独立した社会的な組織であっても，科学と比べて，きわめて不明確な組織であり，歴史学のメンバーは，科学という組織における会員資格と比べて，明確には定義されていない。しかしながら，歴史学は存在し，過去を記述し説明するうえで特別な能力に基づいており，歴史学は知の典拠性を主張すると想像してみよう。想像上の陪審団に対して，いかなる種類の裁判が行われるであろうか？

歴史学と歴史学者の典拠性

　歴史学者は一般に予測を避け，予測を試みても特に成功するとは思われないた

め，予測の検証は外部の者には利用できないであろう。特別な能力を間接的に検証するうえで使用できる工学的応用もない。そこで，我々は，他の証拠を探さなければならない。研究成果に関する合意は説得力があるだろうが，合意というものは歴史学者という集団の中で期待されていないのは明らかである。現代という時代で，最も有名な歴史的著作の著者であるヤーコプ・ブルクハルト（Jacob Burckhardt）は，次の指摘から始めている。"本書のために役立った同じ研究は，一方で，容易に全体として異なった扱いを受け，応用されるだけでなく，本質的に異なった結論をも導くであろう"[28] との指摘である。この指摘は，ルネサンスの特定の事情に対してあてはまる状況ではなく，歴史一般にもあてはまるのであれば，その状況とは次のようなものとなる。すなわち，「歴史は・・・と述べる」と誰も言うことはできず，「この歴史学者はしかじかと述べるが，あの歴史学者は，反対の立場で，これこれと述べる」ということである。

　歴史学者に関する次の二つのことを仮定した場合，部外者である我々が，なぜ，歴史学者が過去を記述し，説明するうえで特別な能力をもっていると信じるべきなのか？　その仮定とは，一つは，歴史学者がもっていると想定される能力を適用すると，矛盾した結果が導かれることになるということである。もう一つは，歴史学者でさえ，"一つの自然科学があるところに，多くの歴史があり，それらの歴史は，重複しつつ矛盾しており，論争的で独立したものであり，偏向していて曖昧なものである"[29] ということである。

　歴史学者の特別な能力に関しては，他に効果的な指標があるかもしれない。たとえば，わずかな証拠から結論を引き出すための深淵な技術や方法という指標があるだろう。しかし，そうした証拠をみつけるのは難しい。歴史的方法に関する研究は，専門家でない者にも容易に利用できるものだが，その研究には，常識では明らかにできないような結論をデータから得るための手続きに関する説明は含まれていない[30]。ある歴史学者は，歴史には何らかの方法があることをきっぱりと否定している。すなわち，"歴史学者にとっての方法は，歴史学者が合理的であり，機知に富んでおり，想像的で良心的であると述べるための暗喩にすぎない"[31] と述べている。

　歴史学者は過去の行為と出来事を説明するための特別な方法をもっているようには思われない。歴史学者は常識的な自明の理に訴えているように思われる[32]。人間の行動に関する歴史学者による説明は，行動の動機と行動しない動機に関するありふれた概念に大きく依存している。すなわち，歴史学者による説明がありふれた概念に依存しないとき，その説明は，（精神史の場合のように）鋭く対立する種類の業績を生み出すために，心理学や社会科学が有するきわめて論争的な理論に頼るこ

とになる[33]。歴史学は，説明に用いるための特別な理論として，自前の理論をもっているようには思えないし，自前の理論をもっているとの主張もないように思われる。歴史学が社会科学から理論を借りている限り，歴史学は失敗した理論や重要ではない理論を借りることになる。

　組織としての歴史学に関して知の典拠性は強く主張されてはおらず，組織の存在すら明確でないように思われる。個々の歴史学者の典拠性は，学術的な環境の内外において，研究と経験という証拠に依拠することになろう。対立する専門家の中から専門家を選択する場合，歴史学以外の者は自分が信頼する人物の助言に依拠するか，本質的な妥当性という最終的な検証に委ねなければならない。

4.5　現時の歴史としての社会科学

　社会科学を，物理学や化学，実験生物学を範型として，理論科学にする試みは失敗してきたが，その失敗は社会科学が何も達成してこなかったことを意味するものではない。科学のすべてが理論的であり，実験的であるわけではない。天文学や地質学，海洋学，古生物学，生態学の多くは，現在と過去の状態を純粋に記述するものであり，相変わらず，そうした記述を志向した分野である。もし，自然の歴史を人間の歴史と対比させ，社会科学の研究の成果を報告した大量の図書や雑誌の内容を調べたならば，社会科学研究の大部分は人間の歴史に関する研究の範疇に数えられることが容易にわかる。

　歴史に関して，不必要なまでに狭い見方をするならば，歴史学の著作の範疇から直近の過去の記述を除き，より遠い過去の記述を含めることになるだろう。どうして歴史は 50 年か 100 年前から始まると考えるのか？　今日起こっていることが記述される時点において，その記述は過去の事柄の記述となる。政治学者が選挙運動や世論調査の説明を執筆するときまでには，記述対象となる状況は明らかに過去の事象である。政治学者が古代史学者よりも有利なことは，自分自身で資料を収集することである。それに対して，古代史学者は他者が収集した資料に依拠しなければならい。しかし，おそらく古代史学者は，もしタイムマシンが開発され，古代ギリシャや植民地時代のアメリカにまで遡って移動できたならば，自分で資料を収集し，歴史を観察可能な研究にすることができて幸せであろう。

　社会科学の多くは，出来事の系列よりもむしろ，状況や条件の記述からなる。歴史学とは，物語をつくることに関係する出来事の系列を本質的に記述することでなければならない。実際に歴史学者の中にはそのように記述している者がいる。もし，歴史学をそのようなものとして考えるのであれば，歴史を記述する方法である

4 章　知識産業：組織のもつ典拠性　　101

歴史編纂を，ある時点または一定の期間における社会を記述する方法である社会誌学と区別しなければならないであろう。しかし，歴史学者自身は，非物語形式の記述をますます用いるようになっている。すなわち，歴史学者は，利用可能な証拠の状況からいえる範囲で，社会科学者の技術や手続きを用いて，過去を対象に社会科学を実践する者として自分たちをみているのである。歴史学者は，過去に関する人口統計学や計量経済学，社会学を実践しているのである。ある歴史学者によって，歴史学は，"遡及的文化人類学"[34] として記述されてきた。しかし，歴史学が相対的に長期にわたる過去を対象に研究するものであり，遡及的な社会科学として考えられるとしよう。もし，そのように考えられるのであれば，社会科学は，明らかに現時点の歴史学として，また，直近の過去と現在に関する歴史学の実践として的確に記述することができる。ただし，その現在に関する歴史学の実践はたえず過去に関する歴史学となる。

歴史学の1部門としての社会科学

歴史学者は，社会科学は歴史の部門となることが明らかになると述べるよりも，歴史学が社会科学の諸科学の一つになっていると述べることのほうがありえそうである。しかし，社会科学が歴史学の1部門となるという見方は，より実りあるものであり，啓発的である。なぜなら，歴史学をすべて社会科学という見出しのもとに分類することは，一般的な法則を求めて水泡に帰す探究を過度に重視することになりかねないからである。それに対して，歴史学の見出しのもとに社会科学を分類することは，純粋に記述するという要素を当然ながら重視することになろう。社会学や政治学，人類学，経済学における膨大な研究は，多かれ少なかれ，最近の状況を単に記述し，解釈するものである。民族誌や政治的意見の調査と投票行動の研究，経済統計の収集，社会調査は，特定の出来事を語り，出来事を使って関係付けられた物語を語るかどうかにかかわらず，すべて社会的生活を記述するものである。社会的データは，個人の行動や社会的行動に関する不変的な法則についての主張を見出し，その正しさを証明する目的から収集される。いまや，その社会的データの多くは，特定の集団の人たちの一時的状況を単に記述したものと考えるのが最適である[35]。社会科学が局所的で一時的な状況に関する単なる記述と解釈以上のことを目指そうとするならば，目指すべきものは，現時点を対象とする歴史学としての価値だけであろう。もし，社会科学を，その大望よりむしろ，その業績に基づいて分類するならば，社会科学を最近の歴史学，もしくは現時の歴史学のもとに収めることになろう。

　最近になって，次のような社会科学者の数が増えているように思われる。その社

会科学者とは，社会科学は自然科学を模倣すべきであるという考え方を退けるような人たちである。また，そうした社会科学者は自分たちの仕事は社会的生活の記述と解釈にあるという信念に移行している（回帰している）人たちであり，その中には自分たちは人文学の種類に該当することを実践していると認めるところにまで回帰している人さえいる。こうした考え方で研究してきた社会学科学者は，自分たちの研究が歴史学という大きな研究分野の１部門として分類されることを受け入れるであろう。そのようには考えられない専門家たちが，自分たちの研究がどの程度まで人文学の研究であるのかについて認識する心構えをもつまでには，長い時間がかかるであろう[36]。

4.6 歴史学と典拠性

社会科学は，社会理論の構築に関する特別な能力に基づくのではなく，他の能力に基づいて知の典拠性を求めて主張することになろう。他の能力とは，社会的記述と解釈に関する特別な能力である。その主張とは，社会科学者が，ジャーナリストや社会観察者が用いるのと同じ種類の記述と解釈に取り組みながらも，社会の観察と分析に関する特別な教育によって，社会科学者はより良く記述し，解釈する，という主張である。この主張は，専門職としての歴史学者が行う主張と同じ種類のものである。すなわち，歴史愛好家は実際に記述し解釈することができるが，専門職は歴史的な記録を発見し，読解し，評価し，解釈する特別な教育によって，より良く記述し解釈できる，という主張である。

社会科学の専門家が用いる技術と分析

素人，あるいは，想像上の素人からなる陪審団は，そうした社会科学の主張をどのように評価すべきであろうか？　現時点に関する特定の記述や過去に関する記述について，他の学者による記述よりも優れているかどうかを決定しなければならないと考える陪審員もいるにちがいない。もし，その決定が専門職に委ねられるならば，その決定がどのように進められるかは明確である。陪審団が歴史学者や社会科学者に扮し，独自に調査を実施し，記述のサンプルを比較し，その価値を独力で決定することを，陪審団に期待することはできない。専門的な基準を採用することは，その裁判を偏向させることになろう。問題となるのは専門的な基準のもつ価値についてである。過去の歴史の場合のように，専門職は観察と分析に用いる深遠な技術をもっている，という証拠を探すことはできるだろう。しかし，そうした技術は並外れたものではないように思われる。すなわち，その技術とは，人に質問し回

4 章　知識産業：組織のもつ典拠性　103

答を表にすることであり，ある共同体において時間をかけて集団の活動を共有することであり，新聞や図書，会議の議論などを読むことである。こうしたデータ収集の方法は，物事を見出すうえで通常の方法と何ら異ならないものである。

　一般の人たちはその方法を用いるのに多くの時間を費やすこと，専門職のほうが一般の人よりも通常，多くのデータを収集できること，これらの違いだけである。データの統計分析は，実際には，素人には複雑にみえるが，きわめて単純な統計分析は日常生活においても十分よく知られている。しかし，統計分析の方法がさまざまなやり方で選ばれ，そのやり方によってまったく異なる結果が得られるという証拠（それは即座に出てくる証拠であるが）を仮定する。この仮定のもとで，陪審団は，深淵なデータ分析が，より単純で非統計的な分析に比べて，常により優れていると単純に確信はできないことがわかるであろう。ゆえに，結論としては，専門家による記述は，記述と分析について優れた教育を受けて身に付けた能力に基づいているがゆえに，非専門家による記述より一般に優れているという主張は，単順には証明されない，ということになる。

社会科学の従属的な典拠性

　上記の結論は，リンドブロム（Lindblom）とコーエン（Cohen）による社会科学に関する最近の評価と矛盾しない。彼らの主張は，社会科学は，政策立案者にとって関心のある問いに関して，科学的に明確で決定的な回答を提示することはできないということである。すなわち，社会科学者は，科学共同体に対してでさえ，政策立案者が提起する問いを解決できないのである[37]。たとえ，社会科学者が解決できたとしても，社会科学者は他者にとって典拠性を有する者にはならないであろう。他者は，社会科学者の言葉を，問題を解決するものとは受けとめないであろう。社会科学は独立して典拠となることを期待できない。我々の言葉で言えば，社会科学が他者にとって絶対的な典拠となることは期待できないのである。もし，社会科学の成果が，他の基盤，すなわち日常の知識や非専門職の常識の結果，偶然の経験，思慮深い思索と分析によって，すでに知られていることを確証するものであれば，社会科学は，従属的に典拠性を有するものであることが期待できる[38]。

　しかし，以上のことは，事実上，一つの情報や意見が，社会科学者から出てきたものを基礎に特別な重みを与えられてはいない，ということを意味している。社会科学が既に一般に知られていることを確証することは喜ばしいが，もし，社会科学が述べることに対して，それが既に信じられていることと矛盾するのであれば，社会科学に大きな重みが与えられることはない。もし，知の典拠性というものを特定の個人に認めるために，依拠すべき他の基盤，すなわち日常的な知識や常識がない

104

のであれば，社会科学に知の典拠性はないのである。

　もし，伝統的に理解されている歴史学者も，広い意味の歴史家も，活動する全領域に組織としての典拠性を主張できないとするならば，次のような結果が導かれる。すなわち，原理上，直接観察された事象の記述により密接に依拠すればするほど，また，説明や解釈というやり方を使った記述に依拠することが少なければ少ないほど，歴史学者を安心して信頼することができる。歴史学者が実際に観察したことを報告するとき，歴史学者には，信頼できる有能な観察者に与えられる信用と同じものが与えられる。歴史学者が，これまで目撃されてきた単純な種類の過去の事象や状況について，常識的な推論の原理と証拠に基づいて，再構築を進めるかぎり，歴史学者は我々と同じ能力をもっている，と考えられるであろう。我々には，歴史学は，多少なりとも単純な事実情報を大量に我々に届けてくれることを認める用意がある。何の問題もなく認められるとは考えられない事実に基づいて過去の事象や状況が構築されることはあるが，届けられる事実情報は，合理的な疑いを差しはさむことなく，何の問題もなく認められる情報である。

4.7　精神科学とソフトな分類

　社会科学と歴史学は形式科学と自然科学が有する組織としての典拠性を欠いていると結論付けられた。しかし，そのような結論となる理由の説明は必ずしも必要ではないが，説明が促されるのは避けがたい。自然界や形式科学が扱う抽象的世界について得られる知識が，人間に関する事象については，最も徹底した専門的な探究から得られないと考えるのは，深刻な問題である。その問題とは，我々が人間に関する事象について知識を欠いているという問題ではなく，専門的な探究は，日常的な経験や観察，思索によって，我々が学習できることをあまり改善できない，という問題である。なぜ，社会科学と歴史学は自然科学や形式科学のような組織としての典拠性を欠いているのだろうか？　もし，我々が歴史学と社会科学について述べなければならないことが正しいとすれば，歴史学と社会科学は相対的に説明が貧弱となる理由について，我々が述べようとしていることにあてはまる。この説明には，人間に関する状況を説明する他の試みと同じ程度の重みが与えられることになろう。こうした理解を踏まえて，我々にいえることをみていこう。

社会科学と歴史学の説明対象となる主題

　社会科学が，自然科学に見られる理論とは異なり，一般に受け入れられる理論の獲得や予測につながる種類の理論の獲得に失敗しているのは，単に知性がなく努力

していない，ということからではない[39]。その失敗は，単なる組織としての失敗でもない。組織としての失敗は，学問分野の境界をうまく調整し直し，学際的研究を促進し，関連する技術について社会科学者を指導するために自然科学者を関与させることで克服されるような失敗ではない。さらに，その失敗は時間の問題でも，若い研究者の成長を待たなければならないような問題でもない。

　古代ギリシャの時代に書かれた歴史学と社会科学の著作は，いまなお読む価値がある。歴史学と社会科学の説明対象となる主題は次の事実によって自然科学とは異なるのである。その事実とは，人間は考えや夢であふれた心をもっており，その考えや夢が人間の行動に影響を及ぼすという事実であり，人間の相互作用は，物理システムのように単純なものではなく，理解と誤解が同居し，競争と対立する相手との相互作用であるという事実である。歴史学と社会科学が説明対象とする主題が自然科学と異なるのは，人びとの活動が次のようなものに依存している点である。すなわち，人びとの欲するものや，人びとが振る舞うことができると考えられるものだけでなく，正しいと考えるものや，間違っていると考えるもの，許容されるものと許容されないものと考えるものに依存している，という事実である。さらには，歴史学者や社会科学者の行動の仕方が変化を受けるということ，すなわち，好みと気分の変化に慎重でありながら，変化を強いられ変化に応じる，という事実である。社会過程の研究が物理的過程の研究が示す結果と同じような結果を提示することを期待できない。動くものの研究から情報や想像に依存し，それらに対応するような行動の研究に移るとき，事態は劇的に変化するのである。

精神科学という範疇

　近い過去と遠い過去の人間の歴史という意味を除いた人間の歴史と社会科学を，歴史学という見出しを付け，単一の大きな範疇にまとめると，ドイツ語で *Geistewissenschaften*（精神科学）と呼ばれる特別な範疇を認めることになる。1世紀以上にもわたり，人間に関する研究（human studies）は，ドイツ語の *Geistewissenschaften* の翻訳であるが，ドイツ語の *Naturwissenschaften*，すなわち自然科学とは，その目的と方法のいずれにおいても，異なり，また異ならなければならない，ということが論じられてきており，反論を示しながら，その違いが否定されてきた[40]。目的について最も知られた言い方は，自然科学は法則定立的である，ということである。すなわち，繰り返される現象を支配する法則を見出すことを目的としている，ということである。人間に関する研究は個別記述的である，ということである。すなわち，人間に関する研究は，繰り返されることのない現象の唯一無二の特徴の把握を試みる。

この違いは不十分である。なぜなら，自然科学には記述を指向する大きな分野が含まれており，人間に関する研究は繰り返される現象を支配する法則や，少なくとも粗雑ながらも一般化を見出そうとしきたからである。方法については，人間に関する研究は，自然科学とは異なり，ドイツ語の Verstehen，すなわち理解という特別な方法を使用し，また使用しなければならないと主張されてきた。その理解とは，人間の行為の意味や意義，意図，あるいは人間の行為の目的，自然科学には対応するものがない方法を意味する。自然科学では，人間を対象にした研究も単なる物理的システムのように扱うため，志向性は研究対象となる現象にはみられないか，無視できるものである。人間に関する研究は，自然科学の場合とは異なり，解釈的，解釈学的研究と考えられている。しかし，この問題を扱うには別の方法がある。それは，探究の目的や方法を見るのではなく，人間に関する研究にとって関心のある事柄の性格，すなわち対象の特性とその特徴をみることである。

ハードな科学とソフトな科学

ハードな物理科学とソフトな社会科学を比較することは一般的である。物理科学では，大いなる一般性に関する正確かつ明確な結果，すなわち物理定数に関する正確な数値データや，普遍的に妥当で正確な関係性にある測定可能な変数を関係付けた理論が得られることが多い。他方，社会科学は，一般法則に漠然と近付けることだけである。しかし，ハードとソフトの違いを，異なる科学において研究される事柄の種類に適用して検討する価値はある。我々が自然界から人間の思考と行為の世界に目を転じるとき，多かれ少なかれ，自然を単位とする世界から，任意の不安定で無定形な単位からなる世界に目を転ずることになる。自然科学者は離散的で計数可能な対象，たとえば，星，原子，分子，染色体を探し，見出すことを主張する。タンパク質の構造を決定しようとしている化学者は，相互に結び付き，より複雑な物質を形成する単位となる独立した物質の数と種類，並びを同定したいと考える。

思考と行為の世界は，比較可能であり離散的で計数可能な物事からなる世界ではない[41]。人間の信念と態度や欲求と期待，希望と恐怖を記述することは，心の中で多少なりとも関連する独立した項目の集積を列挙することではない。人生の経過というものは，個別的で計数可能な熟慮や決定，行為の系列からなるものではない。人生をそうした系列に分節化することはできるが，何通りものやり方でも分節化できるのである。人間の集団による共同の営みは，個別的で計数可能な活動を並べたものではない。すなわち，そうした営みは，競技や競争，強力，対立，議論，協働を並べたものではない。人間集団の営みを，そのような処理に分節化できるが，異なる方法による分節化はいかようにもできるのである。

4章　知識産業：組織のもつ典拠性　　107

革命や抵抗運動，暴動，恐慌，気まぐれ，流行という集合現象は，すべて，周知のように，その開始と終了の時点や参加と不参加の場をそれぞれ正確に特定できるようなものではない。我々にとって関心のある社会集団は，不安定であり，変化するものであり，不確定なものである。知識人や科学者，貧者，犯罪者，創造物，中産階級の各集合について，その構成要素を正確に決定する試みは，境界の引き方について無限に示された任意のやり方を使って，あれこれ選択して終わるか，その集合を正確に特定化することをやめることで終わる。同様に，ある党派や学説の支持者，マスメディアの番組の聴衆，（科学的探究のような）集団の営みへの寄与者について，それぞれの集合を定義することはできるが，それは，任意に境界を引くことでのみ可能である。

歴史学者は時代の設定なしに研究することはできないが，歴史はある日に終わるような期間に適切に分類され，別の日から始まるような期間にうまく分類される，というようなものではない。すなわち，期間というものが選択され，設定されるのである。大規模な社会的，経済的，政治的構造は，社会の中で独立して同定できるようなものではなく，個人と集団にみられる絶え間ない関係の変化から引き出されるパターンである。そのパターンが引き出される関係は，一時的なものであり，正確には決定できないものである。異なる個人には，社会，経済，政治における異なる構造上のパターンが見出されるが，それには正当な理由が見出されるであろう。権力や影響力，典拠性（権威），地位，慣習，習慣，規範，基準は，融通性があり，変化する不確定な現象である。その現象が行動となって現れるとき，その現れは，信念と欲求の現れと同様に数多く，曖昧なものである。歴史学や社会科学において扱う物事は，程度とその形はさまざまであるが，はかなく見え隠れするものであり，弾力的で流動的であり，不確定なものであり，絶えず変化する。これらはすべて，ハードで安定した対象の世界とはまったく似ても似つかない世界の暗喩である。

人間に関する研究における専門用語と社会現象の分類

人間に関する研究における専門用語の絶えまない混乱を説明するのが，人間に関する研究にとって関心の対象となる現象に特有の性格である。専門用語の絶え間ない混乱を想定しないのであれば，人間に関する研究に特有の性格は，規律と厳格さの欠如に帰せられることになろう。人間に関する研究における分類の難しさと，社会を記述するにあたり理念型の永続的利用は，同様に，人間に関する研究にとって関心の対象となる現象に特有の性格から説明される。その理念型とは，どこにも実例がなく，まさしく想像上の事例である。対象と探究の分野については，ハードと

ソフトの二分法を適用することができる。ハードな分類という古典的な考え方は，物の世界を，相互に排他的なクラスと，排他的なクラスが一緒になることで網羅的となるクラスに分割するという考え方である。その分類は，正確な規則の適用に基づいており，クラスに含まれる条件が必要かつ十分な形式となっており，その条件によれば，あらゆる個体には一つのクラスが正確にあてはめられる。

　社会現象を分類する試みにおいて，満足ゆくハードな分類を達成することは不可能であり，ハードな分類は数多くの任意の決定の力によってのみ可能となる。社会現象において，人間は次に述べる特徴のいずれか，またはそのすべての特徴が見出されるような不安定で曖昧な状況の中で，活動することになる。第1に，十分に定義された項目の集まりが分類の対象とはならない，ということである。それらの項目は絶えずその性格と形を変えるかもしれない。また，それらの項目は，相互に明確に区別されることさえなく，互いに溶け込み，拡張または縮小し，出現しては消失し，増大しては衰えるかもしれないのである。第2に，一般に厳密に定義できる条件に到達することはできない，ということである。その代わりに，その数が定まらないようなタイプの標本が多数あり，その中には目立った標本もあり，実際の標本や架空の標本があるかもしれない。それらの標本のクラスは，言葉による定義によって定まるのようなものではなく，むしろ，見本によって定まるものである。

　第3に，分類対象となる個々の項目は，明確にある一つのクラスに属するのではなく，ある一つのクラスに多少なりとも明らかに関連するか，おそらくは，二つ以上のクラスに関連するようなものである。あるクラスにあてはめることは，規則を適用する問題ではなく，規則なしに，ある項目がある型の標本によく類似しているか，それとも，すでにその型に関連付けられている他の項目によく類似しているかを判断する問題となる。最終的に，分類は不完全なものとなる，ということである。すなわち，いかなるクラスにも必ずしも十分に合致しない項目は分類されないままとされるか，特徴のない項目という特殊なクラスに収められることになろう。こうした特徴をもつ項目に出会うことが増えれば増えるほど，また，上記の各特徴の表出が増えれば増えるほど，分類は良いソフトなものとなる。ソフトな分類は，伝統的な分類の規則に反するものであるが，分類対象となる現象の特性により，社会的探究に特有なものである。理念や構成的類型はソフトな分類の優れた例である。理念や構成的類型論が使用されるのは次のようなことが予想される場合である。すなわち，何も特定のクラスに正確にあてはまらない場合，多くの事物が類型化のなかにあるいくつかの類型に等しくあてはまる場合，および，どこにもあてはまるものがない事物がある場合である。実際に，理念や構成的類型は社会的記述において不可欠なものであり，それは何千年にもわたってそうであった[42]。

4章　知識産業：組織のもつ典拠性　109

ソフトな分類とハードな分類の互換性

　いかなるソフトな分類もハード化することができ，同様に，いかなるハードな分類もソフト化することができる。ソフトな分類をハード化するための方法として，用語を定義すること，操作上の定義をすること等が考えられそうである。しかし，もし，分類対象となる物自体がソフトな場合，どうすればよいのか？　境界の安定性と明確さに関する基準を満たす物を除いて，すべて削除することができる。また，対象となる物をある範疇にきちんと合致するように，仕立てることがきる。いずれも，主題を変更する方法である。無定形で不明確な対象物の集まりを，よく定義された対象物の集まりに置き換えることは，もともとの対象物について正確に語ることができる状況に対象物を据えずに，異なる対象物のグループについて語ることになる状況に対象物を据えるという方法である。我々は，常にそのようにすることに関心があるわけではない。ではなぜ，我々は，そうすることに関心をもつべきなのであろうか？　確かに，社会科学では，思考と行為を支配する厳密な法則を発見するための準備として，社会的現象に関するハードな分類をつくり出す試みに大いなる努力を傾けてきた。法則を探すことに絶えず失敗していることは，社会的現象が手に負えないほどソフトなものとして認識しなければならないことを示唆している。ソフトな分類をハードにする方法はつねに存在するが，そのいずれも，他の方法よりも，決定的に優れており，目にも明らかなほど優位にあるようなものではない。誰もが，ハードであれソフトであれ，自分が気に入った分類を使用するのは自由である。

　人間に関する研究においては同じ主題に対して異なるアプローチを無限に提供することに何ら不思議はない。また，異なる人たちが社会を分割するさいに異なる方法を選択することや，概念の適用に関する合意を得ることは非常に難しいことも，何の不思議もない。さらには，専門用語がつねに混乱していることや，同じ主題分野，または，ほぼ同じ主題分野について多数の解釈がどこにでも登場するといことも，何の不思議もないのである。

▌ 4.8　流行に立ち戻る

　3章では，流行が知識産業の全分野において同じ役割を果しているかどうという問いを提起した。流行は自然科学においてよりも，人間に関する研究において重要であると考える誘惑にかられる。ソフトな分類に関する我々の議論はこの問いに関連している。その問いの解決は期待できないが，ここでは，一つの回答に向けた妥当な事例を提供できるかもしれない。

自然科学には，成功について，人間に関する研究では一般に利用できない実践的な検証がある。その検証とは予測である。自然科学者は何を研究するかを自由に選択するであろうが，自然は再生可能な結果を提供するわけではなく，予測の成功を手助けすることもない。理論と使用される実験手続きが機能することもあるが，機能しないこともある。成功は曖昧であり，非決定的であることがしばしばであるが，常にそうであるわけではない。新しい装置や新たな手続きは，より優れた結果を提供するようにみえ，制御された実験環境においてより強力な説明能力や予測能力を与えるとみられる。探究の方向性と様式における絶えざる変化の多くは，知的好みの変化に頼ることなく，新たな装置や手続きという点から説明することができる。

　自然科学と比較して，人間に関する研究では，競合する探究様式の選択にあたって利用できる検証方法がない。それゆえ，同一の社会現象について，異なる視点から，異なる様式を使って記述し，解釈することになる。歴史学者や社会科学者にとっての選択肢は，芸術家にとっての選択肢と似ている。同じ景色を描くいろいろな芸術家は，驚くほど異なる絵画を制作する。たとえば，写実主義やロマン主義，抽象的表現主義者，象徴主義者，形式主義者がいる。同じ外的世界は，異なる種類のレンズとムードの効果をとおして，異なる距離と角度から見える世界により，無数の表現が可能となるのである。

　社会科学の諸分野は同じ社会生活に関して異なる理論的視点を提供しており，社会科学には多くの混合した見方がある。単一の視点からでさえ，最初の概念的枠組みや理論的視点の一部を形成するソフトな分類をハード化する方法は限定されていない。また，選択された場面の記述と解釈を構成する方法も限定されていない。これまで述べたことは，ある一つの研究は同じ視点から書かれた別の研究と同様に優れていることを述べているのではなく，ある視点が別の視点と同様に優れているということを述べているものでもない。しかし，研究に関して，ある理論的な視点や，ある様式が優位であることを検証する方法に決定的なものはない。もちろん，研究成果はすべての適合する事実と矛盾しないものでなくてはならず，それらの事実を考慮したものでなければならない。しかし，こうした制約は特に煩わしいものでない。なぜなら，事実は順応性のあるものだからである。事実の取り扱いについては，事実の数が少なすぎて多数の代替となる記述を排除できないか，あるいは，事実の数が多すぎてそのすべてを利用できない，かのいずれかである。そこで，そのいずれかを選択しなければならないが，その選択を制約するのは，研究対象となる世界ではなく，研究者自身がどのような事実を適合するものとするのかを決める規則である。

4 章　知識産業：組織のもつ典拠性　　111

研究における視点及び様式の選択と知的好み

どのような種類の事実を考慮するのか，それらの事実をどの程度重視するのか，さらには，その事実をどのように選び取るのか，これらはいずれも，予測が成功するかどうかを検証することによって解決されるような問題ではなく，知的好みによって解決される問題である。視点の選択や研究様式の選択は，研究者が本来もっている満足に基づいて決定されるのである。研究が成功したどうかについて外部からの検証は利用できず，外部からの制約は比較的少ない探究の道筋の中では，知的好みが急速に変化する必要はない。

しかし，知的好みは，研究が成功したかどうかが実際に検証されるような分野において生じる変化よりも，歴史学や社会科学のような分野において必然的に生じる変化を説明するものである。流行というものが，そのような分野を支配するのである。なぜなら，慣習という，単に"長期にわたり継続する流行"[43] を除いて，その分野を支配するものは，流行以外にないからである。自然科学においてさえ，流行が記述的で歴史的な部分を支配すると予想されるであろう。さらに，自然界によって制約されることのない形式科学においては，数学者の「選択基準は主に美的なものであり，成功の基準もまた主として美的なものである」と主張されてきた。すなわち，選択基準や成功の基準は，知的好みに訴えることに依拠しているのである[44]。

4.9　批評に関する典拠性

価値に関する問いと知の典拠としての批評家

教育を受けてきた人たちにとって，今や，次のことは当たり前に受けとめられている。すなわち，事実に関する問いは価値に関する問いとは注意深く区別する必要があるということ，価値に関する問いは単に事実に関する問いを解決することによってのみ解決されることを期待できないということ，である。しかも，価値に関する問いは本来，開かれたもの（未解決問題）と広く考えられている。価値に関する個人の選好は，個々に異なり，一つに収束することが期待できるようなものではない。価値に関する問いは，そうした個人的な選好を基本的に表現し反映しているため，解決できないである。ある人たちにとって，価値に関する問いが解決不能であるということは，次のことを含意するであろう。すなわち，事実に関する問いは，知の典拠性が認められるが，価値に関する問いには知の典拠性は関与しない。

しかし，この含意はまったくの見当違いである。我々は，価値に関する問いに関して助言が必要なとき，知の典拠に最も依存することになろう。我々は，誰が良い

研究をしており，誰が良くない研究をしているかを知る必要がある。すなわち，音楽や絵画，文学，社会思想，政治学の領域において注意を向けるに値するものは何か。我々は何をすべきであり，何のために努力すべきなのか。我々は，これらを決める必要がある。我々はみな，以上のような問いに助言を提供してくれる情報源として，ある人たちを他者よりも優れた情報源として承認するのである。すなわち，我々は，価値の領域において知の典拠をもつのである。知の典拠となる人たちは，我々にとって特別な影響を及ぼす判断を下す批評家である。知の典拠となる人は，価値の問題の解決にあたり，たとえ他の人たちに影響を及ぼさないとしても，我々にとって十分な影響力を及ぼすような批評家なのである。

　価値に関する問いは，つねに開かれている問いであることは，もはや真実ではない。価値に関する問いには解答が可能であり，解答について合意が可能である。必要なことは，ただ次のことだけである。すなわち，人びとが共通の意見に関して合意に達することであり，その問いに関して述べるべきことは，すべてこれまでに述べられてきており，さらに議論し検討してきたとしても，いかなる違いも出てくる可能性はない，ということである。「解決されている」とは，すべての実践的な目的にとって解決されていることを意味している。しかも，価値に関する問いは，解決できるだけでなく，事実上，解決されているのである。この社会においては，たとえば，奴隷制と拷問は耐え難いもの，ということで決着がつけられている。奴隷制と拷問の問題は，決着がついているだけでなく，決着がついているということについて，決着がついている。すなわち，我々は，この問題について共通の知的態度を共有しているのである。

知識産業の 1 分野としての批評

　これまで期待されてきたことに反して，我々は，批評というものを知識産業の 1 分野として考えることができる。批評に関する著作の生産は，理論的な自然科学や歴史学に関する著作の生産と同じように，知識産業の固有の一部である。しかし，知識産業が，一般に批評に独占的な支配権を主張することは絶対にないこともまた明らかである。だれもが批判的評価にかかわるのである。すなわち，他の誰にとっても，批評に関して典拠となる人が大抵はいないにもかかわらず，我々はみな，批評家なのである。特に，批評の問題に関して，組織としての典拠性を有すると，もっともらしく主張する組織は現在，存在しないが，過去にはあったかもしれない。たとえば，閉鎖的で自己永続的な文芸批評家の集団が文芸の価値に関する典拠として認められることがあるかもしれない。そうした批評にかかわる組織のもつ特別な役目は次のとおりである。

その役目とは，文学の重要な作品の基準を確立すること，個々の文学作品に対してその基準における順位をあてはめること，新しい作品を選別し，どれがその基準にあてはまり，どれが除外されるかをまとめて決定することである。組織の新たなメンバーになるには，適切な好みをもっており，基準に合致している文学にも，そうでない文学にも十分精通し，より優れた識別能力を有している人物として，組織の既存のメンバーから単に認められればよい[45]。さもなければ，会員資格は正式な選考の問題となり，組織は好みの裁定者となるだろう。もし，人は文学を愛好すること，すなわち，良い好みをもつことを熱望するのであれば，その人は，自身の好みと判断を，確立された組織の会員の好みに適合するようにしなければならならないであろう[46]。

　文学やその他のいかなる文化領域においても，批評に関して確立された組織の概念については，何の難しさもない。問題は，そうした組織が現にこの場に存在するのかどうか，ということであるが，そのような組織は存在しない。音楽や文学を愛好するためには，批評に関する組織の判断を共有しなければならない，という考え方自体が，いまや，きわめて時代遅れであるように思われる。文学や他の芸術に関する専門の批評家への服従が，広範囲に渡ることがないのは明らかであるがゆえに，文芸批評家は無秩序な状態にある。こうした状態は一時的な状態にすぎないであろう。物事の特性や価値の特性によって，批評を扱う組織に対して典拠性を認める可能性が排除されることはない。

　しかし，今のところ，我々は，批評を扱う組織の典拠性に対して，陪審団に裁判を起こすことに思い悩むことさえないであろう。その裁判は勝つ見込みがないであろう。文学や芸術，音楽，映画，舞踊，建築，社会に関する批評家が典拠性を獲得するには，典拠性を有する組織に所属するのではなく，批評家としての名声によって，また批評家として説得力をもった発言をすることによって，獲得されなければならない。

批評に関する独占権

　我々の陪審団が考慮すべき重大な問題が残っている。それは，知識産業における専門家が批評について独占権を有しているのか，という問題である。仲間による評価は，知識産業の組織とその機能の基礎となるものであり，専門家集団は，自分たちの成果を判断する最初の権利を主張するだけでなく，最終的な権利をも主張する。しかし，その主張について議論する主体は，専門家の成果の効用を外部の人たちのために判断しなければならない人たちであり，どの専門家集団が支援に値するかを決定しなければならない人たちであり，利害関係のある観察者の観点から評価

する権利を主張する人たちである。正当な批評に関する独占権をもつのは専門家であるのかという問題が，陪審団に提出されたことを想定してみよう。専門家でない人を説得する独占権の原則について，どのような種類の議論が行われるであろうか？

明白な論点は，唯一の真摯な批評は豊富な情報をもつ批評であるのかということであり，科学と学術において豊富な情報をもつ批評は，評価対象の研究についての理解が必要であり，その理解は同様の研究を遂行することでのみ得られるのか，ということである。批評について十分かつ唯一の理解とは，専門家がもつ理解である。それゆえ，物理学者だけが物理学における研究を批判的に評価でき，歴史学者だけが歴史学における研究を批判的に評価できるのである。

こうした議論が説得力をもつのは，次のことが考慮されるまでの間である。すなわち，研究成果の批評には，芸術の場合のように，良き成果に関する標準や基準を適用する必要があること，内部の者の標準と基準が利用可能な唯一のものではないことである。批評とは好みの行使であることに注意する必要がある。その好みとは，研究の場合における知的好みであり，芸術作品の場合における芸術的好みである[47]。詩人と作曲家は，自分たちだけが，自分たち自身の作品と同僚の芸術家の作品を判断する資格を有すると思っているのは疑うべくもない。詩人や作曲家は，批評の専門家の好みは無効であると信じており，その好みを信じてはいない。詩人や作曲家だけが，別の詩人や作曲家の作品を評価できるのである。

我々は，こうした主張を拒絶する。なぜ，我々は，科学者や学者と類似した主張を受け入れるべきなのだろうか？　次のような主張はいずれも疑わしい。その主張とは，詩人や作曲家の基準は唯一の適切な基準であるということ，詩人や作曲家にとって重要なことがすべてである，という主張である[48]。我々は，詩人だけが詩を判定できるということを認めない。なぜ，歴史学者だけが歴史学の成果を判定できることを認めるべきなのか。より具体的にいえば，植民地時代の歴史の専門家だけが植民地時代の歴史の研究成果を判定できることを，我々は認めるべきなのか？ということである。

批評家の典拠性

いかなる分野においても，典拠性を有する批評家に我々が期待することは，適切な好みである。その好みは，価値に関する適切な標準と基準として我々が承認するものを使って表現されているものである。また，その好みは，それらの標準や基準を特定の成果や集団全体の成果に適用する際に卓越した識別方法を使って表現されている。いかに識別しようとも，批評家が適用する基準が不適切であると考えられ

るならば，その批評家が典拠性を獲得することはない。いかに基準が適切であろうとも，その基準の適用がぎこちないものであれば，批評家が典拠性を獲得することはない。批評家には，批評対象の事柄について，単に適切な基準を適用して区別するうえで必要なものであれば何についても知っていることが期待される。音楽の批評家には音楽について知っていることが期待され，歴史の批評家には歴史について知っていることが期待される。しかし，批評家はどの程度知っていなければならないのか，また，どんな種類の知識をもっていなければならないのであろうか？　批評に求められる知識と程度とは，最も著名な専門家の知識に等しい程度の専門知識であり，専門家ではない知的な人が入念な調査により収集できるもかもしれないのである。

　批評に求められる知識と程度は，考察の対象と探究の対象に依存する。探究の対象が専門集団自体の中で最も明敏なメンバーによって判断されるような研究の質を有しているならば，批評家は専門集団自体が専門知識を判定するときの専門知識に等しいものを有していなければならない。しかし，もし，探究の対象が，たとえば，本質的な関心事，世界描写の変更の重要性，実践上の意義にかかわるようなものであれば，専門集団の内部の者の評価は不適合であろう。また，批評家は，専門集団内の研究者がもつ技術的な理解をもつことなく，批評を行うことになろう。専門家のもつ基準は観察者の基準とは異なるであろう。もし，我々が専門家の評価基準は不適切と考えるのであれば，専門家の知識は専門家による批判的判断に影響力を及ぼすことはない。ゆえに，評価に関する専門性の原則は，専門家の基準のみが適切であると納得している人たちによってのみ，受け入れられるであろう。

評価の専門性の原則と批評

　では，状況はどうであろうか？　評価の専門性の原則は，広く受け入れられているように思われる。専門家は自身の専門領域外の研究成果をあえて批評することをよしとせず，専門知識を主張する他の専門家の評価に従うのである。

　　　専門家は，別の専門家の関心事に介入することのないように，また，別の専門家が無知であると暴露されることがないように，別の専門家が関係することに思い悩まない，というのが礼儀というものである[49]。

　この評価の専門性の原則は広く受け入れられてはいない。そこで，もし，議論の良し悪しが想像上の陪審団に提示されたとすれば，その原則は却下され，専門領域に同領域の研究成果の価値に関する問いに対して，独占的な支配権を与えることは

ないであろう。そうだとしても，評価の専門性の原則が広く受け入れられている状況は，我々の周りをみれば明らかである。

　なぜ，文学や音楽，芸術，演劇，建築に関する批評の専門家がいるにもかかわらず，知識に関する批評の専門家はいないのであろうか？　この理由を考えることをひとまずやめる価値はある。科学者や歴史学者が実践する探究は芸術の一形態である。すなわち，研究と執筆の遂行は，芸術における遂行と同様，公衆による批評の適切な対象となるように思われる。歴史学の成果の中には，専門家でない人を対象にした定期刊行物の中で論評されるものがある。そうした論評の対象となった成果は，主な研究が他の領域にある人たちによる特別な成果である。科学を専門とするレポーターは，記述はするが批評はしない。さまざまな探究の分野における進歩に関する批判的論評は，定期的に作成されるが，それは専門家向けに専門家によって作成されたものである。学問分野全体を概観した評論が時折執筆される。通常，その評論は当該分野の業績を賞賛するだけの熱心な内部の人間によって書かれたものである。そうした評論は，しばしば，その分野のための宣伝を意味しており，外部の者からより多くの資金援助を促すためのものであり，公衆を対象とする批評家はどこにも見当たらない。

知識に関する公衆向けの批評

　知識に関して公衆向けに独立した批評家の役割は認識されていないが，このことは，次のジャック・バーザン（Jacque Barzun）の主張を支持することにつながる。その主張とは次のとおりである。

　　　科学と科学の成果は，われわれにとって，熟慮の対象ではない。・・・すなわち，それらは，直接的，非学術的，非衒学的な楽しみや議論，批評の対象とはならない[50]。

　科学を熟慮の対象にするためには，バーザンが指摘するように，科学者は，他の文化的活動の分野で行ってきたように，「自分たちのアイデアを組織化し，自分たちにとって批判的な語彙を見つけることから始める」必要があるだろう。科学は大衆化のための適切な主題である。すなわち，科学の大衆化とは，専門家でない人でも，科学者が行っていることについて，わずかでも語ることが少なくともできる，ということである。しかし，科学は，公衆に向けた批評の適切な主題であるとは考えられていない。いったい誰がその批評に耳を傾けるのか？　もし，評価の専門性の原則を受け入れるのであれば，知識に関する公衆向けの批評家の中に，専門でも

4章　知識産業：組織のもつ典拠性　117

ない分野について批評することを自らの仕事と考えている批評家はいないと一般に考えられている理由は明らかである。もし，評価の専門性の原則を却下するのであれば，公衆向けの批評家がいないことは，奇妙な社会的空白を表していることになる。知識にかかわる職業の社会的構成における空白地帯は，哲学者によって埋められてきたかもしれない。事実，哲学者は自分のことを，他の分野の探究の成果を批評する者としての任務に最もふさわしいと考えているであろう[51]。しかし，哲学自体は，いまでは，他の専門領域とともに，一つの専門領域であり，科学の専門領域と同様，公衆に向けて話しかけることはほとんどない。それゆえ，顕著な文化的業績である諸活動に関して，専門家でない人を対象にした批判的言説を維持できない状態が放置されているのである。

4.10　知識の生産とは

これまで，知識産業を三つの大きな部門である科学（形式科学と自然科学），歴史学（現時の歴史学と過去の歴史学），批評に分類してきた。技術の改良に専念する部門を当初は別にしてきたが，その部門を第4の主要な知識産業の部門として再導入することができる。そのうえで，ここでは，知識産業は知識を生産する産業として認識されるのか，という問いを扱うことになる。知識産業における研究成果を報告している個々の出版物は，知識の寄稿を含むものとして，また知識の寄稿を表現するものとして，捉えることができないことは，本章の最初のほうの議論で明確になった。個々の出版物は，最もよくみて，知識に寄与するとみなされようが，多くの出版物はそれさえできていない。

知識産業における知識生産

ここからは，個々の出版物から知識産業の部門に議論を移すことにする。すべての部門は知識の生産者であるのか？　想像上の陪審団とその評決を基準として受け入れたうえで，自然科学と形式科学は知識の生産者として認められるとの結果が得られている。批評は知識の生産者としては認められない。歴史学は，基本的な事実に関する知識の生産者としては認められるが，事実の解釈と説明の生産者としては認められない。工学は，我々が想定するように，新しい実践的な知識を生産するものとして認められるであろう。

組織と個々の研究者の知の典拠性とその量

知識産業のある部門が知識を生産しているとの承認は，次のことを意味する。す

なわち，その部門の研究者たちは専門家集団として，その部門の領域内の問いに決着がつけられるということ，その専門家集団全体の能力が認められたということ，を意味する。その承認は，正確にどのような問いに決着がつけられたのかを含意するものでなく，その答えが特定の見解を含意するものでもない。しかも，その承認は，いずれの研究者も有するかもしれない知の典拠性の量[訳注3]については，何も述べてはいない。集団全体に対する社会における知的地位に関する承認であって，その集団の個々のメンバーの知的地位に関するものではない。

　次のことは容易に起こりえることである。すなわち，組織としての典拠性を欠いた集団の個々のメンバーが個人としては大いなる典拠性をもつということである。大いなる典拠性を有する個人に出会った人たちは，その個人が属する集団からではなく，その個人から強烈な印象を受けることになる。逆に，個人が所属している集団が多くの知の典拠性を有しているにもかかわらず，その個人が知の典拠性を有するとしても，その個人には多くの知の典拠性を認めないこともあるだろう。

　知識産業のある部門が知識を生産していることを承認するかどうかの結論は，想像上の陪審団の評決に依存するが，いやしくも，そのようなみえ透いた仕掛けがどうして信頼できるのかと疑問に思われるであろう。その仕掛けが導入されたときの状況を思い起こしてみよう。多数の専門家集団が次のような種類の主張をしているとしよう。

　　　我々の言うことを信じなさい。我々は，自分たちが行っていることを知っている。そこで，あなたは，我々が見出したことをあなたに述べるときは，我々を信じることができる。我々はこの分野の専門家です。我々の分野における問いについて他者が示す意見はアマチュアの立場として取り扱うべきです。

　このような主張を注意深く熟考する機会をもった人は少ない。我々は，世論調査から人びとの見方について知ることはほとんどない。世論調査から我々が知りえたことに，注意深い熟考が反映されることはない。大量で集中的なフィールド調査を実施する以外に，我々にできることといえば，組織としての典拠性への主張について，人びとが真剣に取り組み，考えると仮定したうえで，どのような結果となるのかを推測するだけである。想像上の陪審団という仕掛けは，注意深く熟考することを促すような状況に注意を集中するために，そして，我々が良い推論に到達するのに役立つために，導入されたものである。実際の陪審団による熟慮の結果がここで描いた結果と類似しているかどうかは，開かれた問いであり，実証的にその回答が示されるような問いである。たとえ，実際の結果が我々の想定した結果と類似してい

たとしても，他の種類の探究の手続き，すなわち他の問いを立てる手続きによって，異なる回答が出され，矛盾した回答さえ出てくることになろう。世論は不確定であり，順応性のあるものである。特定の探究の文脈とは独立に，「しかじかについて，人々は何を考えるのか？」という問いに対して，確定的な答えなどない。

　流行という概念については，陪審団への想像上の提案というものを利用しなかった。知識産業の部門は流行の作用がもたらす影響が大きいという知見は，知の典拠性への主張を弱めるものである。いずれにせよ，流行によって，その主張を強めることはなさそうに思われる。その知見が知の典拠性への主張を弱めることになるのかどうかは，我々がそれぞれ決めるべきことである。

知識生産の条件と典拠性の有無の決定

　あらゆるものが知識という語の使用に依存している。我々は，知識という語を，非専門的で，よく知られた，日常的な意味で故意に使用してきた。その意味は閉じられた問いと開かれた問いとの大まかな区別を反映している。知識という語の異なる理解にともなって，知識の生産について異なる結論に達することになろう[52]。次のような場合に，知識が生産されたというほうがよいだろう。それは，ある問いについて永久に決着がつけられた場合のみであるか，少なくとも一人の人間によって，問いに決着がつけられたと確信された場合，あるいは，ある有望な集団がその問いについては決着がついたと確信した場合である。また，各自が列挙する，ある一定の専門的な条件が満たされたときにかぎり，知識が生産されたといわれるかもしれない。知識が生産されたといえる可能性は無限にある。しかしながら，その可能性の一つについては，我々は完全に拒絶するつもりである。すなわち，我々に代わって，各専門家集団に，知識を生産しているかどうか，知の典拠性を有するとの承認に値するかどうかを決定させることは，完全に拒絶するつもりである[53]。

1　このことに関するフリッツ・マッハルプ（Fritz Machlup）の議論は次の文献を見よ。
　　Knowledge and Knowledge Production. Princeton University Press, 1980, Ch.3.

2　"Poll Says Scientists are Trusted Most," *San Francisco Chronicle*, 18 November 1981, p.4（A report on a poll by the Field Institute）.
　　次の文献をも見よ。Amitai Etzioni and Clyde Nunn. "The Public Appreciation of Science in Contemporary America," *Daedalus*（Summer 1974）, p.191-205.
　　"Public Attitudes toward Science and Technology," *Science Indicators 1976: Report of the National Science Board*, 1977. National Science Foundation, 1977, p.168-82.
　　Dorothy Nelkin. *Science Textbook Controversies and the Politics of Equal Time*. MIT

Press, 1977, appendix2, p.164-66.

3　James B. Conant. *Science and Common Sense*. Yale University Press 1951, C.3.

4　ジョン・ザイマン（John Ziman）は，科学者と科学者でない人を区別するものは，科学者は合意を目指しているということ，と考えているようである。この指摘は完全に誤りであるように思われる。科学者をそうでない人と区別するものは，科学者は他者が目指すものをしばしば達成するが，達成ができないこともある，ということである。
　　次の文献を見よ。Ziman. *Public Knowledge: The Social Dimension of Science*. Cambridge University Press, 1968.

5　我々の主な拠り所は，正真正銘の研究者が実質的に合意しているという事実の中に，確かに見出されなければならない。もし，彼らの結論が一致しているならば，我々は，彼らが，少なくとも，真の基礎に到達したことを疑うことはない。もし，彼らが今なお論争しているのであれば，我々は彼らのうちの誰からの同意も完全に保留する。（出典：John Venn. *On Some of the Characteristics of Belief, Scientific and Religious, Being the Hulsean Lecture for 1869*. Macmillan, 1870, p.4）

6　専門家でない人は科学と工学を区別しておらず，あるいは，区別できないと，科学者はしばしば不満を言う。その不満はあまり真剣に考えるに値しない。その違いは，科学共同体の中においてさえ，特に純粋科学，応用科学，工学の間に線を引こうとするかたちで，大いに論じられるものである。より重要なことは，外部の者にとって，工学は，科学という組織がもつ能力を最も明確に示したものである，という事実である。
　　専門家でない人が遭遇しそうな，科学の典拠性を支持する唯一の業績は，工学上の業績である。我々は，新しい技術を科学の力を示したものとして受け取るのであり，科学に継続的に付与される典拠性は，科学の力を技術が継続して示すことに一部，依拠しているのである。この捉え方は誤りかもしれず，技術が科学に依拠していない数世紀前にはもちろん，その捉え方は誤りであったであろう。もしそうであるならば，典拠に関して誤解に基づいた説明に至ってしまうことになる。

7　次の指摘と比較せよ。
　　科学者は，科学者でない人からなる社会と協力して次のことを決定しなければならない。すなわち，科学的分野とは何か，擬似科学の分野とは何か，何が適切な科学的議論であり，何がそうでないのか，科学は何を宣告することができて，何を宣告することができないのか。科学者は，これらのことを決定しなければならない。しかも，そうした決定は，次のような問いについて，きわめて重要な問題と関係している。その問題とは，どの専門家を信じるべきか，どの機関に信頼性を与えられるのか，知の典拠性はどこにあるべきか，究極的には，いかなる種類の社会で，我々は生存すべきなのかか，という問題である。（出典：Barry Barnes. *T. S. Kuhn and Social Science*. Columbia University Press, 1982, p.90）

8　次の文献を見よ。
　　"Specialties List for Use with 1970 National Register of Scientific and Technical Personnel," *American Science Manpower 1970, A Report of the National Register of Scientific and Technical Personnel*. National Science Foundation, 1971, p.252-58.
　　次の文献をも見よ。*Science Indicators 1976*.

9　Christopher Jenks. "Destiny's Tots," *New York Review of Books*, 8 October 1981, p.32.

Irving Kristol が次の文献の中で引用されている。T.W. Hutchinson. *Knowledge and Ignorance in Economics*. University of Chicago Press, 1977, p.36.

10 Paul Lazarsfeld. "Sociology," in *Main Trends of Research in the Social and Human Science, Part I: Social Science*. Mouton, 1970, p.90.
次の文献をも見よ。
   Richard J. Bernstein. *The Restructuring of Social and Political Theory*. Harcourt Brace Jovanovich, 1976.
   Stanislav Andreski. *Social Science as Sorcery*. St. Martin's Press, 1976. A.R. Louch. *Explanation and Human Action*. Blackwell, 1966.
   Ernest Nagel. *The Structure of Science*. Harcourt, Brace, 1961［『科学の構造』松野安男訳, 明治図書出版, 1968-69］

11 Quentin Gibson. *The Logic of Social Enquiry*. Routledge & Kegan Paul, 1960.
George C. Homans. The Nature of Social Science. Harcourt, Brace, 1967.

12 Oskar Morgenstern. "Thirteen Critical Points in Contemporary Economic Theory: An Interpretation," *Journal of Economic Literature* 10, 1972, p.1163-89.
次の文献をも見よ。
   Wassily Leontief. "Theoretical Assumptions and Nonobserved Facts," *American Economic Review* 61, 1971, p.1-7.
   Hutchinson. *Knowledge and Ignorance in Economics*.
   Thurow. "Economics 1977," *Daedalus*, Fall 1977, p.79-94.
   これらのリストはいくらでも拡張可能である。

13 Jerome R. Ravetz. *Scientific Knowledge and Its Social Problems*. Clarendon Press, 1971, p.367-68［『批判的科学：産業化科学の批判のために』中山茂［ほか］訳, 秀潤社, 1977］ラヴェッツの"成熟していない非効率な探究の分野"に関する章（p.364-402）は社会学者にとって入念に読む価値がある。

14 Bernard Berelson and Gary A. Steiner. Human *Behavior: An Inventory of Scientific Findings*. Harcoiurt, Brace & World, 1964［『行動科学』犬田充訳, 誠信書房, 1968］

15 同書, p.417.

16 Homans. *Nature of Social Science*, p.4.

17 George Cornewall Lewis. *An Essay on the Influence of Authority in Matters of Opinion*. 2nd. Longmans, Green, 1875, p.31.

18 Seymour Martin Lipset. "Predicting the Future of Post-Industrial Society: Can We Do It?" in S.M. Lipset ed. *The Third Century: American as a Post-Industrial Society*. Hoover Institution Press, 1979, p.2-35.
   Marc J. Rpberts. "On the Nature and Condtion of Social Science," *Daedalus*, Summer 1974, p.47-64.
   F.A. Hayek. "The Theory of Complex Phenomena." in Mario Bunge ed. *The Critical Approach to Science and Philosophy*. Free Press, 1964, p.332-59.

19 これは, 多くの社会科学者から強く否定されるであろう。たとえば, 社会科学研究会議の会長であるケネス・プルウイット（Kenneth Prewitt）は, "Usefulness of the Social Sciences," *Science* 211（1981）の論文の中で次のように主張さえしている。その主

張は「科学が最大の可能性を実現するのは，理論と知的構成物を通してである」というものである。社会科学の理論的業績の例として，彼は，とりわけ，国民総生産，自己認識の危機，管理限界と文化変容をあげている。しかし，概念は理論ではない。プルウィットが社会科学の理論的業績としてどのような理論に言及しているかを知ることは興味深い。いまでは，社会科学の成果の活用に関して，多くのことが執筆されている。たとえば次の文献を見よ。

Carol H. Weiss ed. *Using Social Research in Public Policy Making*. Lexington Books, D.C. Heath, 1977. および *Knowledge: Creation, Diffusion, Utilization* という雑誌がある。

20 関連文献は多い。初めに手に取るべきものとしては，次の文献を参照せよ。

F. Fuller Torrey. *The Mind Game: Witchdoctors and Psychiatrists*. Emerson Hall, 1972.

21 Fritz Heider. *The Psychology of Interpersonal Relations*. Wiley, 1958.

22 Lee J. Cronbach. "Beyond the Two Disciplines of Scientific Psychology," *American Psychologist* 30, 1975, p.727.
次の文献と比較せよ。

Sigmund Koch. "Reflections on the State pf Psychology," *Social Research* 38, 1971, p.669-709.

23 Horace Freeland Judson. *The Search of Solutions*. Holt, Rinehart & Winston, 1980, p.142-43.

Ravetz. *Scientific Knowledge and Its Social Problems*, p.364-402.
次の文献と比較せよ。

Spencer Klaw. *The New Brahmins: Scientific Life in America*. Morrow, 1969, p.273-77.

24 我々はある程度知っており，ある程度推測し，ある程度誤り，そして，大部分は単に無視している。ある心的状態にいるということが，その状態に気付いていることを何ら含意しない。(出典：D.M. Armstrong. *A Materialist Theory of the Mind*. Routledge & Kegan Paul, 1968, p.115.)
次の文献と比較せよ。

Richard E. Nisbett and Timothy De Camp Wilson. "Telling More Than We Can Know: Verbal Reports on Mental Processes," *Psychological Review* 84, 1977, p.231-59.

25 多くの歴史学者は，書誌学者が歴史学者であることを否定するであろう。歴史者学者は狭い意味での歴史を好むが，私は広い意味での歴史を好む。

26 Carl Becker. *Everyman His Own Historian: Essay on History and Politics*: Crofts, 1935.

27 Maurice Mandelbaum. *The Anatomy of Historical Knowledge*. John Hopkins University Press, 1977, p.18-19.

28 Jacob Burckhardt. *The Civilization of the Renaissance in Italy*. Harper, Harper Torchbooks, 1958, 1: p.21.
次の文献と比較せよ。

Emmanuel B. LeRoy Ladurie. "Recent Historical 'Discoveries'," *Daedalus*, (Fall 1977, p.155 で次のように述べている。

"すべては創作者次第である。すなわち，創作者は自分の後に文化的記念碑を残し

ており，それは大がかりで貴重な調和から精巧に作り上げられたものである"。

ブルクハルト（Burckhardt）は次のように述べている。

"歴史学とは最も非特定的な分野ではあるが，それでも，知るに値する多くのものを含んでいる"。

この指摘は次の文献の中で引用されている。Hans Meyerhoff. *The Philosophy of History in our Time*. Doubleday, Anchor Books, 1959, p.14. マイヤーホフは，同書（p.25）において，"どのような意味で，歴史学は正当な知的分野であるのか，という未決着な問い"で序文を締め括っている。

29 Jacques Barzun. *Clio and the Doctors: Psycho-History, Quanto-History, and History*. University of Chicago Press, 1974, p.101.

30 たとえば，次の文献を見よ。

Allen Johnson. *The Historian and Historical Evidence*. Scribner's, 1934.

31 Barzun. *Clio and the Doctors*. p.89-90.

32 Michael Scriven. "Truism as the Grounds for Historical Explanations," in Patrick Gardner ed. *Theory of History* (Glencoe: Free Press, 1959, p.443-75).

次の文献と比較せよ。

Gordon Leff. *History and Social Theory*. University of Alabama Press, 1969.

Geoffrey Barraclough. "History," in *Main Trends of Research in the Social and Human Sciences*, pt.2, vol.1: *Anthropological and Historical Sciences, Aesthetics and the Science of Art*. Mouton, 1978, p.277-487.

33 批判的説明のための文献として次の文献がある。

David E. Stannard. *Shrinking History: On Freud and the Failure of Psychohistory*. Oxford University Press, 1980.

34 H. Stuart Hughes. *History as Art and as Science: Twin Vistas on the Past, World Perspectives*, vol.32. Harper & Row, 1964, p.24.

次の文献と比較せよ。

Barraclough. "History". In David S. Landes and Charles Tilly ed. *History as Social Science*. Prentice-Hall, 1971.

Lawrence Stone. "History and the Social Sciences in the Twentieth Century," in Charles F. Delzell ed. *The Future of History: Essays in the Vanderbilt University Centennial Symposium*. Vanderbilt University Press, 1977, p.3-41.

35 次の文献を見よ。

Cronbach. "Beyond the Two Disciplines of Scientific Psychology"; Gabriel A, Almond and Stephen J. Genco. "Clouds, Clocks, and the Study of Politics," *World Politics* 29, 1967-77, p.489-522.

36 Clifford Geertz. "Blurred Genres: The Refiguration of Social Thought," *American Scholar*, Spring 1980, p.165.

次の文献を見よ。

Paul Rabinow and William M. Sullivan ed. *Interpretive Social Science: A Reader*. University of California Press, 1979.

Robert Nisbet. *Sociology as an Art Form*. Oxford University Press, 1976 [『想像力の復

権』青木康容訳，ミネルヴァ書房，1980］

37 Charles E. Lindbolm and David K. Cohen. *Usable Knowledge: Social Science and Social Problem Solving*. Yale University Press, 1979, Ch. 4.

38 同書，p.12-17.

39 次の文献をも見よ。

Michael Scriven. "A Possible Distinction between Traditional Scientific Discipline and the Study of Hyman Behavior," in Herbert Feigl and Michael Scriven ed. *The Foundations of Science and the Concepts of Psychology and Psychoanalysis*, Minnesota Studies in the Philosophy of Science, vol.1. University of Minnesota Press, 1956, p.330-39, 特に p.338.

40 論争への優れた紹介は次の文献に見られる。

George Henrik von Wright. *Explanation and Understanding*, International Library of Philosophy and Scientific Method. Routledge & Kegan Paul, 1971 ［『説明と理解』丸山高司，木岡伸夫訳，産業図書，1984］。

「精神科学（Geisteswissenchaften）」という用語は，ジョン・シチュアート・ミル（John Stuart Mill）が道徳科学と呼んだものに相当し，ドイツ語として，1863年に造られたものである。ディルタイ（Dilthey）がその用語を流通させた。同書のp.173を見よ。

ディルタイへの入門については，次の文献を見よ。

W. Dilthey, Selected Writings, ed., trans., and introduced by H.P. Rickman. Cambridge University Press, 1976.

リックマン（Rickman）は同書（p.12）の中で，ディルタイはその用語を，特に精神の研究と人間一般の研究の両方を指示するものとして使用していると述べている。この指摘は，その用語を "human studies" という英語に訳す十分な理由となる。

41 Jean Piaget. "The Place of the Sciences of Man in the System of Sciences," *Main Trends of Research in the Social and Human Sciences*, Pt.1: Social Science. Mouton, 1970.

上記の文献には次の記述がある。"人間の科学にともなう主な難しさは・・・測定の単位がないことにある"（p.27）。

Jacques Barzun and Henry F. Graff. *The Modern Researcher*, rev. ed. Harcourt, Brace & World, 1970 には次の記述がある。

"社会科学的言語の主な不備は，科学という主題において真の単位がないことに起因している"（p.246）。

Andreski, *Social Science as Sorcery*, では，人間関係のネットワークに関する「偏在する流動性」を強調している（p.20）。

42 次の文献を見よ。

John C. McKinney. *Constructive Typology and Social Theory*. Appleton-Century-Crofts, 1966.

Howard Becker. "Constructive Typology," in Howard Becker, *Through Values to Social Interpretation*. Greenwood Press, 1968.

Edward A. Tiryakian. *International Encyclopedia of the Social Sciences*, の "Typologies" という見出しのもとの記述。

4章　知識産業：組織のもつ典拠性　　125

理念型の記述に対する古典の名句は，マックス・ウェーバー（Max Weber）の著作 *The Methodology of the Social Sciences*, trans. and ed. Edward A. Shills and Henry A. Finch. Free Press, 1949），p.90-93 の "社会科学と社会政策における "Objectivity" の中にある"。

素晴らしい古代の例については，次の文献を見よ。

The Characters of Theophrastus. English trans. by R.C. Jebb, new ed. By J.E. Sandys. Macmillan, 1909.

私には，哲学，論理学，数学，計算機科学などにおける膨大な文献に読者を案内する試みはない。それらの分野はソフトな現象を扱う形式的な試みに関連している。L.A. ザデー（L.A. Zadeh）に始まるファジー集合論は明確な一つの例である。

43 Caroline A. Foley, "Fashion," *Economic Journal* 3, 1893 には，次のように記述されている。

"英語では，流行（fashion）が現在使用されている。フランス語では，その利用は長期の様式でしかない。様式とは変動する好みであり，一時的な使用である"。

44 John von Neumann. "The Mathematician," in Robert B. Heywood ed. *The Works of the Mind*. University of Chicago Press, 1947, p.194.

45 Patrick Wilson. "The Need to Justify," *Monist* 50, 1966, p.267-80.

46 次の文献を見よ。

Arnold Bennet. *Literary Taste: How to Form It*. Doran, 出版年は不明。

47 3章の知的好みの議論を見よ。

ランダール・ジャレル（Randall Jarrell）は，詩人であると同時に，賞賛される批評家だが，Randall Jarrell. *Poetry and the Age*. Vintage Books, 1955, p.81 の中で，次のように述べている。

卓越性に関する「原理」や「基準」は特に有害であるか，一般的には役に立たないかのいずれかである。批評家は，人間として，また読者としての自分の経験を除いて行動することは決してない。批評家は経験主義の化身なのである。

48 Herbert Gans は次の著作の中で同様の区別を示している。

Herbert Gans. *Popular Culture and High Culture: An Analysis and Evaluation of Taste*. Basic Books, 1974. ガンズは「創作者志向」と「利用者志向」を区別している。Barzun も次の著作の中で同様の区別を示している。

Jacque Barzun. Science, *The Glorious Entertainment*. Harper & Row, 1964, p.26-27.

49 Barzun, *Science*, p.26-27.

50 同書，p.25-27.

51 Karl Mannheim. "Competition as a Cultural Phenomenon," in Karl Manheim. *From Karl Mannheim*, ed. Kurt H. Wolff. Oxford University Press, 1971, p.259-60 で，次のように述べている。

認識論は批判的科学と考えられたいのであるが，実際には，認識論は知識の土台を表現しており，正当化すべき種類の知識を表現している。・・・認識論は，絶対的な基準として，また法廷において，批評として認識されることを求めている。しかるに，実際，認識論は付随的な構造であり，すでに存在している思考様

式の単なる正当化のシステムである。

Richard Rorty. *Philosophy and the Mirror of Nature*. Princeton University Press, 1979
[『哲学と自然の鏡』野家啓一監訳；伊藤春樹［ほか］訳，産業図書，1993]，p.392 に
おいて，他の哲学者に次のことを納得させる哲学者の試みについて，次のように述べ
ている。

　　哲学者とは，「他の誰もあまりよく知らないことについて何らかのことを知っ
　ている者とする考え方を取り下げるように」，また，「哲学者の声はつねに会話へ
　の他の参加者の注意に関して最優先の主張となるという考え方を取り下げるよう
　に」他の哲学者を説得することが哲学者の営みである。

52　次の文献と比較せよ。

Patrick Wilson. *Public Knowledge, Private Ignorance: Toward a Library and Information
Policy*. Greenwood Press, 1978, p.5.

この文献では，公的知識を次のように定義している。

　　ある特定の時点において，我々が構築できる最も良い世界の見方として定義さ
　れている。最も良いものは，公刊された記録を批判し，評価する手続きの中で，
　我々自身がもっている最良の手続きによって判断されたものである。

　　科学的な集団自体が，何が最良の見方かについて合意していないのであれば，
　問題があることは明らかである。そのような場合には，公的知識は不確定なもの
　となろう。歴史学と社会科学に関する熟考により，我々は，その問題がいかに重
　要なものであるかがわかる。最良の見方が何かについて専門家の間で合意がない
　のであれば，公的知識はないことになる。その意味では，形式科学と自然科学以
　外に，公的知識はないかのようにみえる。

53　ロビン・コリングウッド（Robin Collingwood）は，まさにそうした可能性を明らかに
　受け入れる用意があった。彼は心理学を批判することを提案しているが，まず，次の
　ように自問している。

　　しかし，あなたは，心理学の信用証明をどのように審査するつもりなのか？
　もし，ある科学の専門家が，科学はその科学の主題について真正な知識を提供し
　ていると主張するならば，いったい誰が，その専門家たちに，あなた方は誤って
　いると語るべきであろうか？　彼らは，その主題について科学的に研究する人た
　ちであり，その主題の科学的研究に対していかなるものが認められるのかを批評
　する資格が与えられた唯一の人たちである。・・・もし，非科学的思考が科学的
　思考に関して判断を下すことが認められるのであれば，科学の進歩は終わってし
　まう。

コリングウッドは次のように回答する。

　　私は，ここで訴えられた原則を受け入れる。しかし，私は，その原則を公然と
　応用することについては受け入れない。

　　結局は，論理学者と形而上学者もまた思考について研究してきたからである。以上

は，R.G. Collingwood. *An Essay on Metaphysics*（Oxford: Clarendon Press, 1940），p.140 で述べられている。

　コリングウウッドは，"我々に，いかに考えるかを語る科学"としての心理学は擬似科学であると結論付けている（p.119）。こうした議論の流れから，あたかも，他でもなく，心理学者こそが，形而上学者と論理学者を批判できるかのように見える。ある主題を科学的に研究することを主張する人たちは，同様の主張を行う他者を批判できるであろうが，心理学者を除いて，他の誰も他者を批判することはできない。これは無意味である。

訳注 1　この章では，「社会科学に対する組織としての知の典拠性を有するかどうか」という問いを，陪審団による法廷での審理という状況を想定して説明されていることに注意。それゆえ「証言」「審理」という用語が使用されている。

訳注 2　典拠性について，学派主義と社会科学の学問分野（経済学，心理学等）という組織との関係が取り上げられている。その関係性は図 4.1 のように示すことができる。

図 4.1　学問分野と学派の典拠性

　すなわち，社会科学におけるある学問分野 X という組織には典拠性は認められないが，学問分野 X に属する学派 A, B, C という学派単位には典拠性が認められる，ということである。その理由は，各学派においては，その学派に所属する研究者全員が合意する結論が存在するからである。

訳注 3　「知の典拠性の量（amount）」とは，ある特定の研究者が他者に対して発揮することになる典拠性の量であり，他者が特定の研究者の示す知識が正しく信頼できると考える程度のことをいう。

5章　日常生活における知の典拠
Cognitive Authority in Everyday Life

　ジョン，私にとって，この税の問題ほど忌々しいことはない。一方の側に耳を傾けるとき，その言い分が正しいように思われる，さあ困った。もう一方の側に語りかけ，そちらの言い分も同様に正しいように思われる。その段階ではじめて，私は出発地点にいることになるのだ。私に真実を与えてくれる本があることを，私はどこかで知っているのだが，とんでもない。私はその本を読むことができないのだ。真実を知っている経済学者がいることを，私はどこかで知っている。しかし，私は，その経済学者をどこで探せばよいのかわからないのだ。その人物をまさに探しあてたとき，その人物であることを知るだけの分別も，その人物であると確信するだけの分別も，私はもち合わせていないのだ。さあ，困った。何たることか[1]。

ウォーレン・ハーディング（Warren Harding）[訳注1]

▍5.1　対立と対立の回避

　小さく同質な社会とは，知の典拠の問題に関していえば，全員一致となる社会であろう。全員一致の社会では，指導者は誰なのか，僧侶や呪術者が誰なのか，教師は誰であるのかを，誰もが知っているであろう。知ることが期待できるものについては，誰もがほぼ同じ考えをもっているであろう。エスキモーは酋長が誰であり，呪術師が誰であるかを知っている（あるいは，かつて知っていた）。酋長は「あらゆることについて最もよく知っている人」を意味する pimain であり，「考える人」を意味する ihumitak であり，「すべての人が耳を傾ける人」を意味する aniyuhok である。ショショーニ族[訳注2]の中で，酋長は「人びとに良い話をさりげなく語る」ことを意味する tekniwup と呼ばれる（呼ばれた）[2]。知の典拠について，そのような全員一致は，大きく，複雑で，異質な社会においても不可能ではない。しかし，そうした社会での全員一致は，意見の形成や表明に強力で慎重な制御なしに，ありえそうにない。

知の典拠の選択肢で満ち溢れている世界

　次のような三つの条件のもとでは，知の典拠の問題は決着がつけられていないも

のとして扱うことが認められていない，という意味で少なくとも閉じられている。その三つの条件とは以下のとおりである。国家によって指名され承認された集団が探究のさまざまな分野を正式に占有しているということ。各分野において意見を独占している人たちが，その分野以外の社会に対して代表者となっているということ。また，その分野以外の人たちには，公式な見解に不同意を表明できないように強制しているということ。しかし，社会のすべてのメンバーがさまざまな独占権をもつ集団の能力について合意し，また，独占権をもつ集団の言葉が影響を及ぼす分野で生じる問いには決着がつけられているとの受けとめ方が適切であると，社会のすべてのメンバーで合意されているのであれば，知の典拠の問題は本当に決着がつけられていることになろう。そのような場合には，知の典拠は，力によって支えられているのではあるが，力にのみ依存する必要はない。我々の時代においては，そのような知の独占は力に依存していることになる傾向がある。比較的容易にコミュニケーションが行われれば，世界は知の典拠を主張して競争する人たちで満ち溢れているという事実を覆い隠すことは難しい。世界に満ち溢れた知の典拠の選択肢を知ることが，知の独占権の保持を弱めることに向けた第一歩である。

知識資源としての社会

　探究と意見の表明が一般に抑制されていない社会や過去と現在の探究の結果が自由に利用できる社会では，人はみな，知の典拠という終わりなき問題に潜在的に直面している。我々は，自分たちに教えてくれる人たちを探す必要はない。教えてくれる人は，新聞や雑誌，テレビ番組をとおして，我々のところにやって来て，我々の注意を引き，我々に受け入れられることを求めて競うのである。もし，我々に教えてくれる人たちを探したいのであれば，社会全体（図書館，書店，学校，議会の会場）が知識資源として我々に受容されることを求めている。社会は知識資源としての受容を求めるもので満ち溢れているのである。そうした競争が最も激しくなる分野が，我々の多くにとって最も関心のある分野である。その分野とは，個人として，また，社会として，いかに生きるべきか，いかに行うべきか，という問題領域である。

　知識資源としての利用が可能な選択肢としては，現在利用可能なものだけでなく，過去において利用可能であったもの，また，書かれた記録から今なお発見できる選択肢をも考えることができる。そうだとすれば，人間にとって重要となる，ほとんどいなかる問いに関しても，選択肢となりえる見方は膨大である。どの見方を重視すべきかという疑問は，当惑や混乱，極度の疲労をもたらすことになりそうである。しかし，こうした不確定性や当惑をもたらしそうな状況は，頻繁に生じるわ

けではない。我々は，何について誰を信じるかを決める不愉快な問題を避ける方法をもっている。我々は，注意と受容を求めて競い合う主張者の世界全体に直面することはなく，その世界のごく一部に直面するだけである。我々は，準備することなく世界のごく一部に直面することはない。誰と何が信じられるのかについての信念によって既に十分に武装した精神と，競合する選択肢から選択する問題を制御可能なレベルの不快の範囲におさめる戦略を使って，我々は，競い合う知の典拠の主張者からなる世界に臨むことになる。

5.2 最初のストック

　特定の個人が知の典拠を認識する傾向について理解するには，人生のはじめから開始する必要がある。ある人間がいつ，世界のどこでスタートを切ったのかは，その人間の精神生活に関する最も重要なことである。人はそれぞれ，自分の場所と時代に関する考えをもっており，もし，その考えを放棄したならば，場所と時代を特徴付ける別の考え方をただ採用するだけである。我々は，どんなに悪戦苦闘して考えたとしても，苦労してつくり上げるものは，我々の環境ですでに利用できる考えをわずかに変えたものである。このことは，他者がもっている知識についての信念にも，その他のいかなる種類の信念にもあてはまる。

　最初の要点は最終的な到達の最適な指標である。人は，世界について最初のストックになる考えを開発する。そして，他者のストックに依存することにより，自らの最初のストックを拡大する方法に関する考えをも開発する。人は，誰が何について知っているかをきわめて早い時期から学習し，典拠に関する信念のストックを開発するのである[3]。

知の典拠に関する信念のストック

　典拠に関して人が有する信念のストックの中心的な部分は，労働に関する社会的分業と職業の構造についての知識である。なぜなら，その知識は専門的な知識の分散に関する知識となるからである[4]。当初は，そのような知識はきわめて大雑把で漠然としたものであるが，人は，どんな種類の人間にいかなる種類の問いが提示されるのかについて，何らかの考えを早い時期からもつことになる。そこでいう種類とは職業上の範疇である。典拠に関する信念のストックに関して，もう一つ重要で中心的なことは，おそらく党派に関する知識と呼ばれるものである。我々は，競合する宗教がいくつかある中で，一つだけが真実を備えており，他の宗教はわずかに誤りがあるか，重大な誤りがある，ということを学習する。我々は，競合する政党

があることを学習し，そのうちの一つの政党は信頼できるが，その他は信頼できないことを学習するのである。我々は，この国にとって最良のことを知っている実業家集団に階級があることを学習し，そうした実業家は資本家として労働者階級の敵であることを学習する。誰が我々を抑圧し，誰が我々に危害を加え，誰が我々の敵であるかを学習する。これらの学習を通じて，我々は，誰が信じられ，誰が信じられないかを知るのである。なぜなら，敵は信頼できないという公理があるからである。

　我々は，典拠の対立，すなわち同じ主題に関する意見の発信源の競合というものを多かれ少なかれ，体系的に取り入れている。典拠の対立の導入という問題は，真なる典拠と偽りの典拠を識別することにより，典拠の対立という問題が提示されるが，すぐさま，その問題には決着がつけられる。偽りの典拠とは典拠に反対する者のことであり，確実に誤っていると見なされるような人たちである[5]。我々は，生涯にわたって，こうした対立を導入し続ける。すなわち，一つの宗教，一つの政党，一つの社会階級に忠誠を誓い，永久にその忠誠を保つのである[6]。我々が典拠性を有するとみなす組織は，早い段階で確立され，疑問に付されることもないであろう。

知の典拠としての親と仲間

　こうした個人以外の典拠に関する信念に加えて，我々は，個人に関する典拠の集合を累積している。その個人に関する典拠は親から始まる。当初，親は，本書で扱っているような知の典拠ではない。親は子どもの思考に深い影響を及ぼすことは確かである。しかし，知の典拠とは，適切なものとして意識的に認識される影響を意味している。こうした意識的な認識は，適切かどうかを判断できる能力を身に付けるまで，生じることはない。当初，子どもはこの能力を欠いている。子どもが，疑いの可能性があることについて，親の言葉を受け入れること以外の選択肢をもつ段階に到達するには，しばらく時間がかかる。その段階に到達した子どもは，親を知の典拠性を有しているとは認めないかもしれない。少なくも，自分にとって，親が絶対的あるいは普遍的典拠性を有しているとは認めないであろう。成長とは，新たに，親以外の典拠を獲得することでもある。親のもつ知の典拠性の領域とその程度が次第に縮小することは，成長の一端を示すものである。

　親以外に，早い時期に知に関して最も重要な影響を与えるのは仲間集団のメンバーである。今では青少年（以前は青年期）と呼ばれる人生の入り口の期間は，実際に「独立した国」に入る期間であり，"その独立した国おいて，若い人たちは市民権を取得する"[7]のである。親はわが子に対して相当程度，知的影響力をもち続

けるであろう。教師も同様の知的影響をもつであろうが、"大抵は、成人はもはや子どもにそれほど重要な影響力をもつことはない"[8]。若者は他の若者から、その時点において知ることが重要と思われることを学ぶ。これには、（たとえば、性や麻薬についての）禁じられた知識や危険な知識、および、どのような服装にすればよいのか、仲間に対してはどのように振る舞えばよいのか、聡明な大人と信用できない大人は誰か、という種類の事柄が含まれる。偶然にも仲間となる人や、その仲間が知るに値すると考えていることは、個人にとって、親が誰となるのか同様、所与のものである。仲間の影響は、子ども時代の親の影響と同様、青年期においては抗しがたいものなのである。

　学校を除いて、親と仲間が、典拠に関する信念と世界についての信念に関する最初の主要なストック源である。我々の目的にとって、最初のストックについて最も重要なことは次の点にある。すなわち、世界についての新たな主張が本質的に妥当であるかどうかは、最初のストックから導かれる信念に照らして判断され、それゆえ、最初のストックは未来を抑制する、という点である。人のもつ常識は、青年期を終えて成人となる準備ができる時期までに十分に開発される。すなわち、青年期を終えるまでに、世界の在り様や、期待できることと期待できないことについて、その人の中に一般的なイメージが定着するのである。

典拠のストックとその変化

　信念のすべては変化しうるが、変化の過程は出発点を反映することになる。カトリックの教義の良いところを、プロテスタントの教義に反するものとして冷静に比較することから人生を始める人は誰もいない。あるいは、アメリカ人であることの利点をドイツ人やペルーのインド人と対比させることや、資本主義を信じることの利点を社会主義と対比させることから人生を始めるような人はいない。選択肢についていかに冷静な検討が後に行われようとも、その検討は、出発点に拘束される。時の経過にともない、世界についての人の見方は、その人が経験を積み重ね、その人が典拠としている人から学ぶことで変化するであろう。典拠に関するストックも、これまでの典拠が消失するか、その典拠性を失い、新たな典拠の候補が登場することで、また変化するであろう。そうした変化については、ほとんどすべてでなくでも、その多くは、すでに詳細に考察された典拠の基礎を参照することで、説明することができる。典拠の基礎を参照しても説明できないものは何か？　この問いは、いかにして信念に関する最初のストックをもつようになったのか、という重要な問いとなる。信念の最初のストックが典拠に関するこれからの認知に制限を設けることになる。そのことを説明できるのは、誕生という偶然の出来事だけである。

5章　日常生活における知の典拠　133

5.3 参入の要件

　成長し，世界の中で自分にふさわしい場所を見つけようとする過程で，人は次々と希望する社会的場所に参入する要件や，社会的地位につくための資格要件に直面することになる。その場所や地位の中には，知にかかわるものもあれば，金融，身体，社会にかかわるものもある。学校教育は，完全に独立した成人期に参入するために成人が設けた要件である。その要件から忌避する場合，あるいはその要件を満たせない場合には，人はより低い地位につかなければならない。教師は，さまざまな知の課題を設定する。すなわち，人は一定の方法で実行することを学習することになる。たとえば，読むこと，書くこと，足し算と引き算の計算をすること，教師に認められる様式で記号を操作することを学習する。人が学習課題に興味があるかどうかは関係ない。学習課題の信頼性も関係なく，信頼性の問題が生じることはありえない。必修の課題を容易なものとして，また，わくわくさせ興味を喚起するものとして捉え，さらには，非常に価値のある認知スキルを開発する機会を楽しみにしている若者は少数である。多くの若者たちにとって，そうした課題の達成は，単に成人期に参入する条件を満たすために必要であり，次の段階の参入要件を満たす準備のために必要なものである[9]。

　大学入学を目指すならば，大学入学に必須の科目を勉強しなければならない。その後，専門職への参入を目指すのであれば，大学院に進学するために必須の科目を勉強しなければならない。手工業のためには必須の徒弟制度があり，公務員の職に就くには試験があり，法曹界に入るためには試験がある。こうしたケースではいずれも，課題は他者によって設定されたものである。課題を設定した他者は次のように言うのである。

　　　これらが，あなたが実行しなければならないことです。これらが，あなたが覚え，必要に応じて繰り返し，我々が満足するかたちで，説明し，弁護し，操作しなければならなないことです。

参入における知の典拠と管理的権限

　参入のための課題を設定し，その成果を評価する人たちは，参入要件を満たそうとする人たちによって，知の典拠として認識されるのであろうか？　確かに，彼らが言うことは影響を及ぼすが，それはどのような種類の影響であろうか？　知の典拠が有する影響力の場合，一体，誰が世界について人が考えることに影響を及ぼす

のか？　あるいは，管理的権限をもつ影響力の場合，一体，誰が，実行すべきことを人に命じることができるのか？　ある人にとって，影響力とは，前者の知の典拠が及ぼすものに違いない。すなわち，知の典拠としての教師は，世界についてより優れた知識をもっている者として認識される。しかし，別の人にとって，教師は単に望んでいるところに入学することを許可するための入学要件を管理している人にすぎない。その場合，その人は単に教師の権力に従うだけであり，その権力とは排除の権力である。次の段階に移りたいと思い，そうするためには，教師の承認が必要となるとき，人は，教師が期待することを述べることができるように学習し，教師が承認するやり方で述べるようとする。その人が，教師が言うことを信じるかどうかは関係のないことであり，ゆえに，知の典拠に関する表立った問題は避けることができる。多くの学生は受講する課程の内容には基本的に無関心である。学生は，学位を取得するために，また望ましい地位に向けてさらに進んだ段階に入るためのさまざまな要件を満たすために，課程を受講するだけである。課程の履修が修了したならば，その内容のほんの一部が記憶にとどまり，その痕跡が残るかもしれないが，急速に忘れられることになる[10]。

　科学，社会科学，人文学における専門職の教育と高度な研究は，より一層，知の典拠と対応させる必要がある。教師が有する知の典拠性を十分に受け入れるためには，適切な方法で思考し，感じることが一般に期待されている。教師というものは，見せかけの一致と内に秘めた自制の兆候に敏感である[11]。しかし，たとえ知の典拠性が惜しげもなく承認されるとしても，それでもなお，知の典拠性は，ある程度（もちろん個人によって大きく異なるが）社会的権限，排除の力やある状態を特に望ましい状態に推し進める力に基づいている。ここでは，知の典拠と力との関係は微妙でしばしば曖昧であると指摘しておく。

知の典拠と承認欲求

　知が関与する参入要件は学校や職業に限られない。すべての種類の地位と身分を得る資格には，たとえ信じていなくても，適切なことを述べる能力を開発してきたことを表明する必要がある。宗教団体や政治・社会集団に加入し，権力や影響力を発揮する地位を得るためには，すべて，適切な信念や価値，技能の点で，多かれ少なかれ，資格を得るために求められる明確で確定的な知識の要件が用意されている。これらの要件は冷笑的に満たすことが可能である。次のように指摘することができる。「私は，そう考えるように期待されていることを見出すつもりです。そのうえで，私自身，そのように考えるふりをします」。

　しかし，犬儒主義は規則ではない。ある集団のメンバーに受け入れてもらいたい

5章　日常生活における知の典拠　135

人は，たとえそのメンバーではない者にとって信用できないように思われても，そのメンバーが語ることは本質的に信用できると考える傾向にあることを，踏まえておく必要がある。政治的に野心のある人物は，自分を承認してくれる人たちが提案する方針や綱領の合理性について心から納得できる人である。ただし，政治的野心のある人物は，その方針や綱領を，ほかの状況であれば，不可能であり，うまくいきそうにないものとして，あざ笑ったであろう。それゆえ，我々は，支配者階級の考えは社会を支配する考えである，というマルクス主義の主張を理解できる。支配者に組し奉仕したい人たちは，支配者の見方が特に説得力があると思うのである[12]。こうした現象は，一般に好みの不安定性，特に知的好みの不安定性と同様，妥当性という感性の不安定性を説明するものである[13]。受入承認への野心と欲求は，望ましく，興味深く，価値があると考えるものに大きな変化をもたらす方向に，心を開かせるのである。その結果，我々は，それまでの信念と好みを変え，新たな状況と新たな知の典拠となる候補に接近することになる。我々が妥当と考えることは，望んでいる場の影響を受けることになる。我々の考えは，欲すことに依存するのであり，信じたいものではなく，得たいものに依存するのである。

5.4　日常の仕事

　一端，学校を卒業し仕事に就いたならば，人は，知の典拠という問題に直面するが，その問題は人が取り組む仕事の種類により異なる。簡単のために，我々は，次の三つの種類の仕事だけを考える。日常の仕事，職業にかかわる仕事，管理的な仕事である。人びとが抱える作業の多くは，情報の面で必要なものは完備されている。仕事に就くための要件として，求められる技能と情報を得たならば，仕事については，さらに新たな指導を受けることと，人が行っていることに注意を向けることだけが求められる[14]。何をなすべきかをめぐって生じる問題が，それまでの経験と指導に基づいて答えられないのであれば，同僚や管理上の階層の上位にいる上司に尋ねることになる。管理者は，経験と訓練に基づいた優れた知識，すなわち，その地位にいる者に期待される知識と技能を有していると認められる権利を主張するであろう。しかし，管理的権限をもつ地位にいる管理者は仕事に関して実際に有用な前提として使用されるべきものを管理している。

管理的権限と知の典拠

　管理的権限は知識の問題というよりも，むしろ決定の問題であろう。上司は部下に次のように命じる。「あなたは，・・・という前提のもとに行動すべきである」。

そして，たとえその前提が明らかに偽であり，無益であり，破滅的であっても，部下は，あたかも，その前提が真であり，有効であり，適切であるかのように，振る舞うことが期待される。管理的権限を有する人は，状況に関する公式の定義，すなわち公式の指針を与える権利を有しており，歪められた意味での知の典拠性を有している。管理的権限を有する人は，すべて実際の目的のために問題を解決する，という点で知識源である。管理的権限を有する人を，知の典拠として受け入れることは，明白な命令または暗黙の命令を受け入れることである。もし，あなたがここで成功したいのであれば，あなたは，提示された前提に基づいて物事を実行する方法を学び，行動しなければならない。成功への欲求があるために，権限に対して現実的で見せかけではない受容が生み出されるのである。

　必要な情報が完備している仕事の中で生じる問題については，少なくもと，見かけ上は，ある人を知の典拠として受け入れるべきかどうかを定める方針がある。被雇用者は，実際に公式な径路を迂回し，信頼できないような情報源から情報を探すかもしれないが，管理的権限を有する組織から提供される情報とは異なる情報を得る責任はもっていない。被雇用者には，疑問を呈することなく受け入れることが期待される必要な情報だけが提供される。これが職場というものに固有の状況である。被雇用者は一定期間，再教育を受けるように求められるが，教育指導者を選択し，あるいはどのような種類の教育が必要かを決める権限は被雇用者にはない。職場において，知識に関する責任は問われないのである。すなわち，被雇用者は，誰が何を本当に知っているのかを問う必要はない。知の典拠が職務とともにやってくるのである。

5.5　専門職

　専門職については，いかなる管理的権限からも独立した人間として，また，根気よく獲得した秘儀的知識を理由に，知の典拠性を主張する人間というイメージがいまなお残存している。個人による実務家として一人で業務にあたる医者や法律家は，真の専門職のモデルとしていまなお役立っている。他の職業が専門職の地位を権利として主張するとき，その主張は医者や法律家と比較して，重み付けが行われる。しかし，完全に独立して責任を行使する自由な専門職は理想的な専門職ではあるが，典型的な専門職ではない。典型的な専門職である学校の教師，エンジニア，看護師，ソーシャルワーカー，および図書館職は組織で働いており，多くの科学者，医者，法律家と同様，管理的な指示を受けている。いずれにせよ，管理的権限はともかく，我々は，専門職と一般に呼ばれる業種について，その独立性を強調し

5章　日常生活における知の典拠　　137

たところで，専門職を十分に理解したことにはならず，むしろ，その依存性を強調したほうがよい。

専門職が有する責任の範囲と完備された情報

　専門職になるためには，専門職として回答を控える問いは何かを学ぶ必要があり，回答する問いには制限が伴うことを学習する必要がある。専門職は，敬意について，すなわち他の専門職への敬意について十分に教えられるのである。専門職は，他の専門職が自分に干渉しないのであれば，他の専門職の仕事に干渉しないことを約束する。専門職の仕事もまた，自分が専門職としてもっている理論やツールのストックを使っても，回答できないこと，実行できないこと，完了できないことについては，回答，実行，完了の責任を有しないという意味で，必要な情報が完備されている。専門職の責任が及ぶ範囲は，その専門職としての能力の範囲まで拡張されるだけである[訳注3]。その能力は他の専門職の能力や他の専門職の個々のメンバーの能力の判断にまで拡張されることはない。すなわち，ある問題が医療だけでなく，法律，金融という複数の側面をもっている場合，問題の解決を求めてその問題を医者に提示することはできない。なぜならば，医者はその問題に関する法律や金融の側面の専門知識を否認するからである。医者が，法律や金融の専門家を選び，その専門家の助言の信頼性を判断することはなく，法律や金融の専門職の知識をもたなければ解決できない問題を引き受けることはない。もし医者がこれを引き受けるのであれば，医者は医者として行動していないことになり，それゆえ，医者としてのみ行動する責任を負わないことになる。医者は自分と同僚の医者が，自分たちの範囲外にある特徴をもつ問題に責任を負わない。このことは，次の事実によって覆い隠されることになる。その事実とは，医師やエンジニアのような専門職は，大きな管理上の責任をしばしば引き受け，その責任により，エンジニアや医師としてのみ行動するだけでなく，事態に関する総合的な監督者として振る舞うことを余儀なくされる，という事実である。

専門職と知の典拠

　専門職はある意味で責任を負うことはない。科学的探究の成果や一般に知識産業の成果が日常生活と接点があるのは，専門的な実務においてである。医療の実務においては，生物医学の研究からの知見に基づいて新しい治療方法が組み込まれる。研究開発を行っているエンジニアは物理学からの知見を応用する。専門職は，新しいものを設計し，製作することや，健康を回復させるなど，実務の改善のために理論的な進歩を利用する。そこで，専門職のメンバーは，応用可能な知見を絶えず探

索し，知識産業の成果をチェックする責任を有しているように思われる。結果として，専門職のメンバーは，絶えず知の典拠の問題に直面し，知識産業とその成果をすべて組み合わせながら，誰を信頼し，何を信用するかを決定しなければならないのである。

専門職と情報探索

さらに，日々の研究においては，信頼できるデータについて相当程度の探索の必要がある。専門職のスキルを維持するには，専門職は，自身が有している多くの技術について，新しい情報を獲得し，その進展を把握するために絶えざる努力が必要である。最終的に，専門職の権利については，他の専門職が異議を唱えることがあろう。外部の批判的人間が専門職の能力に疑問を呈するかもしれない。そこで，理屈のうえでは，専門職は次のような膨大で終わりのない課題に直面するように思われる。その課題とは，適合する情報の探索，情報源の信頼性評価，専門職の基盤の検討などである。

しかし，実際には，専門職は，定型の仕事についているすべての人と同様，情報の面では受動的である。事実，専門職の仕事は目的別に定型化されたものである。それは，次のような業務に関して定められたものである。その業務とは，新しいアイデアと新しい実務を発見し評価すること，新しいアイデアや実務を承認し，それらを公表し，新しいアイデアや実務の優位性を確保することである。日常的に実務にあたる専門職にとって，何を信じ，誰を信じるかという問いは，専門職の仕事を通じて決着がつけられている。何を信じ，誰を信じるかは，まさに専門職が考えることである。専門職は，専門職の仕事全体に関する外部の判断には，熟慮のうえ無関心を貫くことができる。専門職の仕事を認定するのは専門職の仕事ではない。専門職は，専門家集団に関する知の典拠を認めており，専門職でない外部の者が専門職の業務を判断する能力はない，という公式の専門家集団の方針を受け入れている。

実務に適合する情報を求めて外部環境を探索する仕事は，専門職向け雑誌の編集者や専門職のリーダーが是認したレファレンス資料の編集者に委任することができる。専門職のスキルは，専門職のメンバー向けに専門職によって刊行されている一つないし二つの雑誌の講読によって，あるいは，専門職が手配または承認した再教育講座によって，維持されている。日々の業務に必要な情報の探索は，慣例的に承認されている情報源やルートに限定することができる。専門職のもつ考えは，専門職集団が定めた領域内で，専門職集団が是認する方法と手段をもった集団の考えである。専門職は，業務がどのように行われるかに関して容認された考えを受け入れるのである。専門職は確かに創造的なメンバーを有しているが，創造性は専門職の

5章　日常生活における知の典拠　　139

地位にとって必須ではない。集団としての専門職の知の典拠性を完全に受け入れることが必須であるように，同調性というものはそれ以上に必須である。

専門職と管理構造

専門職は，ますます複雑な管理構造の中で実務にあたるようになっている。その管理構造では，専門職ではない他者が，専門職の仕事の状況や仕事の当座の引き受けに関する引継ぎに関する公式の定義を掌握する。専門職と技術者との間に実際に有意な違いがあるとするならば，その違いは正式な教育における違いにあるというよりも，業務にあたる際の制約の厳格さにある。技術者は，より明確に，別の人間の指示と監督のもとで業務にあたり，なすべき業務の選択と予定に，ほとんど，あるいはまったく責任をもってはいない。しかし，その違いは程度の違いであり，専門的な技術者について次のように語ることができる。専門的な技術者は，管理上の上司によって配置され，遂行するように命じられた（しばしば高度な技術を要する）仕事を遂行し，他者から与えられた引継ぎに基づいて実務にあたるのである。科学的あるいは技術的な訓練を受けた産業労働者は，しばしば，単に生産にかかわる労働者であり，その仕事はほとんど手順が定められたものである[15]。大きな組織における専門職の活動は，事実上，指示を出す他者が利用する単に賢い道具にすぎないかもしれず，最も単純で予め定められた仕事にあたる者と変わりなく，専門的な仕事にあたる者が知の典拠という実際的な問題を抱えることもない。

5.6 業務の指示

科学者を専門の管理者と比較して，C.P. スノウ（C.P. Snow）は次のように述べている。

科学者は，役に立つためには，少なくとも青年期には一つのことを長期にわたって，深く執拗に考えなければならない。管理者は，短期間に非常に多くの事柄を広く捉え，その相互関係について考えなければならない。知的気質と道徳的気質の間には，著しい違いがある[16]。

気質の違いは責任の範囲の違いと一致する。管理者の仕事は，本来的に終わりがなく，限定されておらず，果てしなく骨の折れるものである。"管理者は組織の成功に責任をもっており，仕事を終えて，'いま，仕事が終わった'と言えるような明確な里程標が本当にない"[17]。管理者は必然的に総合職である。専門家である専

門職は，自身の専門領域外の状況のいかなるものをも無視することができるが，管理者にとって，管理者の領域外には何も存在しないのである[18]。専門家には多くの事柄を知っていることを期待できない。専門家は間接的知識に依存しなければならないのである。しかし，専門家は適合する知識について信頼できる情報源を探す責任と，何が適合するかを理解する責任から逃れることはできない。

管理的な業務と知の典拠

　知の典拠に関する問題は，管理的な業務においては不気味に立ちはだかることになる。人は誰を助言者としてみなすべきなのか？[19]　あれやこれやの専門職集団の主張に対して，どのくらいの重要度を与えるべきなのか？　依拠すべき知識をもっている集団や個人の中で，気付いていないものはないのか？　いかなるものでも，事業の成功に影響を与えるものは，管理者の責任の範囲内にある。その責任を果たすには，少なくとも，原則的に次のようなものが必要である。すなわち，管理者の事業に関係する限りで世界全体に関する重要で正確な描写と，詳細な情報が収集できる知識資源に関する重要で正確な記述が必要である。その描写は単に，さまざまな専門家が提供する詳細な情報の単なる寄せ集めではありえない。個々に独立した専門家の視点や詳細な情報の相互関係について，専門家ではない者や専門家として行動しない者によって整理されなければならない。総合職としての管理者の知的責任は，お決まりの仕事に携わる者や専門職の知的責任とは異なり，管理的権限や集団が有する組織としての権限に従って入れば避けられるようなものではないのである。

　管理業務にあたる人の誰もが，総合職としてトップの管理者の地位にいるわけではない。管理という仕事は，知識産業における専門職や専門家と同様に，担当者の業務が細かく焦点化された専門領域に分割することができる。中間にいる幹部候補は，狭く定義された責任に自分たちの注意を厳密に限定することができる。管理者についてではなく，取締役について語ることにしよう。企業の取締役は運営全体に責任を有する人であり，そのような責任をもつことで，幅広い知の関心が伴ってくる。取締役はそのような状況にいる唯一の人ではない。同じ種類の状況は，企業や政府，政治，あらゆる種類の公的生活における，監督や計画策定，事務全般に関する批判に関与する人なら誰でも直面する状況である。

　企業の重役，労働組合のリーダ，専門職団体の長，立法政府のメンバー，国家の元首，非営利組織の管理者，社会批評家，これらのすべての人たちは，担っている仕事の性質から，終わることのない義務に，明確に定められていない義務に直面している。その義務は，その人たちによる結論や決定に大きな影響を与えることは

何であれ，考慮する義務である。その人たちの個人的経験の範囲外にある幅広い事柄に関してすべて，専門家の助言に依存することになる。前述のすべての人たちは，信頼性が確実でない情報源に，典拠性が疑わしい情報源に依存しなければならず，対立する物語と競合する助言者に直面することになる。また，誰を信じればよいのか，誰を信頼すればよいのかを決めるという問題にも直面することになる。その決定は，他の誰もがもっている知の典拠への認識だけに基づいて行なわれる。その種の問題を解決するような専門家の技術はないのである。

管理職と情報の信頼性の階層

実際には，管理にかかわる状況について知るべき重要なことは無視されるか，軽く扱われるであろう。管理職の人は情報に精通してはおらず，情報に精通することに熱心な人たちを軽蔑すらするであろう。その結果，管理者の仕事は，お決まりの知的業務に変わり，そのお決まりの業務は管理者層の慣習的な知恵によって支配され，その知恵が組織を取り巻く状況に関して小さく狭い見方を黙認させるのである。しかし，管理にかかわる状況は次のような責任をもたらすのだ，という見方を脱することは難しい。その責任とは終わることがない種類のものであり，専門家がかかわらない種類のものであることが知られている。ハワード・ベッカー（Howard Becker）は信頼性の階層に関する次のような一般法則を提案している。

> 順位付けされた集団のいかなるシステムにおいても，参加者は最高位の集団のメンバーが物事の実際の在り様を定義する権利を有することを所与のものと考える。・・・トップにいる人は，他の誰よりも，現在，起こっていることについて，より完全な描写にアクセスできる。より下位の集団のメンバーは，不完全な情報をもち，結果として，現実に関する見方も部分的であり，歪んだものである。それゆえ，十分に社会化されたシステムの参加者の観点からは，トップにいる人たちが語るいかなる話も，本質的に，組織という仕組みの中で入手可能な最も信頼できる説明とみなすに値することになる[20]。

この法則は，一般的に期待できるものを述べており，大いに説得力がある。なぜなら，リーダーとして振る舞う状況について十全な描写を維持しようとすることが，リーダーに対して社会が認めた責任となるからである。また，リーダーはリーダー以外の人たちには利用できない情報か，利用するには困難だけが伴うような情報にアクセスできる。このことは，組織や小さな共同体におけるリーダーとしての在り方にあてはまるだけでなく，ある国家における政治上，行政上のリーダーとし

ての在り方にもあてはまる。もし，リーダーが，その支持者よりも情報に通じておらず，あるいは，誤った情報を得ているならば，そのリーダーは無能であり，その地位に値しない。リーダーは，有能であり，情報に通じているが，不誠実であるかもしれない。その場合，そのリーダーは信頼できる情報源ではない。しかし，リーダーが有能であり，信頼できると考えられるのであれば，信頼性の階層は正常で望ましい状況を記述したものである。

管理者と専門家との対立

　総合職である管理者の知的責任により，管理者はすべての種類の専門家との直接的な対立の中に身を置くことになる。そこでは，管理者は各専門家の能力と信頼性について判断する唯一の存在となる。知識産業における専門家と知識産業の外にいる専門職は，外部の者が適切に評価できない知識と技能を所有していると主張する。総合職である管理者は，自分には行うことができないとされていることをまさに実行する責任を有すること，すなわち，管理者は専門家が提供するものの適格性や価値を評価する責任を有しているのである。誰もが，複雑な組織の運営や，公共政策に関する難しい問題を解決しようとする場合，専門家の助言が不可欠であることに同意する。自然科学者や社会科学者は，立法者や行政官に助言するように求められている。すべての種類の専門職には，計画策定と意思決定の際に助言が求められている。しかし，専門家の助言の利用を巡って，管理者や意思決定者の視点から行われる議論は，専門家と意思決定者の状況と責任に関する見方の間に内在する対立を強調するものである[21]。

　総合職の観点からみると，専門家は大局的に課題や問題を捉える能力が訓練されていない人たちである。専門家の助言はアブラハム・カプラン（Abraham Kaplan）が道具の法則と呼ぶものを例示する傾向がある。"小さな少年にハンマーを与えよ。そうすれば，その少年は，出会うもののすべてがどんどんと叩く音を必要とすることがわかるであろう"[22]。学術分野の専門家は，他のあらゆる種類の専門職の場合と同様に，無責任にも，自身の特別な技能を適用することに関心を示し，技能を行使することがないものを無視するのである。

　　学術共同体が・・・その成果の向上に努め，有用な方法であらゆる種類の複雑な公的問題を処理できることはほとんどない。・・・政治学者，社会学者，エンジニア，経済学者は，政治学，社会学，工学，経済学の用語で，差し迫った問題を処理したいと思う。しかし，我々の世界はそのようには構築されていない。大学のカタログは人間の事象に関する不十分な地図なのである[23]。

5章　日常生活における知の典拠　　143

同様の不満が，総合職である管理者，計画者や時事評論家のほとんどから出てくる。総合職と専門家の視点の違いはきわめて重要である。管理者の地位にある専門家は視点を変えなければならない。さもなければ失敗する。専門家が管理者となった場合，管理者として修正しなければならないことは，専門家はいろいろな用語で考える能力がないということだけでなく，専門領域の用語で考えるということである。そのような管理者は自身が受けた助言の価値を批判的に判断しなければならない。新しい知識の生産は専門家に任されており，知識の応用可能性は，行動に責任を有する人によって判断されなければならない。このことは，必然的に，専門家の主張に対して重みがあるとすれば，どのくらいの重みを与えるかを決定することを意味する。知識の応用がかかわらないところでは，専門知識と典拠性を区別しなくても，うまくやっていけるであろう。専門知識と典拠性とを区別できない管理者は，額面通りすべての専門家の意見を受け取り，賢明で穏当な判断に対して特別な賞賛を得ることもなく，愚かな者として嘲りを受けるのである。外部からの批判を受けないという専門家の主張は，仕事の遂行に関して他者に助言する段階にきた時点で，完全に破綻する。

5.7　個人の生活

仕事はさておき，我々はみな，総合職としての管理者の立場にいる。管理の対象となる出来事は我々自身である。家族のある人は，お決まりの業務を担う労働者の立場に置かれ，状況を説明し，作業仮説を提示する。異議が唱えられている問題に決着をつけるために，知の典拠に，あるいは管理的な権限をもつ者に依存することになろう。より一般的には，今では，我々は，管理の仕事を共有し，典拠となる人物を見出すという問題に直面し，信じがたいことだが，その問題は常に存在し続けるのである。個人の生活の多くは基本的に現状を維持することに傾けられる。すなわち，生活を我慢できるレベルで継続させることである。

個人にとって必要な専門家と知の典拠

あるレベルの生活を維持するには，時あるごとに，多様な専門家を必要とする。専門家は，我々のために物事を整理し，物事の整理の仕方について助言を提供し，物事の整理が必要な状況に陥らないように支援してくれるのである。我々に必要な支援を提供してくれるのは，生物学者ではなく，医者であり，物理学者ではなく，配管工である。きわめて富裕な人たちには，文芸批評家ではなく，インテリアデザイナーや高級服デザイナーの支援が必要である。若者にとっては学校の選択があ

り，すべての人にとっては医療の選択がある。金融上の問題については専門家の助言を必要とし，感情的な問題については，誰か（僧侶，友人，心理療法家）の支援が求められよう。

　専門家は，我々が必要とする知識をおそらくはもっている人たちである。我々が実際に専門家に求めているのは，我々のためにその知識を行使することである。専門職は，複雑で秘儀的な理論をもっていると考えられるが，その理論は専門職でない者にとって，単なる伝聞や噂にすぎない。専門職に求められるのは，良き助言を行う能力であり，価値のあるサービスを行う能力である。専門職が知の典拠として認められるのは，良き助言と価値のあるサービスの提供に必要な知識をもっているからであり，助言の方法と提供の方法に関する知識をもっているからである。人生をつくり上げてゆくことは，複雑な設計と選択を行うことであり，人生をつくり上げるために活用される多様な専門知識は実際には無限である。ゆえに，知の典拠としての専門職の責任はきわめて大きく，専門職を知の典拠として委任するには，それぞれの専門職を区別し，完璧に順位付けをする必要がある。

典拠となる人物の同定と選択

　実際には，典拠となる人物の同定は，大抵の場合，あまり困難さを伴なうことなく，行われるように思われる。典拠となる人物は，思いがけなくも，しばしば，まったくの偶然から得られる。人生が営まれ，我々が快適な習慣とお決まりの日課に慣れるにつれて，さまざまな程度の知の典拠性を，いろいろな友人や知人，同僚に付与することになる。また，個人的に知らない他者の評判を我々は知ることになる。偶然の出会いは，個人的な面識やマスメディアを通じて継続する。物理的にも，社会的にも，あちらこちらに移動することで，社会関係に関するこれまでのパターンが崩れるが，再び偶然にも場を共有することにより，新たなパターンがつくられることになる。我々は，人生の途上で，典拠となる人物を選択するが，典拠となる人物を探して選択するのではなく，偶然出会った人物から選択するのである。

　しかしながら，我々は，典拠となる人物を探さなければならないときがある。突然，それも緊急に弁護士が必要となった場合，弁護士の名前を何も知らない。そのとき，我々は，困惑し，弁護士を必要とする状況に取り組む準備をまったくしてこなかったと思うのである。いかにして，相談すべき適切な人を探せばよいのか？少なくとも，探すべき専門家の種類はどのようなものかをすでに知っていることを前提に，適切な種類の専門家の中で利用できる最も優れた専門家を同定することが期待される。その際，さまざまな専門家の相対的な立場やその評判，専門家の成功と不成功，専門家の訓練や料金など，これらのことに絞り込んで調べることから始

5章　日常生活における知の典拠　　145

める必要があろう。新聞のコラムニストは，弁護士の選び方に関して，書面の意味を説明することなく次のような助言を提供している。「弁護士がこれまで保存してきた書面を見たいと，頼みなさい」[24]。しかし，合理的な選択を行ううえで役立つ情報を得る方法は他にあるに違いない。

知の典拠の選択と情報探索

　情報へのニーズが重要であればあるほど，情報の体系的な探索に取り組むことが求められるだろう。実際には，そうした体系的な情報探索は例外であるように思われる。より一般的には，たまたま受けた推薦をもとに選択するのである。すなわち，友人や知人が医者や弁護士の名前を示唆してくれるが，我々はそれを感謝して受け入れるのである。さもなければ，電話帳からランダムに名前を選ぶか，最も近くで最も容易に利用できる病院や事務所に行くことになる。もし，そうして選んだ医者が我々に役に立たないのであれば，我々は，選択の範疇を変更し，針療法や漢方医，信仰療法を選択することになる。こうして，我々はほとんど無作為に試行錯誤の実験に取り組むのである。

　なぜ，人びとは，典拠となる人物の選択という問題に取り組むうえで，より理性的にならないのか？　それには，少なくと二つのもっともな説明がある。第1に，我々は，注意深く，慎重な選択を行ううえで必要となる情報が利用できないのかもしれない，ということである。医者は，自分がいかに成功しているかを，我々に語るつもりはない。もし語るならば，我々はその医者を信じることができないであろう。専門職として仕事をする人は，個人的にお互いを判定する十分な用意はあるが，すべての人がわかるように，自分たちの格付けを公表する用意はないのである[25]。他の種類の専門家，たとえば，自動車整備工もまた同様であり，その人たちに信頼できる自己の格付けを提供することは期待できない。専門家でない人たちの中での評判は，発見するのが難しく，取るに足らないものかもしれない。そこで，一般に良い評判をもつ人が，我々にとって良い人である，ということを，どのように知るのだろうか？　評判というものは，あてにならない案内であることがわかっている。

　我々は，より絶望的になればなるほど，ニーズへの緊急性は高まり，情報探索の時間は少なくなる。同時に，我々は，見つけた情報によって，良い選択につながるのかについて，ますます確信がもてなくなる。それゆえ，我々は，利用できるかもしれない情報を実際に避けることにもなるだろう。

　　　情報はこれまで，彼らにとって何の役にも立たず，いまや，情報は自分たち

の役には立たないと信じている。情報は必要に迫られて選択するのである。車が走らない。脇腹が痛む。夫が離婚を望んでいる。それゆえ，事前に情報を探索し処理することはなく，電話帳を調べるのである[26]。

　以上は一つの説明であり，多くの場合において適切な説明である。しかし，他のケースについては，別の説明がある。我々は，専門家を信用していないということはない。それとは反対に，ある専門的な職業分野において認定されたメンバーは，その専門分野の仕事について基礎的な能力を有していると期待する用意が我々にはある。そこで，我々は次のように考えるであろう。すなわち，我々の問題は，それが専門家の支援を必要とするものであっても，おそらくは，単純なもので，決まった手順で解決できるような問題であり，その問題は専門的な職業分野のいかなるメンバーでももっている能力で解決可能な範囲内のものであると考えるのである。また，さらなる専門知識は必要のない余分な力であり，必要以上の便益をもたらすこともない，と考えるのである。もし，我々がそのように考えるのであれば，我々が出会う最初の人に相談するのは何ら驚くべきことではない。

専門家に対する信用

　そもそも最良の専門家が見つけられる確信はないのだが，最良の専門家は必要ないと考えるのであれば，最良の専門家を見つける調査に取り組むのは時間の浪費であろう。それゆえ，奇妙なことに，専門家を信用する場合であれ，信用しない場合であれ，結果として，同じ行動をもたらすことになろう。すなわち，専門家を信用する態度は，お決まりのこととして，ある専門家は別の専門家と同じように優れていると考える態度となる。専門家を信用しない態度は，専門家を一律良くなさそうである，という態度であり，良い専門家を見つけるための情報の探索は役に立たないという態度である。さまざまな専門職を含め，職業上の専門家を信用しないことは，ますます，一般的な現象であるように思われる。典拠となる人物への尊敬が失われていること，専門家の意見に対する敬意が払われないこと，についての嘆きをしばしば耳にする。しかし，偶然に起こっていると思われることは，典拠の拒否ではなく，むしろ，人々がある著名な集団において承認する用意がある典拠の数が減少している，ということである[27]。

　我々の多くは，少数の種類の専門家のサービスだけを必要とする機会しかなく，どちらかといえば，多くの学術的な専門領域の専門家の信頼性に関しては，何の意見ももってはいない。医者や弁護士，教師，自動車整備士，配管工について，我々は意見を形成する機会がある。我々の見方は，個人的な経験と会話という偶然に依

5章　日常生活における知の典拠　　147

存しがちである。弁護士や配管工との不幸なただ一つの経験が理由で，我々はすべての弁護士と配管工を信用しないようになるかもしれない。友人が語る衝撃的な話は，同様に専門家を信用しない結果をもたらすかもしれない[28]。

どんなにわずかな証拠に基づいているとしても，日常生活で非常によく相談している専門家に対する不満は，高まるように思われる。その不満とは以下のとおりである。

・専門家には過度な支払いが行われていること。
・専門家が過度に専門分化されていること。
・専門家が人為的に自分たちのサービスへの要求を刺激し，必要のない，有害ですらある業務に従事していること。
・専門家はしばし無能であり不誠実であること。
・専門職団体は業務に関する最小限の基準を行使できないか，進んで行使しようとしないこと。
・知識と特別な能力に対する専門家集団の主張が仰々しいこと。
・専門家は特別な能力をまったくもっていない場合があること。

以上である。

教師は教え方がわからず，外科医は不必要な手術を行い，心理療法家は訓練を受けていない素人と同じ程度の支援しかできない。こうした見方によれば，専門家はそうでない人よりも優れたことを知っているわけではなく，特定の専門家の集団に属するする専門家たちは，自分たちが知の典拠であると主張していようとも，彼らが主張するような知の典拠には値しないし，これまで知の典拠とみなされてきたとしても，知の典拠に値しない，ということになろう。こうした不信の広まりは残念に思われるが，専門家に不信を抱く根拠を無視すべきであるとの主張は不合理である。また，自ら専門家であると公言する専門家を，高度な知の典拠に値する専門家として受け入れるべきとの主張も不合理である。

5.8　見世物としての世界

間接的な情報収集

睡眠，仕事，および個人的な事柄や家事の後に，我々に残されている時間は随意の時間や自由時間と呼ぶことができる。ある人たち，特に専門職に従事する人や管理者にとって，労働時間がいつ終了し，随意の時間がいつ始まるのかをいうことは難しい。人びとの活動の多くは，その人の仕事と何らかのかたちで関係している。しかし，そうであっても，随意に使用できる一定量の時間があり，その時間は別の

やり方で費やすことができる。多くの人にとって，労働時間はかなり明確に随意の時間と区別される。その随意の時間の一部もしくはその大部分は，新聞やテレビ番組，雑誌，図書，会話，それに正式な指導からもたらされる間接的な情報[訳注4]の獲得に費やされる。こうした間接的な情報収集は，自身の経済状況を改善し，自身の仕事の成果を高め，信頼できない専門家に依存しないようにするために，有用な知識やスキルを獲得する試みである。

　しかし，間接的な情報収集は，その多くは，その目的からみて，それほど実用的なものではない。多くの者にとって，かなりの時間が，世界の推移を単に注視するものとされる活動の中で行われる情報収集に費やされる。世界は見世物であり，大いなるショーであり，世界を注視することは，娯楽と教育の終わりなき根源である。我々は，カフェにいながらにして世界を注視することができる。テレビ番組を見ながら，窓の外を眺めながら，新聞を読みながら，旅行をしながら，世界を注視できるのである。テレビのニュースは，真摯で教育的な形式としてではなく，娯楽の一形式として製作者は扱っていると，マスメディアの批評家はよく不満を述べている。その指摘は正しいが，非難に値しない[29]。世界を注視するゲームは，純粋に見世物としてのスポーツである。我々は，世界のどの地域のどの側面について，どのくらい長く，どのくらいの程度の注意を払って，見たいのかを決めているのである。もちろん，いろいろなメディアから多くのものが提供されているが，我々が選択できるのは，提供されているものからだけである。

真摯な世界観察と気軽な世界観察における知の典拠

　好みの違いはスポーツにおいて幅広い。ある人は，薄っぺらな感情から，興味ある雑学的知識を楽しむかもしれないが，別の人は，深い感情を伴って，広く知れ渡った大いなる悲劇や世界の高邁な喜劇を見ることに夢中になるかもしれない。我々は，高級な文化と大衆文化あるいは低俗な文化を区別するとき，同時に真摯な世界観察と気軽な世界観察をも区別することができる[30]。真摯な世界観察では，歴史的にきわめて重要であることが明らかな事象に夢中になり，気軽な世界観察では，それほど重要ではない小さく局所的で表面的な特徴に注目する。マスメディアの批評家は，気軽な世界観察への好みに訴える人たちを非難している。マスメディアの批評家は，その非難を通じて，誰もが真摯な世界観察に取り組むべきであると暗黙のうちに述べているのである。その真摯な世界観察とは，およそ誰もが大衆音楽を捨て去り，室内楽に向かうときに生じる観察である。

　真摯な世界観察と気軽な世界観察との違いは，知の典拠への態度の違いに対応する。世界観察が真摯であればあるほど，真摯な観察にかかわればかかわるほど，情

5章　日常生活における知の典拠　149

報源の典拠性はより重要である。情報源となる人物が述べることが真であるとしても，その人物が述べている重大な出来事が恐ろしいものであるとき，我々は，その人物が述べていることを信じることができるだろうか？　そのときの態度は気軽な世界観察と真摯な世界観察における違いである。事柄の真偽は関係ないということではなく，真偽の問題は急を要する問題に値しない，ということである。新しい物語として提示されるすべての物語は，表明されることのない次のような主張を伝えることになる。その主張とは「私があなたにまさに述べようとしていることは，私の知る限り，真です」。しかし，その物語が軽ければ軽いほど，また，かかわりの程度も低ければ低いほど，我々次のような問いを発す気持ちもより失せることになる。その問いとは，「しかし，私はどのようにしてその物語が真であることを知るのでしょうか？　なぜ，私はそれを信じなければならないのでしょうか？」。そうした問いは実際に重要ではない。人は，娯楽を求めて軽い気持ちで世界観察にかかわるのである。ニュースは，しばしば楽しませてくれるものであって，小説を読むときと同様，その真実らしさを求めることさえしないのである。

　真摯な世界観察は，バッハの「フーガの技法」に心酔して聴くのと同様に，単なる娯楽として退けるようなことはない。真摯な世界観察は，遊戯の形式ではあっても，きわめて真摯な遊戯である。世界の観察者は，明らかに，他者がもっている多くの情報を求めて，他者に依存している。その他者とは，ジャーナリスト，政治分析家，社会評論家，政治屋や政治家，その他の観察者や関係者，宣伝車である。事態が進行中の場合には，人は何が起こっているかについて，正確な描写を得るために十分なことを知ることはできない。レポーターは，歴史家と同じように事態の推移を知ることはできない。真摯な世界観察をそのように複雑かつ微妙なゲームにするということは，信頼性が疑わしい情報源から得られる部分的な情報に単に基づいて世界を描写するのではなく，歪んだ情報と多少なりとも意図的に誤解を招くような情報に基づいて世界を描写する，ということである。我々は，絶えず，情報源となる人物の典拠性を問題にしなければならない。しかし，ここで問題にすべきことは，情報源となる人物のもつ特別な観察能力や報告能力ではなく，情報源となる人物の正直さ，能力，偏向を避けようとする性向である。

思考の世界における世界観察

　世界観察は，行動の世界に限定する必要はない。思考の世界は行動の世界と同様に，世界観察に適した主題である。我々は，まったく異なる二つの方法で学術的な主題に接近することができる。一つは修得の対象として，もう一つは調査の対象として，接近するというやり方である。専門職志望の人は，理論と実践を修得しよう

として理論の操作に習熟するようになる。観客はそれとは異なる目的をもっている。観客の目的とは，主題を修得することでも，新しい技能を獲得することでもなく，単に世界について述べられていることを学ぶことである。これもまた世界観察であるが，観察対象となる世界の一部は思考の世界であり，その世界は人が複雑なゲームを眺めるように観察される。このゲームの要点は，世界について新たな信念を獲得することではなく，事実情報のストックを拡張させることでもない。人びとが述べていることがそうであるのかないのか，という問いを提起する必要もなく，解決しようとする必要もない。典拠の問題は脇に置くことができるのである。もちろん，一連の公的な出来事について，我々が得ている報告が信頼できることを確信したいのと同様に，人びとが述べていると我々が考えることを，その人たちが本当に述べているのかを確信したいのである。しかし，人びとが述べていることが信じられるかどうかという問題は脇に置くことにする。思考の遊戯は単に遊戯として注視されるのである。宇宙学者が宇宙の起源と未来について何を語っているのか，哲学者は自らどんなことに関心をもっているのか，文芸批評家の中で最新の流行は何か。宇宙学者，哲学者，文芸評論家がアイデアを提案し，物語を語り，上記のような問題に思い悩んでいるという事実は，興味深い人間の行動を表したものとして扱うことができ，思考の潮流があちこちに向かう様子を観察して楽しむ事実なのである[31]。真摯な世界観察と同様，思考の世界観察は教養人に訴えるゲームである。このゲームは大衆文化の範囲には存在しないものである。

5.9　公的問題

公的問題と知の典拠

　理想的な民主社会において，公的事柄が個人にとって重要となるのは，基本的な生計や暮らしという私的な事柄にかかわる場合だけである。まず，基本的な健康という私的な事柄に注意が向けられ，次に，集団全体がいかに集団としての生活を送るべきかという問題に注意が向けられる。公的な生活を営む中で，すべての人びとが熱心に参加すること，これが民社主義社会のある種の理想である。大規模で複雑な社会においては，問題ごとに投票にまで広がることはありえない。問題が多すぎるため，直接的なタウンミーティングは問題外である。代表者の選考には，公的問題とその問題に関する候補者の地位の理解が伴っていなければならない。理想は，そうした理解とともに，情報に精通している人たちの参加が伴うことである。重要な公的問題はいずれもその解決には，理想的には，利用可能な関連する知識や意見を入念に考慮する必要がある。また，直接的な経験から十分な情報を得ることは期

待できないため，公的問題の検討にあたっては，知の典拠という重要な問題の解決が必要となる。いかなる重要な課題であれ，少なくとも二つの相反する立場があり，しばしば当惑するほどの数の立場があるだろう。それらの立場は活発な主唱者によって占められている。我々は，対立する側の立場に関して確保された専門家の順位付けに直面することになる。それぞれの立場の人は自身の典拠を提示し，反対者の対立する典拠を信用しないように努めるのである。地区の規制や公立学校の方針のような比較的小さな地域の事柄についても，"専門的事項を論じる専門家を必要とするが，専門家は問題を明確にするよりも，むしろ混乱させることが多いのである"[32]。そこでは，自らを知の典拠と称する競争者間の対立は解消されず，避けがたいように思われる。

公的問題への無関心な態度と意見

　我々の社会は理想的な民主社会ではない。我々は，単純化の戦略を取ることで，異なる立場を支持して相争う専門家の中から専門家を選択するという問題を避けている。最も単純でよく知られた戦略は対立を無視することである。我々はわざわざ社会に参加することはなく，社会参加を好む人たちに社会参加を任せるのである[33]。我々は，公職の候補者に少なとも投票することで参加することになるが，単に個人的な魅力や候補者の声明の合理性に基づいて候補者を選ぶことになろう。もし，公衆に提示された問題に関して，その解決のためにわざわざ投票するとしても，調査に力を傾け，熟慮のうえ投票することとはなく，既有の知識や意見のストックを生かして自らの意見を形成するだけである。世論について学習した人であれば知っているように，まったく情報を得ていない事柄について，人は進んで意見を表明することはなく，情報を得ようとする気持ちも起こさない。なぜなら，無知な状態で参加しても罰せられないからである[34]。

　人びとは，緊急性が高いときや大きな激変のときを除いて，公的問題には無頓着である。私的な問題や私的な関心で人々の生活は完全に占められている。公的問題に注意を払う人は少数ながらもおり，その人たちは重要な公的問題を同定し，多少なりとも十分な情報に基づいた見方に到達することに関心がある。そのなかでさらに少数の人は積極的に関与する。そうした人たちは公職の候補者であり，選挙運動員，ロビイスト，よく知られた著名な論客であり，圧力団体の主催者である。公的問題に無頓着な人か，めったに注意を払はない人（もう一つのソフトな分類[訳注5]）にとって，政治や公的討論は，せいぜいスポーツ観戦のようなものである。そうした人に意見を求めたならば，その意見は，情報もほとんどもたず，理解も乏しいなかで提示されたものである。また，その意見は，一貫しておらず，弱々しいもので

あって，変わらぬ確信を表明したものではない[35]。より注意を払う人は，特定の問題について生じる典拠に関する問いは次のようにして回避する。すなわち，党や教会のように制度化された情報源をもつ知の典拠を受け入れることで回避し，あるいは，当人が属することを望む集団の見方を受け入れることで回避し，そうした回避法を使って回避するのである。通常の情報源というものは，議論することも探究もすることなく受け入れ可能な意見を提供するであろう。トルストイの作品『アンナ・カレーニナ』に登場するステパン・オブロンスキーは現代に見られる人物である。

> オブロンスキーは自由主義的新聞を取っていたが，自由主義といっても，それはあまり過激なものではなく，大多数の人々がいだいている程度のものであった。また，彼は科学にも，芸術にも，政治にも，たいして興味をもってはいなかったが，これらすべてのものに対しても，大多数の人びとと新聞のいだいている見解とまったく同じものを堅持していたし，大多数の人びとがその見解を変えるときにのみ，自分の見解を変えた。いや，彼が見解を変えたというよりも，見解そのものが，いつのまにか，彼の内部で変化するといったほうが当たっているかもしれなかった。
>
> オブロンスキーは，主義主張をみずから選んだことはなかった。主義主張のほうが彼に向ってやって来るのだった。それはちょうど，彼が帽子やフロックコートの型を選ばずに，世間一般で用いられているものを，そのまま使うのと同様であった[36]。（訳は『アンナ・カレーニナ』木村浩訳，新潮社，p.16-17による）

「もっともらしさ」による知の典拠の検証

特定の問題に関して，競合する典拠のどれが信頼できるのか，また，この問題に対して適切な知の立場として採用すべきものは何かを把握するうえで，既に確立された知の典拠となる人物は助言を与えてくれるので，時間の節約となる[訳注6]。たまたま，確立された複数の典拠がある問題について意見が分かれ，適切な立場を提案できないことがあれば，それらの典拠の中から選択し，独立した結論に達するようにしなければならない。競合する典拠からの選択は，それぞれの典拠が示す意見のもっともらしさ（plausibility）を検証し行われる傾向にある。ある人物の立場が最も理にかなっているとき，その人物が典拠として選択される人物である。これとは別の選択のためのきわめて重要な基礎がある。ある立場に賛同して語られていることがもっともらしさの検証に合格しようがしまいが，もし，語られていることが耐

5章　日常生活における知の典拠　153

え難い結果をもたらすのであれば，その語りは拒絶され，同時に，その語りを支持する者にとって典拠となっている人物も拒否されるであろう。立場に対するこうした人の議論から，我々は，たとえば社会的平等の達成への希望を断念しなければならないことが帰結される。しかし，それは耐え難いであろう。そこで，そうした人の議論は拒否されなければならず，それにともない，その人の典拠への要求も拒否する必要がある。もし，立場に対する議論の結論やその議論から含意されるものが，次のような理由で受け入れならないとしよう。その理由とは，道徳的に常軌を逸脱しており，重要な価値や熱望と相入れないことである。その場合には，その議論がどんなに表面的にはもっともらしいものであっても，我々はその議論を拒絶することになろう。

価値との整合性による知の典拠の検証

　もっともらしさだけでなく，我々自身の価値との整合性も，知の典拠を検証する手段を提供する。我々は，怪しいことを語る人物を信じることはできず，耐え難い結論を論じる人物も信じることはできない。その語りはある程度まで正しいかもしれないが，語り全体としては正しいわけではない。ある意味で，政治的（道徳的）問題における典拠に関する問いは，ある立場に深くかかわることに情熱的であればあるほど，解決が容易である。情熱的に保持された立場との両立性が，典拠としての受容可能性を検証する手段となる。人はある立場に深くかかわるほど，より迅速かつより無慈悲に，両立不可能な議論や結論を提示する者の側の典拠となる権利への要求を拒絶することができる[37]。

　重要な価値や見方との不整合が知の典拠への要求の拒絶をもたらすならば，希望と野心との整合性は知の典拠への要求の受け入れをもたらすことは明らかである（かつ，よく知られている）。我々にとって好ましい見方や提案を提出する人は，共鳴する聴衆がいることを確信している。すなわち，虐げられた人たちに支援と希望を与え，また，賛同者の優位性と繁栄を継続させる理由を提供する人は，聴聞の機会があることを確信している。もし，悪い知らせを伝える人を避けることができるのであれば，嬉しいニュースを伝える人は歓迎され，敬意を払って処遇される。このことは，公的問題に関してだけでなく，私的問題にもあてはまる。我々はお世辞に感動しがちであり，お世辞の多様性には際限がない。次のようなことを語る人はすべて，あれやこれの方法で，我々にお世辞を言っているのである。すなわち，我々はいかに重要であるかを語り，我々がいかに正当に評価されていないかを語り，我々は自分がもっている良いもののうちでどれにどの程度の価値を与えているのかを語り，我々はより良いものにどの程度の価値を与えているかを語る人である。

観念論者は，富者，貧者のいずれの階級の人に対してもお世辞をいう専門家である。

知の典拠の検証手段がもたらす偏向と非難

「もっともらしさ」と「価値との整合性」という二つの検証手段に依拠すると，偏向と観念的な思考への非難をもたらす可能性がある。政治的保守主義者は，自由主義者や急進論者よる議論よりも，保守主義者による議論をより抵抗し難いものとして通常は捉えている。また，耐え難いと考えられる反対者の議論の十全性に疑義を通常は唱えるのである。こうした政治的保守主義者の習性は，道徳的な欠陥であるかのように，少なくとも，合理性からかけ離れたものとして，取り扱われることが時としてある。我々はみな，受け入れ可能と考える議論について寛大に取り扱い，受け入れられないと考える議論については猛烈に批判し，受入可能な結論をもつ議論と耐え難い結論をもつ議論については，批判の厳しさの程度を異にしながら，それぞれ取り扱う傾向が事実上あることがわかっている[38]。

そうしたことは当然ながら欠点であり，その欠点に対して我々は防御的手段を取ろうとするのである。そして，検証に合格しない人たちについては，その動機や誠実さに疑問をもつようになることがしばしばである，というのは真実である。そうした不合理な議論を提示する人や完全に認められない結論を支持する人は，反対者に雇われた者であり，公には明らかにできないか，少なくとも個人ないしは集団の関心によって無意識に影響を与えることがない隠された目的に平然と対処する試みに対価が払われるような人であると，我々は考え始めるのである。我々は，こうしたことに対しても警戒することができる。しかし，もし，我々が，独立した結論に至るのに十分な情報を得ているとは考えていない物事について，競合する典拠のなかから選択しなければならないとすれば，一般的な二つの検証手段に依存することを回避する方法はない。もし，その手段が観念論的思考であるならば，我々が他者からの案内に依存しなければならいないときには，観念論的思考は不可避である。

5.10 情報空間と小さな世界

知の典拠の獲得方法の多様性

我々は，さまざまな方法で知の典拠を獲得するが，なぜ，その典拠を獲得したのかを問われたとき，正式に説明できるのはその一部にすぎない。典拠の中には，子ども時代に得た典拠があり，この典拠は最も重要なものとなる場合が多い。その典拠は実際には親から継承した典拠であり，時間と場所における偶然性に依拠してい

る。典拠の中には，学校時代に獲得された典拠があるが，その典拠はほとんど強いられたものである。また，仕事とともに登場し，管理的権限をもつ人が同時に知の典拠として影響を及ぼす場合もある。ある場合には，その人物のもつ排除の力からその人物を知の典拠とすることがある。それはちょうど，我々にとって，緊急にその受入を望んだ人たちが語った事柄に説得力があると思う場合に似ている。

　我々の希望に訴えることにより，あるいは，我々の最強の価値を侮辱することによって，知の典拠を得る人もいれば，知の典拠を失う人もいる。なかには，まったくの偶然の結果として，知の典拠を獲得する人もいる。我々は，偶然にも信頼できる人達と出会うことがある。慎重に調べることなく，我々の人生を大きく変えることになるかもしれない人物と出会う。

　我々の生活史に関する予測可能な特徴と予測できない特徴が我々に典拠の候補を提示することになる。典拠の候補については，それまでの信念の背景や現在の状況により，我々は受け入れるか，拒否することになる。しかし，説明が必要なことは，単に競合する候補者の中でどの候補を典拠として受け入れられるかだけでなく，我々が候補者に関心をもっている領域がどのようなものか，ということである。私はフランスの地方の家具の専門知識をもっていると主張する人物に興味はない。それは私とどう関係するのだろうか？　その人が何かを知っているかどうかは，どうでもよいのではないだろうか？　しかし，私は外交政策の専門知識をもっていると主張する別の人に興味がある。なぜならば，その人は政府が耳を傾けている人物であり，政府に及ぼす影響は，私の人生や他のあらゆる人の人生においても重要となるかもしれないからである。それゆえ，私は，その人が明らかに政府にとって典拠に値するかどうかに関する意見を形成したいのである。外交政策という分野における典拠は，私にとって関心がある。家具という分野における典拠性には関心がない。自分にとって関心のある分野の数や種類には，人によって大きな違いがあり，関心のある分野の中で，知の典拠という問いが重要になりそうな分野があることに気付いている。その違いは確かにきわめて大きいが，調べてみれば一定のパターンが見出される。

間接的知識への依存と個人の社会的位置

　ある人が間接的知識に依存するかどうかは，次の3点によって決まる。すなわち，①その人が構築し維持しようとする世界の記述の種類，②知る義務と必要のある事柄に関する世界の記述，③好奇心や選択さらには知への欲求の対象となる世界の記述，である。ニーズと欲求との間には社会的慣習が登場する。人が世界を記述するのは次のような理由からである。すなわち，ある事柄について知る必要もな

く，知りたいとも思わないにもかかわらず，知ることが期待されており，責められたり叱責されたりするよりは，その期待に応えようとするからである。人が纏う服装や食べるもの，人が話すときのアクセントと語彙が社会的位置の影響を受けるように，その人に対して情報が提供される事柄やその人がもっている問いは社会的位置に影響される。野球やフットボールのスコアや人気のあるテレビ番組を知らないのは，知識人という区分の象徴である。それにもかかわらず，大きな階層を占めるアメリカの労働者階級や中産階級にとっては，知識人を象徴するものは奇妙に思われるだろう。世界の出来事と世界の政治に関する幅広い知識と関心は，大多数の労働者階級の人たちにとって，期待されてはおらず，特に賞賛されてもいないが，上流中産階級においては尊重の対象とされる。

　さまざまな文化的世界における出来事と個性に関する知識が適切か適切でないかは，どの世界のことなのか，また，どの社会階級がかかわることなのか，これらに依存して考えられる。バレエは，上流階級において，バレエについての情報を得ている人びと，特に女性にとってふさわしいものと考えられるが，下層階級にはそのように考えられていない。カーレースやプロレスに関する知識ストックは下層階級には適しているが，上流階級には適していない。精通していることは，すべての階級の中で美徳であるが，精通している状態を構成しているものは社会的位置にともなって多様である。上流中流階級の人間は，精通している状態となるめには，伝統的なハイカルチャーと，国際政治と世界政治についてかなりの知識をもっていなければならないが，科学や哲学，大衆文化については必ずしも知る必要はない。もし，我々が，ハイカルチャーと世界の出来事についての情報を生産する能力がその人たちにあるかどうかを検証するならば，その人にはきわめて乏しい情報が提供されているだけであることがわかる。しかし，何故そうなのかといえば，我々は，我々がもっていることを期待する情報を他者に求めるからであって，我々は，他者が自分たちと同様にもっていることを期待するような情報を求めてはいないからである。

他者の期待に依存した知へのニーズ

　人が知る必要があることは，他者がその人に知ることを期待することにある程度依存している。人がある職業上の役割を実行するために，あるいは，公的な事柄に市民として参加することに伴う義務を全うするために知る必要があることは，わずかではあるが，専門的な要件によって設定される。ある事柄について無視できることと，無視してはいけないことの決定にかかわるのは，知る必要のある事柄かどうかであるが，それ以上に関係するのが，（暗黙にせよ顕在的にせよ）集団としての

5章　日常生活における知の典拠　　157

合意であり，役割の実行に知識が不可欠なのである。最終的に，人が知りたいことは，他者が知っていると考えることである。もし，我々が知るべき分野があることを知らないのであれば，その分野について知りたいと思うことはできない。複雑な相互作用の中で，欲求やニーズ，他者の期待という要素が，学習の機会や能力とともに，世界について我々が描くものの種類，その大きさ，詳細さの程度，および正確さに影響を与えることになる。

間接的知識と小さな世界

　間接的知識にほとんど依存することなく，青年期に獲得した初期のストックのみで生活を送ることは可能である[39]。人びとの中には，聞いたことの多くを理解するのに十分な知性を欠いた者もいる。その程度はさまざまであるが，現実と接触することなく，自分自身の私的で常軌を逸した世界で生きる人もいる。また，人びとの中には，能力を欠いてはいないが，情報弱者の生活を送り，その人の直接的な物理的環境の外の世界については恐ろしく貧しい考えをもった人もいる。その人の住まいから数ブロック離れたところで，その人にとっての世界は終わるのである。(地理学者はさまざまな社会集団のメンバーも物理的環境に関するメンタルマップを再構築してきている。人間は極度の経済的困窮に伴い，自分がいる所について極端に貧弱な考えをもつことがわかっている)[40]。世界に関する貧弱な心的表象が含意するのは，知るべきことに何があるのかについての貧しい見方であり，また，自分にとって身近な場所以外の世界について聞いたり読んだりしたものを解釈し理解できるのに十分に豊富な概念の蓄えを欠いていることである。さらに詳しくいえば，人口のかなりの比率の人たちは，一定の手段によって，何らかのことについて多くを学ぶのに十分な読解能力がない。情報弱者とは典型的にソフトな概念であり，その事例となるものを述べる方法はない。しかし，多くの者にとって，世界は小さな場であり，間接的知識の供給がきわめてわずかであることは確かである。

情報の貧困と小さな世界

　情報の貧困は，自ら選択した条件であり，自由に参入し，喜んで継続される条件とさえなりえるものである。情報の貧困は，自らが選んだものである。きわめて小さな世界で満足しているが，情報が乏しい生活を送る方法は多数ある。人は，世界を拒絶し，単なる出来事の流れを無視しながら，他の人たちから注意深く隔絶した生活を送ってもよい。人は，所定の世界の中で生きることになるが，若者がしばらくの間，専らサーフィンや音楽のために生きるように，現下の楽しみを求めて生きてもよいのである。また，人は，情報の面で完備された生活を送り，木工品作りや

ガーデニングのような製作活動に自由時間を充て，瞑想にふける生活を送り，移ろいゆく季節を眺め，存在の不思議さに思いをはせるのである。結局のところ，人は，直接的に発見できること以上に，世界についてもっと知りたいと，なぜ考えるのか？

　人は情報が乏しい生活を擁護するために，どんなことを語るかを以下，考えよう。

　　それぞれ生活し，苦しんでいる人たちが何十億人といることを，私は知っている。私は，その詳細を知らないままでいることに満足している。新しいノルウェーの首相が誰なのか，あるいは，政治家を雇用し解雇することにより，いかに富裕層が富を増やそうとして，じたばたしているのか，こうしたことが，私にとって一体，何であるというのか？　世界がいかに運営されるべきか，また，世界にとって何が良くないのか，世界について何が行われるべきなのかについて，人というものはしっかりとした意見をもっているということを，私は知っている。

　　私は，そうした人たちが彼ら自身の中で言い争うことに満足している。私は，学問の世界は新しい理論を提案し，古い理論を粉砕する人たちであふれていることに気付いている。我々にとって世界に関する重要な事実は，しばらくの間，生き，やがて死ぬということである。私はその事実を，学者たちの変化しやすい見方を詳細に知らなくても，十分よく理解している。私は自分がもっているもので満足しており，私は自分の庭を耕すのである。

　知る必要がある事柄の中には，他者から学ばなければならないものがあるが，その事柄はそれほど多くはない。必要最小限の間接的知識が必要なときには利用できるように，生活を準備しておくことができる。情報の貧困を経済的な貧困のように感じる必要はない。人が拒絶する情報の貧困は，十分に情報が得られているという基準に照らしたとき，情報が十分に得られていない状態に相当する貧困でなければならない。その基準は，階級単位の期待や一般的な社会の期待に関する事柄であるが，人はその基準を受け入れる必要はない。自発的に経済的に困窮した生活はよく知られており，尊重されている。宗教の秩序に従うメンバーがそうした例を提供している。自ら進んで情報が乏しい生活を送ることは，あわれみよりはむしろ，尊敬を集めてもよいであろう。

小さな世界における情報源と知の典拠

　大半の人は，情報が乏しい世界よりも，多少なりとも大きな知の世界に生きてい

るが，おそらく，その世界は著しく大きい世界ではない[41]。一般的なパターンを考えよう。すなわち，必要な情報が完備されている仕事に従事する人，公的業務に参加しない人，選択できる時間は家や家族，テレビの娯楽を中心に過ごす人を想定しよう。そうした人の生活は小さな世界における生活であり，その世界は情報が抑制された空間であり，狭い心理的空間である。おそらく，テレビで見られるスポーツ関係の出来事を除いて，関心のあることは私的で局所的である。すなわち，自分の仕事，家，家族，それに友人である。図書はこうした生活において何らの役目も果たさない。新聞は娯楽的な世界観察のための一時的な情報源である。過去と未来はぼんやりしたものであり，現在こそが直接的で特定的なものである。残りの世界はその大部分は関連がない。政府や政治システムは，単に，天気のように，そこにあるもので，不満をもらす対象ではあるが，あまり多くを考える対象ではない[42]。宗教がこうした人生の一部であるならば，漠然とした考えと教義への関心がないままか，さもなければ，厳密に定められた権威的な信条を堅く信仰しながら，宗教組織に社会的に参加するのかが問題となる。

　小さな世界において知の典拠の問題が頻繁に生じることはない。仕事においては，知の典拠の問題はひとまず解決されており，仕事を離れたときには，すでに確立された知の典拠（友人，牧師，家庭医）によって解決できないような種類の問題がないか，ほとんど問題を抱えていないかのいずれかである。それゆえ，知の典拠の問題はめったに生じない。知性と理解力が決して欠けてはいないが，知性と理解力は，厳密に特定の個人的問題に対して行使されるという特徴がある。疑念や敵意は，一般に専門家や個人的な経験からはよく知らない分野の知識を主張するいかなる人に対しても向けられがちである。"世界的に見てより優れた人物の抽象的なレトリックは信頼されない。唯一の正確な情報は，よく知られている個人が行っていることに関する情報である"[43]。

　通常の時代であれば，大多数の人たちは多かれ少なかれ，上述した範疇に分類され，労働者階級も中産階級の多くもここに含まれる。大いなる困難と社会的激変の時代には，情報空間は急速に拡大することになろう。情報空間は必ずしもそれほど小さなものである必要はない。しかし，通常の時代であれば，重要な公的な行動に対する関心の欠如と責任の欠如とが相まって，より大きな情報空間を満たす必要性はなくなり，その結果として，間接的知識への実際の依存度は縮小することになる。

専門職の情報空間と知の典拠

　高等教育を受けた経歴をもつ専門職に従事する人たちにとって，世界はより大きくなり，その人たちが住まう情報空間はより広くなるであろう[44]。社会的，政治的

問題に関する公的世界は，たとえ，我々があまり多くかかわる対象ではないとしても，注意の対象としてより多くの空間を占めることになろう。人が観察する世界は，直接的にかかわる現場よりも，多くの現場にかかわることになろう。世界について人が描くものは，どちらといえば過去の世界や未来の世界に関するものである。実践を伴なう専門職は，人が描く世界のなかで，地理的に特定の組織体としてでなく，国全体か世界全体に分布する共同体として，大きく目立つものである。このように専門職の世界は大きいものだが，単一の活動領域と単一の活動集団に釣り合わない関心と注意によって歪められる。その世界は大きいにもかかわらず，その他の点では，より小さな世界とあまり異なることはないであろう。ある評論家が書いているように，専門化がもたらしたものは，次のようなものである。

　　継承される文化については，ほとんど共有しないのが専門家であり，専門家の専門分野以外の見方と好みは，専門家に比べて教育を受けていない人の見方と好みと変わりないことがほとんどである。・・・専門家の専門主題以外について専門家のもつ知識はみすぼらしく雑多である[45]。

　　専門職自体は知の典拠に関する主要な問題を解決するものである。専門職は公的な問題へのかかわりが希薄であり，公的な問題にほとんど責任を有していない。それゆえ，公的問題において生じる典拠の問題が軽く扱われることになる[訳注7]。

　　我々は，弁護士の態度をその弁護士の信念と比較し，また，同じ弁護士の態度を新聞に掲載された政治的事実に関する声明と比較することだけが必要である。その理由は，直接的な責任から生まれる自発性がなければ，いかに完璧で正しい大量の情報があるにもかかわらず，無知のままでい続けることを知るためである[46]。

　責任の欠如は典拠の問題への容易な解決を可能にする。専門職のもつ敬意の原則は，専門家の見方を受け入れる準備と，専門家が提示できる問題に対して解決法があると考える準備をすることであろう。専門職にとって，世界は専門分野に分割される。社会生活に固有の組織は，問題に関して各領域に典拠を配置し，その典拠はその問題を解決できるように最もよく備えているのである。専門職主義とは世界の見方であり，その見方により，あらゆる問題はある専門職か専門職の委員会の領域の問題となる。ある専門職は別の専門職の領域内に分類される問題に関与する必要

5章　日常生活における知の典拠　　161

はなく，専門職のもつ敬意の原則により，関与すべきではない。

管理者の世界観

　総合職としての実務全般の管理者の責任と，その責任を認知した結果について正しく理解するならば，管理者の知の世界は，専門職の知の世界よりも広く，専門家のさまざまな集団の相対的重要性について，より現実的な世界を示したものである。しかし，ビジネス，政府，政治的行為，経営管理であれ，実務全般にかかわる人間は，専門職とは異なった種類のものを誇張することは確かである。なぜなら，実務全般にかかわる人間は，自身の活動（企業，党，国家，訴訟における各活動）は，専門職に従事する人が描く世界における専門職の営みが大きく見えるのと同様，自身の描く世界においては，大きく見えるからである。そして，そうした人の世界観はきわめて選択的であり，自身の活動に影響を与えないものであれば何でも，その世界観から削除するであろう。世界に向けられた広範囲ではあるが純粋に実務的な注意は，広い世界観を保証するものではない。過去は無視され，実務に関連しない現在ある多くのものも無視される。

　管理者は，自分流の専門家でもある。ここでいう専門家とは自身の活動に影響がありそうな物事の範囲を専門とし，それ以外は無視するような専門家である。管理者は，他の人以上に，間接的知識に依存しており，他の人が無視できる知の典拠の問題に直面し，その問題を解決しなければならない。しかし，管理者の世界観は，いかなる種類の専門性を追求したとしても，その結果，得られる世界が歪められたものであるのと同様，歪められる。管理者の責任は，大きな世界の描写を必要とするが，正確で均衡のとれた描写を保証するものではない[47]。

包括的な世界描写と総合職

　これまで考察したすべての種類の人たちは，比較的小さな世界と，直接的で実際的な関心領域の範囲外については詳細さを欠いた世界の認知地図を使って，生活する方法を見出している。そうではない領域として，世界観察と多くの文化的な下位世界に一つ以上参加するなかで収集される情報で満たされる選択的な領域があげられる。しかし，確かに，できるだけ包括的な世界の描写を得るという目的を熟慮のうえ自らに課している人たちがいる。そこで，次のような人たちを理想による集団と定義しよう。すなわち，理想を受け入れ，その理想に到達しようとする人たちである。その理想とは，単に，最も広範囲で適切な均衡ある世界観という理想であり，生活全体とその生活が営まれる世界について包括的に理解するという理想であ

る。その理想は次のことを求める。すなわち，

・現在への関心と同じくらいに未来にも関心をもちつつ，過去に強い意義を求めること。
・特定の地域への関心と興味よりはむしろ世界全体への関心と興味を求めること。
・自己中心的でなく，自身の特定の社会的，地理的，時間的な位置による視点がもたらす歪みのない世界観を求めること，である。

　以上が，他者の探究を最大限活用しながら，知の典拠のもつ最大の価値から得られる最良の支援に基づく世界観という理想である。それは，事実上，究極の総合職の理想であり，総合職がそれぞれの専門家に適切な場において寄与してもらうことに同意する理想である。その理想の追求は，知の典拠について決定するという最大の負担をもたらすことになる。なぜなら，利用可能な最良の回答が求められる問いの範囲が，広く，開かれたもののためである。

知識人と知の典拠

　誰も，この理想を獲得してはおらず，生涯にわたって理想の獲得を試みようともしていない。しかし，集中の程度はさまざまだが，人びとはその理想をまさに追い求めている。そうする人たちを知識人と呼ぼう。ただし，知識人という用語が，ほかでは，それ程一貫してはいない方法で，また論争的な方法で使用されていることは十分に承知している[48]。我々が知識人として理解しているような知識人は，社会のいたるところで見出すことができる。知識人であることは，職業上の専門化ではなく，また，いかなる経済的階層や社会階層をもっぱら特徴付けるものでも優先的に特徴付けるものでもない。多くの知識人は学術の世界で見出されることは間違いないが，すべての学者が知識人というわけではない。多くの学者は，専門化の原則に頑なに関与しており，アーサー・バルフォア（Arthur Balfour）が"表面的な知識は，到底，知識とはいえないものよりも，もっと悪い，というひどく有害な原則"[49]と呼ぶものを受け入れることにしっかりとかかわっている。

　知識人は専門家であるかもしれないが，知識人としては，自身の専門領域を一つの限定された特殊な探究方法にすぎないものとして取り扱おうとする。知識人の集団の中には，次のような人たちが含まれる。すなわち，教育を受けた非専門家である一般読者という古い階級の残存者，文化一般にかかわる人たち，"時代遅れではないにしても，少なくとも，すたれかかっており，一つは有閑階級を除くことで存在しなくなる階級であり，もう一つは，専門化の発達によって存在が失われる階級といわれるような階級である"[50]。個人を知識人として分類することは，我々がソフトな分類とこれまで呼んできたものの主要な例である。

5章　日常生活における知の典拠　　163

たとえ，我々が知識人の集団を同定する際に参照した理想が，知の典拠の問題に答えるという最大の負担を課すものであるとしても，その負担は重いとは感じられないであろう。なぜなら，理想の追求は，自発的で自身が割り当てた課題であって，ゲームの特徴を併せもっているからである。知の典拠という問題を解決することは，こうしたゲームの中核であり，問題解決が，自分自身のために引き受けた活動の中心的な部分として行われるのであれば，負担とはならない。さらに，決定は，人が好むやり方で試験的なものであり，無期限に延長されるかもしれない。もし，決定があまりにも難しすぎると感じられるのであれば，決定は完全に脇に置くことになろう。結局のところ，自分自身の描写があるだけであり，人は自分が好むものを取り入れ，それを除くことができる。これは，もちろん，問題である。

知的好みと他者の典拠性への依存

人が制約を受けるのは自身の知的好みだけである。その知的好みとは，他者が提供する必要があるものへの自己の理解であり，重要と考えるに値するものと，重要でないと無視できるものに対する自己の感覚である。他者が導く結論が奇怪なもののように思われ，知的好みの役割が顕著となるように思われるのは，次の場合である。それは，「十分に総括を行い，まとまりのある評価を行い，包括的な態度をとろうとする試み」か，他者の試みを批判的に評価する試みのいずれかに積極的に関与するすべての者にとって，その試みがそもそも実行に値するかどうか疑わしい場合である[51]。

自分が置かれた環境の中で手近にある資料のみを使って作業するならば，利用できるものがほとんどないことがわかるであろう。その理由は次のいずれかである。すなわち，科学の場合であれば，科学の多くは理解できないからであり，人文学の場合であれば，真剣に受け取ることができると思われるものがほとんどないからである[52]。人は，きわめて大きな世界観を獲得するという野心的な知識人の試みを賞賛するよりもむしろ，自らのそうした試み自体を理不尽なものとしない知識人の実行能力に絶望して終わるであろう。連続的に大きくなる情報空間を素描したものは，連続的に改良される世界観として解釈できるだろう。それはあたかも，知識人とともに社会階級を完全に登りきるまで，社会階級のより高いところに登れば登るほど，より多くのものを見ることができるかのようである。しかし，それは，本書のはじめで論じた視点の暗喩による誤解のはずである。その大きな見方は，ただ，自分自身を小さく局所的な場面から離れたところに身を置くことで，また，自分のもつ知的な目をただ開くことで，自動的に所有するものでも，得られるものでもない。それは構成されるものであり，大きな構成物が小さなものよりも必ずしも優れ

ているわけではない。構成物は均衡を欠いているために奇妙なもののように思われる。すなわち，過度に強調されるものもあれば，十分に強調されていないものがある。これらは，今では知的好みに関してよく知られている表現である。

　構成物は完全に誤った概念的枠組に基づいているように思われるかもしれない。マルクス主義やキリスト教の教義のような，利用可能である重要な理論の一つにしたがって描かれた大きな描写は現実世界の貧しい描写となるであろう。粗雑な知的好みや常軌を逸した知的好みの案内のもとで構成された大きな描写は，自発的に情報貧困としての生活を送る人たちの小さな描写より，はるかに難点があるもののように思われるであろう。大きな見方が，小さな見方より優れており，正確で信頼できると考えるのは誤りである。人のもつ見方は直接，学習できるものや，検証できるものに制限される程度が小さければ小さいほど，他者が有する典拠性により多く依存しつつ，最終的には人を案内する知的好みだけが伴うことになる。しかし，周囲を見回すことで，誰でも独力で検証できることから，知的好みは信頼できる案内ではない。

1　Warren Harding の引用は，Richard Fenno. *The President's Cabinet*. Harvard University Press, 1959, p.40-41 からである。

2　E. Adamson Hoebel. "Authority in Primitive Societies," in ed. Carl J. Friedrich. Authority, Nomos 1. Harvard University Press, 1958, p.226-27.

3　Milton Rokeach. *Belief, Attitudes, and Values*. Jossey-Bass, 1968, p.9-10.

4　Patrick Wilson. *Public Knowledge, Private Ignorance: Toward a Library and Information Policy*. Greenwood Press, 1977, p.45-53.

5　Milton Rokeach. *The Open and Closed Mind*. Basic Books, 1960, p.45.

6　Angus Campbell. *The American Voter: An Abridgement*. Wiley, 1964, 党派の同定識別について Ch.5 を参照。

7　Andrew Hacker. "Farewell to the Family," *New York Review of Books*, 18 March 1982, p.42.

8　前掲 [7] を見よ。

9　James S. Coleman. *The Adolescent Society* (New York: Free Press, 1961. ベネット・M・バーガー (Bennett M. Berger) による Coleman の同著作に関する次のレビューを参照せよ。"Adolescent and Beyond," *Social Problems* 10, 1963, p.394-400.
　　バーガーにとって，青春期の関心は，図書による学習よりはむしろ，運動競技や課外活動，デート，流行，徒党，車，ダンス，マスメディアにあるが，このことは青春期をまったく異なった下位文化にするものではない。

10　Howard R. Bowen et al. *Investment in Learning: The Individual and Social Value of American Higher Education*. Jossey-Bass, 1977, p.88. 「大抵の研究によれば，課程で学んだことの 50〜80% は 1 年以内に失われる」。なかには残るものもある。もちろん，

大学は人々に他の効果をもたらすが，バウエン（Bowen）によって広くレビューされている。次の文献をも見よ。

Herbert H. Hyman, Charles R. Wright, and John Shelton Reed, *The Enduring Effects of Education*. University of Chicago Press, 1975, p.21.「より優れた教育を受けた者は，幅広く深い知識をもっており，それは単に図書から得た事実に関する知識だけでなく，現代世界に関する知識でもある・・・知識を探索し，より情報源と調和させるであろう」。

11 これは，専門職の専門化であり，さもなければ，洗脳として知られている。学校教育のすべての段階で，公式な方針は，学生・生徒は分析と評価の力を開発することで，批判的となるように学習することであり，教師が適切と考える種類の分析と評価の技能を開発することを意味する。

12 *Manifesto of the Communist Party*, section II; Karl Marx and Friedrich Engels. Basic *Writings on Politics and Philosophy*, ed. Lewis S. Feuer. Doubleday, Anchor Books, 1959, p.26.

13 Edward Shils. *Tradition*. University of Chicago Press, 1981, p.250.
「権力はそれ自身のカリスマ的な力を行使し，それによって打ち負かされてきた人たちを，文化的伝統のすぐ後に続いて引き寄せるのである」次の文献をも見よ。

Bertrand de Jouvenel. *The Pure Theory of Politics*. Cambridge University Press, 1963, Ch.3.

E.H. Gombrich. "The Logic of Vanity Fair," in Paul Arthur Schillp ed. *The Philosophy of Karl Popper*. Open Court, 1974, p.945-51（Library of Living Philosophers, 14）.

もちろん，社会心理学全体はここでも関連あるものとすべきである。言うまでもなく，信念と好みの不安定性に関するこうした強調は行きすぎの可能性もある。「受容を求める人」に関する同様の過度な強調へのよく知られた警告については，次の文献を見よ。

Dennis H. Wrong. "The Oversocialized Conception of Man in Modern Sociology," *American Sociological Review* 26, 1961, p.189-93.

しかし，それもまた不十分である。

14 大抵の作業スキルは仕事の中で学習される。次の文献を見よ。
Perspectives on Improving Education, [edited by John C. Flanagan, Praeger, 1978].
Randall Collins. *The Credential Society*. Academic Press, 1979.
Lester Thurow. *Generating Inequality*. Basic Books, 1975.
Harry Braverman. *Labor and Monopoly Capital: The Degradation of Work in the Twentieth Century*. Monthly Review Press, 1974.

15 Stanley Aronowitz. *False Promises*. McGraw-Hill, 1973, 特に，p.304-19.
Warren O. Hagstrom. "Traditional and Modern Forms of Scientific Teamwork," *Administrative Science Quarterly* 9, 1964, p.254.

16 C.P. Snow. *Science and Government*. Harvard University Press, 1961, p.72.

17 Henry Mintzberg. *The Nature of Managerial* Work. Prentice-Hall, 1980, p.30.

18 前掲［17］p.66. を見よ。
「もっとも構造化されていない組織を除いたすべての組織においては，管理者のもと

の人間は専門家であり，管理者は，相対的に総合職である。・・・管理者は，専門家に委任しているいかなる機能についても，専門家ほどには知らないが，すべての機能について十分に知りえる唯一の人である」。

19 Dale E. Zand. *Information, Organization, and Power: Effective Management in the Knowledge Society*. McGraw-Hill, 1981, p.171.
　「十分に構造化されていない状況は，前もって，助言者としての専門家を同定することが困難であるため，悲惨であり，奇怪である。しかしながら，自称専門家のもつ欠点はない。あらゆる専門家や管理者は，専門家であると主張でき，大抵はそう主張する。このジレンマは十分に構造化されていない状況に組み込まれたものである」。この状況は管理者が典型的に直面する種類の状況である。

20 Howard S. Becker. "Whose Side Are We On?" *Social Problems* 14, 1967, p.241.

21 Harold J. Laski. *The Limitations of the Expert*. Fabian Society, 1931.（Fabian Tract no. 235）.

22 Abraham Kaplan. *The Conduct of Inquiry: Methodology for Behavioral Science*. Chandler, 1964, p.28.

23 Joseph F. Coates. "What is a Public Policy Issue?" in Kenneth T. Hammond ed. *Judgement and Decision in Public Policy Formation*, AAAS Selected Symposium, 1. Westview Press, 1978, p.58.

24 Sylvia Porter. "How to Choose and Use a Lawyer," *San Francisco Chronicle* 19, October 1981, p.60.

25 William J. Goode. "Community within a Community: The Professions," *American Sociological Review* 22, 1957, p.194-200, 特に，p.198-200.

26 Michael L. Ray and Donald A. Dunn. "Local Consumer Information Systems for Services: The Market for Information and Its Effect on the Market," in Andrew A. Mitchell ed. *The Effect of Information on Consumer and Market Behavior*. American Marketing Association, 1978, p.94. これは，「情報回避戦略」として記述されている。

27 Peter Steinfels. *The Neoconservatives*. Simon & Schuster, 1979, p.233. この文献では，新保守主義者は専門職の典拠性や専門的な知識に対する現代の攻撃を同定するうえで正しい。しかし，彼らはこうした攻撃を，より優れた能力をもつ代表者としての典拠に対する民衆中心主義者による平準化や憤りとしてみている。その一方で，スタインフェルは，専門職の典拠への敵意は，むしろ，しばしば不信に基づいており，証拠を使ってしばしば支持されているとし，また，主張されている能力は，実際に優れているか，十分なものであると論じている。

28 「鮮やかさ」の効果に関しては，次の文献を見よ。
　Richard Nisbett and Lee Ross. *Human Inference: Strategies and Shortcomings of Social Judgement*. Prentice-Hall, 1980, p.45-60.

29 次の文献を参照せよ。
　　William Stephenson. *The Play Theory of Mass Communication*. University of Chicago Press, 1967.

30 これは，「専門家のニュース」と「大衆向けニュース」に関するハーバート・ガンス（Herbert Gans）の区別にかなり類似している。次の文献を見よ。

Herbet Gans. *Deciding What's News: A Study of CBS Evening News, NBC Nightly News, Newsweek, and Time*. Vintage Books, 1980, p.307-10. ガンスの次の著作は同様にここでもあてはまる。

Popular Culture and High Culture: An Analysis and Evaluation of Taste. Basic Books, 1974.

真摯な世界観察と気軽な世界観察との区別は，マッハルプの「知的な知識」と「取るに足らない話と娯楽の知識」の区別に近い。実際，マッハルプの後者の範疇の記述は，ほぼ完全に我々の気軽な世界記述の範疇に入れられる。「ご近所の噂話，犯罪や事件のニュース，ライトノベル，物語，ジョーク，ゲーム等は概して，「真摯な」追求からではなく受け身のくつろぎから獲得される」（Fritz Machlup, *Knowledge and Knowledge Production*. Princeton University Press, 1980, p.108）。

31 Matthew Arnold. "The Function of Criticism and the Present Time," in *Essay Literary and Critical*. Everyman's Library ed. Dent, 1906, p.10.
「すべての主題に関して，心の自由な働きという概念はそれ自体，楽しみであり，欲求の対象であり，英国人の思考にほとんど入り込むことはない」。

32 Ernest L. Boyer and Fred M. Hechinger. *Advancing Civic Learning*. Carnegie Foundation for the Advancement of Teaching, 1981, in *Chronicle of Higher Education*, 25 November 1981, p.12.
次の文献をも見よ。

Dorothy Nelkin. "Political Impact of Technical Expertise," *Social Studies of Science* 5, 1975, p.35-54.

Allen Mazur. "Disputes between Experts," *Minerva* 11, April 1973, p.243-62.

33 Campbell, et al. *American Voter*.
「投票が何事も変えるのであれば，投票は違法にされるであろう」は，落書きに表現された広範な意見である。この1節は *Mother Jones*. April 1982, 25 に引用されている。

34 たとえば，次の文献を見よ。
Robert E. Lane and David O. Sears. *Public Opinion*. Prentice-Hall, 1964, Ch.6

35 Philip E. Converse. "The Nature of Belief Systems in Mass Publics," in David Apter ed. *Ideology and Discontent*. Free Press, 1964, p.206-61.

36 Leo Tolstoy. Anna Karenina. trans. Constance Garnett. Random House, 1939, 1, p.10-11［『アンナ・カレーニナ』木村浩訳，新潮社，2012］。

37 もし，わたしが論争好きであり，地位に関する知的な優位性を求めた戦いに関与するならば，状況はまったく異なる。反対者によって書かれたものを破壊するためには，私はそれを確かに調べなければならない。私が霊魂創造説の側におり，その立場を擁護する責任と，反対の立場を攻撃する責任をもっているのであれば，私は，他の側にいる者が語る必要があることについて，それを反駁し，私の側に有利に利用できるように，大いに情報を得るようにしなければならない。知的闘争に積極的にかかわる同志は，反対の立場にいる無気力な支持者よりも，しばしば，より優れた情報を得ることになる。

38 この点に関しては，次の文献を見よ。Nisbett and Ross, *Human Inference*.

39 テクストの中で大まかに描かれた五つの類型については，アルフレッド・シュッツ

（Alfred Schutz）の次の文献の中で示された三つの類型と比較してもよいであろう。

Alfred Schutz. "The Well-Informed Citizen: An Essay on the Social Distribution of Knowledge," in Alfred Schutz. *Collected Papers*, II: *Studies in Social Theory*, Phenomeno-logica 15. Nijhoff, 1964, p.120-134.

その三つの類型とは，専門家，市井の人，十分に情報を得ている市民である。

40　Peter Gould and Rodney White. *Mental Maps*. Penguin Books, 1974, p.15-49.

41　きわめて多くの可能性の中に入るものとして，次の文献を参照せよ。

Joseph A. Kahl. *The American Class Structure*. Rinehart, 1957.

Herbert J. Gans. *The Urban Villagers: Group and Class in the Italian-Americans*. Free Press, 1965.

Lillian Breslow Rubin. *Worlds of Pain: Life in the Working Class Family*. Basic Books, 1976.

Louise Kapp Howe. *Pink Collar Worker: Inside the World of Women's Work*. Avon, 1978.

Geneieve Mnupfer. "Portrait of the Undergo," *Public Opinion Quarterly* 11, 1947, p.103-14.

Albert K. Cohen and Harold M. Hodges, Jr., "Characteristics of the Low-Blue-Class," *Social Problem* 10, 1963, p.303-34.

Bentia Luckman. "The Small Life-Worlds of Modern Man," *Social Research* 37, 1970, p.508-96.

Thomas Childers and Joyce Post. *The Blue Collar Adult's Information Seeking Behavior and Use: Final Report*. Educational Resources Information Center, 1976.

私は，ここで記述されている集団は，専門職の従事者や管理職の人たちから構成されていない労働者階級と中産階級の一部を含むと仮定している。労働者階級の大きさに関しては，次の文献を見よ。

Andrew Levinson. *The Working Class Majority*. Penguin Books, 1957.

42　Nigel Harris. *Belief in Society: The Problem of Ideology*. Watts, 1968, p.56.
「比較的，社会が安定している時代には，人口の大多数が国内政治の領域に気付いておらず，エドモンド・バーク（Edmond Burke）が「ある種のきわめて鈍感な黙認」と呼んだものさえも，政府に与えはしない。むしろ，国家や政府機関は，天気のようなものであり，物事の自然の秩序の一部として許容しなければならないものであり，「受け入れたり」あるいは，「拒否したりする」ことができるようなものではないのである」。

43　Randall Collins. *Conflict Sociology: Toward an Explanatory Science*. Academic Press, 1975, p.71.

44　次の文献を見よ。Bowen et al., *Investment in Learning*.
Hyman, Wright, and Reed, *The English Effects of Education*.

45　Edward Shils. *The Intellectuals and the Power, and Other Essays*. University of Chicago Press, 1972, p.123.
次の文献と比較せよ。

Harold L. Wilensky. "Mass Society and Mass Culture: Interdependence or Independence?" *American Sociological Review* 29,1964, p.173-97.

5章　日常生活における知の典拠　169

大学で4年間過ごした学生と，それまでに4年間働いてきた高等学校の卒業生を比較した研究によれば，「その人たちの読書習慣については，大学生は，すでに働いている若者以上に，知的関心に顕著な増加は見られないことがわかった」（Bowen et al., *Investment in Learning*, p.86）。

46　Joseph A. Schumpeter. *Capitalism, Socialism and Democracy*, 3rd ed. Harper & Row, Harper Torchbooks, 1962, p.261-62［『資本主義，社会主義，民主主義』大野一訳，日経BP社，2016］.

Alfred North Whitehead. *Science and the Modern World*. American Library, Mentor Books, 1948, p.196-97［『科学と近代世界』上田泰治，村上至孝訳，松籟社 1987，3版，ホワイトヘッド著作集 第6巻］

「各専門職は進歩しているが，それは決まり決まったやり方での進歩である。・・・人びとは専門職や仕事以外で生きている。しかし，重要なことは，決まり決まったやり方のなかで，真摯な思考が自制されていることである。残りの生活は，一つの専門職から引き出される不完全な思考の範疇を使って，表面的に扱われている」

フランス人が「専門偏向（déformation professionnelle）」と呼ぶものに関しては，次の文献をも見よ。

W.E. Moore. "Occupational Socialization," in *Handbook of Socialization Theory and Research* ed. David A. Goslin. Rand McNally, 1969, p.881,

47　「苦労して難しい会社のトップへと進むことに生涯を費やすのは，通常は狭い経験である。そうした経験により，典型的な会社の社長が国や世界に関する社会的，経済的，政治的問題に時間とエネルギーをほとんど充てることはない」（Leonard Silk and Mark Silk, *The American Establishment*, New York: Avon Books, 1981, p.227）.

48　たとえば, Nathan Glazer. "The Role of Intellectuals," *Commentary* (February 1971), p.55では次の記述がある。

「知識人とは，思想から生計を立てる人たちであり，さまざまな程度で，思想の影響を受けている。それゆえ，知識人は思想で生計を立て，思想に専念するのである」。

この指摘は知識人を職業上の範疇にするものである。実際に思想で生計を立てる人たちの記述については，次の文献をも見よ。

Charles Kadushin. *The American Intellectual Elite*. Little, Brown, 1974. リチャード・ホーフスタッター（Richard Hofstadter）は，自著の *Anti-Intellectualism in American life*. Vintage Books, 1963, p.26-28［『アメリカの反知性主義』田村哲夫訳，みすず書房，2003］の中で，思想に専念するよりはむしろ，思想で生計を立てる専門職の人間を思想に専念する（しかし，必ずしも，ホーフスタッターは明確にしてはいないが，思想で生計を立てているわけではない）知識人と比較してきた。

Everett Carll Ladd, Jr., and Seymour Martin Lipset. *The Divides Academy: Professor and Politics*, New York: Norton, 1976, p.132-33.「知識人とは新たな知識，新たな思想，新たな芸術の創造にかかわる活動をしている人である」。そこで，批評家は知識人ではないが，はっきりものが言えない画家は知識人となるであろう。これでは十分ではない。

49　次の文献の中で引用されている。

Jacques Barzun. Science, *The Glorious Entertainment*. Harper & Row, 1964, p.27.

50　C.B.A. Behrens. "Porn, Propaganda, and the Enlightenment," *New York Review of*

Books, 29 September 1977, p.33.

51 C. Wright Mills. *The Sociological Imagination*. Grove Press, 1961, p.8. 知的流行に関する好例については，次の文献を見よ。

Sherry Turke. *Psychoanalytic Politics: Freud's French Revolution*. MIT Press, 1981.

52 科学に関しては，次の文献を見よ。

Lionel Trilling. *Mind in the Modern World*, 1972 Jefferson Lecture in the Humanities. Viking Press, 1973.

C.P. Snow. *Two Cultures: And a Second Look*. New American Library, Mentor Books, 1963［『二つの文化と科学革命』松井巻之助訳，みすず書房，2021 新装版］

訳注 1　ハーディング（Harding, Warren Gamalie, 1865-1923）。アメリカの政治家。第 29 代大統領［1921/23］。［中略］保守的な内政を行う一方で外交面ではワシントン会議［21-22］を成功させたが，在任中の疑獄事件の続発などにより大統領としての評価は分かれる。（出典：『岩波　世界人名大辞典』JapanKnowledge.　https://japanknowledge. com/lib/display/?lid=52030239660s102900_000［アクセス日：2024-07-27]）

訳注 2　ショショーニとは，北アメリカ西部，グレート・ベースン（大盆地）の先住民（アメリカ・インディアン）の一つ。（出典：『日本大百科全書（ニッポニカ）』Japan Knowledge.　https://japanknowledge.com/lib/display/?lid=1001000120888［アクセス日：2024-07-27]）

訳注 3　「専門職の責任の範囲はその能力で対応可能な範囲にとどまる」という指摘を，レファレンスサービスを例に敷衍すれば次のようになる。レファレンスサービスでは，医療関係の質問については，その質問への回答が記録されている文献の提示にとどめ，医者に代わって医療の専門知識を提供することはできず，また，提供してはいけない。このように，専門職としての図書館員の仕事は文献の提示までであり，医師という専門職の役割である医学の専門知識の提供にまで拡張することはない，ということである。

訳注 4　「間接的な情報」は "second-hand information" の訳である。新聞や雑誌，図書などのメディアから得られる情報や教育を通じて得られる情報が間接的情報にあたることが示されている。

訳注 5　「もう一つのソフトな分類」とは，ここでは，公的な問題に注意を払い，公的な問題を同定することに関心があるかないかを基準に，人びとを分類することを指している。

訳注 6　「確立された知の典拠」の役割は，図書館のレファレンスサービスやレフェラルサービスを担う図書館員にあてはまる。すなわち，利用者が抱える問題について，その解決に必要となる信頼性の高い情報源を典拠として，図書館員は紹介または回答するという役割である。

訳注 7　「公的問題において生じる典拠の問題が軽く扱われる」との指摘は，知の典拠に関する重要な問題点といえる。知の典拠は主に専門家・専門職が担うことからわかるように，特定の専門的課題や問題への対応や解決の際に知の典拠というものが焦点化される。それに対して，公的問題というものは，多くの分野とかかわり，その解決には多様な専門知識が必要となるばかりか，専門分野を横断する総合的な知識や知性と判断が求められる。それゆえ，専門分野に特化したかたちの知の典拠は，公的問題には対応が難しく，その解決に寄与できないことになる。

5 章　日常生活における知の典拠　　171

6章 情報検索と知の典拠
Information Retrieval and Cognitive Authority

6.1 印刷世界の典拠

　図書館は知識とそれ以外の多くのものの貯蔵庫である[訳注1]。図書館は知識産業による紙の生産物を蓄積しているが，知識に寄与する著作物の所蔵を意味しない。知識産業における生産機構に関する我々の調査から，次のように結論付ける必要がある。その結論とは，知識産業において，公刊された研究の成果である著作物の完全な集積には，ほとんど，あるいは，まったく承認されていない提案という形式をとった資料が非常に多く含まれており，何らの価値も意義もない多くの著作が含まれている，ということである。もし，知識の進歩を信じるならば，これまでの成果の多くは，新たな研究成果の登場により，利用度が減少すると考えておかなければならない。さらに，流行が，生産されるものや，過去の生産物と現在，考えられているものを決定するうえで大きな部分を占めていると考えられるならば，これまでに生産された古いものの多くは，たとえ今なお価値があり有用であるにもかかわらず，流行から外れている，とどうしても考えられてしまうであろう。

　知識産業の多くの部門の研究者が，自ら提示する問題を本当に解決できるのかどうか疑問に思うのであれば，図書館のコンテンツの多くは意見を表したものであって，知識を表したものではないことを認めることになろう。もし，世界を眺め，記述する際の観点が異なり，その数が無限であるとするならば，図書館が所蔵する資料とは，次のようなものになろう。すなわち，物事の在りように関して一貫性のある単一の物語へと統合しえないような世界について，競合し対立する説明を含んだ資料ということである。そして，我々が，文化的な前衛運動にかかわる擬似的な知識産業の存在を認め，そうした知識産業が迷信や困惑させものをも提供するとしよう。その場合には，何ものをも差別しない完全な図書館は，迷信や困惑させるような，知識でも合理的な意見でもないものを表現した多くの資料を所蔵すると考えられるだろう。

知の典拠となる資料とその検証

　我々は，非専門家を対象にした資料の生産が，知識産業の活動の一部として考慮すべきものかどうかについて明確には検討してこなかった。今，この問いに答える必要はないが，ただ，次のような事実を記しておく。その事実とは，専門家による知識産業の生産物の多くは，専門家を除いて，いかなる読者にも届くことはないが，その一方で，教科書，大衆向けの資料，さらには，広範な読者を対象にした真摯な学術書や，やや真摯な学術書（歴史という一般的な範疇に含めてきたものの多くを含めて）の生産に専念し，活況を呈した産業がある，という事実である。それらの資料は，図書館で見つけられるものだが，専門家が生産した資料と同様に，その質と信頼性については，きわめて多様である。小規模な図書館は「思考され，語られてきた最善のもの」だけを所蔵するであろうが，大規模な図書館は，そうした良書に加えて，悪書の多くを所蔵することになる。

知の典拠としての図書館資料^{訳注2}

　世界の図書館にある図書，雑誌，新聞，手稿，およびフィルムのすべてが，知識や意見の情報源となりえるものである。それらの資料は，我々にとって，知の典拠となるかどうかの問題を投げかけるが，その問題は，その著者と対面したときに，その著者が知の典拠となる人かどうかという同じ種類の問題である。図書館にある資料のうち，どの資料が真剣に受けとめるべきものなのか。その資料が述べていることにどの程度の重みを付与すべきなのか。そうした資料の中には，我々がすでにかなりの程度，知っていることについて語っているものがあるだろう。我々は，その資料の中で述べられていることについて，すでに知っている（あるいは，知っていると考えている）ことに照らして検証することができる。しかし，資料の多くは，我々が直接的な検証を行えるほど十分には知らないことについて述べているものであろう。我々は，それまでに知らないことがわかるようになるために，資料を調べるのである。それゆえ，我々は，特別な専門知識を主張するすべての人に接するのと同様に，資料にも接しなければならい。資料が知の典拠となるかどうかの検証は，専門知識を有していると主張するすべての人が知の典拠となりえるかどうかを検証するのと同じである。

典拠となる人物とその著作の典拠性

　テキストが，知の典拠となることを認めるための基礎は，明らかに，テキストの著者が担う知の典拠性である。あるテキストが，我々が信頼できる個人，ないしは個人の集団の著作であるならば，我々は，そのテキストを信頼することができる。

6章　情報検索と知の典拠　173

ある人物が典拠になるという認識を保証する際に考えることは，その人物が典拠となる分野にその人の著作が属する限り，その人物の著作に転移することができる。しかし，直ちに時間という要素が，文献が担う典拠の場合と人物が担う典拠の場合を区別する際に関与することになる。

　人物が典拠となりえるかどうかは，基本的に，その人物が存命中である場合に検証される。その人物の現在の評判と，これまでにその人物が達成した業績などが検証される。現在，ある人物が典拠としての承認に値するということが，過去においても典拠としての承認に値したことを意味しないし，今後も引き続き典拠としての承認に値することを意味しない。たとえ，その人物が今現在，典拠としての承認に値するとしても，その人物が20年前に発表した著作は典拠としての承認に値しないかもしれない。その理由の一つは，現在の著作と同一の主題について，その人物が，20年前の著作では否認していた可能性があげられる。その場合，現在の著作に典拠性を認めたとしても，その人物の過去の著作に典拠性を認めることはできない。人物に対して現在認めている典拠性が自動的に過去の著作には当てはまらないのである。

　同様に，過去に，その人物を典拠として認めていたからといって，自動的にその人物の現在の著作を典拠として認めることにはならない。ある人物が1850年にある主題の専門家であったことが，その人物が作成した著作が今なお典拠として受け入れられることを保証するものではまったくない。過去の評判は，過去の著作が現在も典拠として確立するうえで十分ではない。我々が典拠性を決める必要があるのは，現在の評判である。

資料が担う典拠性の継続性と最新性による検証

　現在の評判は，過去の著作が担う知の典拠を実際に検証するうえで有効なものである。その評判とは，同時代のあらゆる集団における評判ではなく，適切な分野において知の典拠性を担うものとして我々が認めた同時代の集団における評判である。同時代の集団には，過去の研究が組織化された分野において，あるいは，過去の問題がいまや消え去った後継分野の領域において，今なお専門家である人もおり，そうでない人もいるかもしれない。というのは，探究の領野は絶えず変化し，問題はある分野から別の分野へと移るからである。たとえ，過去の著作が属する分野に関して，今も支配権を主張する専門家集団に対して典拠性を認めたとしても，その専門家集団の現在の評判は我々にとって決定的であろう。しかし，もし我々が，その専門家集団が典拠となることを認めないのであれば，その専門家集団の評判は我々にとって重要ではないであろう。

我々は，個人的な推薦に頼ることができるが，それは現在の評判のルールの特殊な場合に過ぎない。我々は，信頼する人が我々に信頼できるものとして示した著作を信頼する用意はある。しかし，現在の評判が不明であり適合していないとき，また個人的な推薦がないときに，我々はどうすればよいだろうか？　時間の経過により典拠でなくなることがあるため，我々は最新性（recency）という単純なルールに頼ることになるだろう。新しければ新しいほど良く，古ければ古いほど悪い，というルールである。そうした単純と思われるルールは，確かに見掛け倒しの現在の著作に代わって，過去の優れた著作を無視させることになるが，間接的な検証がつねに機能することは期待できない。もし，より複雑で時間を浪費しないルールを定式化できず，適用できないのであれば，こうした単純なルールはないよりましである。著作が知の典拠となるかについて決定する基礎として，執筆から経過した時間以外にないとすれば，「過去のものであればあるほど，良い」というルールを使用することで，よりうまくゆくことはないであろう。また，時間というものを完全に無視することで，よりうまくゆくこともまた，ないであろう。

　執筆からの時間の経過を考慮に入れない，より複雑なルールは容易に定式化できる。たとえば，主題について，進歩していると思われる主題と進歩していないと考えられる主題に分ける。そのうえで，進歩している主題については最新性という単純なルールを適用し，進歩していない主題については，時間を完全に無視するか，または，あまり多くの重み付けをしないというルールである。ある主題が進歩しているかどうかは，その主題が関係する機関が担う典拠性を参照するか，最も重要な条件である現在の一致した意見によって決めることができる。こうしたルールにより，科学は進歩しており，他の探究の領域は進歩していない，との結論に達することになろう。

著作と出版者の典拠性の検証

　もう一つの種類の検証は，著作に適用可能なものであるが，人には適用できないものである。それは出版の履歴である。出版者はある種の知の典拠を獲得することができる。出版者は何かを知っているということではなく，著作を執筆し出版する人たちを見出すことを得意とすると考えられる。我々が敬意を払う出版者による刊行物は，ほとんどが，ある種の個人的な推薦からなる。ある一つの雑誌は，同じ種類の典拠を担うことができ，雑誌が担う典拠はその出版者が出版する記事にまで及ぶ。ほかの種類の機関による承認が利用可能な場合があり，出版者が典拠となりえるかどうかを検証するうえで利用される。それには，学術団体や専門職団体による刊行物に対する後援，著名な教育機関の教師による教科書としての利用，政府機関

6章　情報検索と知の典拠　　175

や州立の印刷所による刊行物，ある著作に対してその著作あるいはその著者に授与された賞があげられる。多くの著作にとって，初版が最後の版でもあるため，版を重ねている出版や翻訳の出版は，典拠性に関する間接的検証として役立ち，並外れた成果としてみなされる。

　最後に，レビューの刊行は間接的で特別な検証を提供する。評者が我々にとってすでに知の典拠を担っているのであれば，その評者によるレビューは個人的な推薦となる可能性がる。もし，レビューとともにその評者についても十分な情報が得られていれば，その評者が担う典拠性について評価できるようになるであろう。評者が知られていないならば，その評者が下す判定は何の意味もない。もし，その評者は典拠に値せず，誤っていることが確実であるならば，その人による賞賛は批評対象となった著作にとって致命的となるであろう。

　著作は，その著者とは独立に知の典拠性を獲得するであろう。これまで列挙した検証は，直接，著作に適用可能であって，最初に著者に適用し，次いで派生的に著作に適用するというものではない。標準的な辞書が担う典拠は，我々の目では，その編纂者が担う典拠から引き出されているのではない。我々はそうした人たちのことを知らない。繰り返し改訂される標準的なレファレンス資料は，それ自体，一つの制度として考えられるであろう。資料の改訂に責任を有する人の評判は，こうした関係性から生じる評判に由来しているのであって，改訂者の評判が反映したものではない。

　最後に，本質的な妥当性の検証は，つねに利用可能であるが，著作が担う知の典拠性という問題においては特に重要である。著作に我々の注意と関心を払う機会は通常，一つしかない。その著作のわずかな語句を読むことで，読む気を失せさせるのに十分であろうし，全体を読みたいと思わせるにも十分であろう。こうした即座の評価というものは，本質的な妥当性を超えたものに基づいているが，それは大きな要素である。著作の一部が無意味との強い印象を我々に与えるならば，我々はその著作を読み続けることはできなであろう。もし，その著作が際立って優れているように思えるならば，我々は読み続けるであろう。我々は，出会う著作について，思い悩むに値しないものとして，その多くを放棄するのは，次のことを即座に認識する場合である。それは，我々がはっきりと拒絶する学派の思考を表現していること，価値がないものと考える研究様式であること，馬鹿げていると考える理論に傾倒していること，である。

　我々は，事前の信念や認識の立場と矛盾すると見なすものをつねに拒否するということではない。趣味に合わないと思うものでも読まなければならない機会は数多くある。しかし，我々は，著作の内容に関しては妥当であるか妥当でないかの認識

を避けることはできない。その認識に応じて，我々は，その著作を典拠とみなすかどうかを決めるのである。

　知の典拠に対して，こうしたさまざまな外的検証の適用が確実でなく，不確かなものであることは，人びとへの同種の検証の適用の場合と同様である。検証はさまざまな方法で適用可能であり，異なる結果をもたらす。いかに適用しようとも，検証は何ものをも保証しない。しかし，検証は進めるほかはない。さもなければ，著作が担う知の典拠性を評価するうえで，今以上の指針があるだろうか？　情報の蓄積と検索に責任を有する専門職は，指針のかたちで今以上のものをもっているのだろか？

レファレンス質問と典拠となる情報源

　我々がある問題に関して知られていることを見出すために，あるいは，その問題について意見の状況はどのようなものかを見出すために，図書館に行くならば，幸運にも，あるいは，図書館員の支援を受けて，我々は知りたいと思うことを教えてくれる一つの情報源を見つけることになろう。その情報源とは参考図書，専門書，教科書，文献レビューである。単一の情報源を使って回答を得た場合，つねに問題となるのは，さらに調べる必要があるのか，この情報源は質問に対して少なくとも一時的に解決するものと考えればよいのか，ということである。この問題は，少し言い方を異にしただけで，知の典拠に関してよく知られた問いである。情報源が当該主題に関する標準的な著作であり，究極的には，事典であれば，その情報源は典拠として確信できる。そのような情報源であれば，一つの情報源で回答してよいのか，という先ほどの問いにはすでに回答されていることになる。しかし，その情報源についてよく知らないのであるならば，たとえ短期的であっても，上記の問いは明らかに生じることになろう。

　特定のレファレンス質問に関しては，知られていること（回答内容），あるいは，その質問にまつわる状況がどのようなものなのかについて，まったく異なる記述を提供する多くの情報源がほかにもある可能性がある。それゆえ，手に入る最初の情報源でレファレンス質問への回答を得ることは，軽信性の現れである。警告するとすれば，ただ一つの情報源を重視する理由を見出すだけでなく，さらにもっと重視に値する他の情報源があると考える理由をも見出す必要がある，ということである。情報源の典拠性の有無を知るには，情報源自体からは見出せない情報が必要であり，著作自体をいくら調べても，その著作や著者の評判はわからないのである。評判について何らかのこのことを見出したと考えられるときであっても，それにどの程度の重みを付与するのか，という問題が残るのである。

6章　情報検索と知の典拠　　177

もし，知りたいことについて，教えてくれる情報源が不運にも見つけられないのであれば，多くの著作を探索する必要があるだろう。多くの文献を集められれば，探そうしているものを見つけることができるであろう。適切な文献集合を見つけることは単純でも簡単なことでもない。資料を使って満足いく結果に到達することは，さらに単純でもなく簡単なことでもない。最も難しい状況は，学術的，科学的研究のオリジナルな成果報告を調べなければならない状況である。なぜなら，そうした報告書で述べられていることと専門家の合意との間には，最も微妙で間接的な関係があるためである。特定の専門家集団の見方にどの程度の重みを付与するかという問題は絶えず存在する。もし，信頼できる人の中に，質問に回答できると思われる一つの情報源について指示してくれる人がいて，その人が「あなたはそれ以上，調べる必要はない」と言ってくれるのであれば，それが理想的であろう。複数の情報源について教えてくれる人がいて，「あなたは，この情報源については無視してよいし，残りの情報源のうち，これとそれが最も重要であり，それらの重要な情報源に含まれているものに追加するものを含んでいる他の情報源はほとんどない」と教えてくれるならば，それが理想であろう。

著作物の質コントロールと信頼性

どのような人物であれ，誰がこれを行ったのかということが，著作物に関する最も重要な種類の質のコントロールを提供することになろう。著作物には，多くの異なる形式で，質の高いものもあれば，低いものもある。その異なる形式には次のものがある。すなわち，十分かつ明確に書かれてはいるが不幸にも不正確であるもの，想像的で刺激的ではあるが不健全であるもの，などである。しかし，知られていることや，ある問いがどのような状態であるかを見出したい人にとって，主要な質の側面は信頼性（credibility）である。すなわち，著作物が述べていることを信じることができるのか，あるいは，少なくとも真剣に受けとめることができるのか，ということである。これ以外の著作についての良し悪しは，副次的な関心である。知の典拠に関する問いは，質のコントロールに関する問いとして言い換えることができる。情報の蓄積と検索に責任を有する専門職は質をコントロールする者として振る舞うことができるであろうか？

レファレンス質問の状態に関する評価

専門職は今以上のサービスを実践することになるだろう。そのサービスとは，著作物にかかわるすべての業務の遂行を引き受けることである。その業務として，レファレンス質問の状態に関する評価があげられる。専門職が十分であるとみなす唯

一の評価はまだ存在しないとしても，レファレンス質問の状態に関する評価が今以上のサービスに含まれる。専門職がレファレンス質問の状態について優れた理解を得るために，多くの著作物のどれを調べればよいかを知らせることができ，さらにそのレファレンス質問の状態に関する批判的な記述を作成するために著作物を利用することができるのであれば，これほど豪華なサービスはないであろう。我々は，現時点ではそのような最後のサービスは無視することになろう。質をコントロールする専門職として活動するうえで信頼されないような人は，こうした今以上のサービス実践するうえで信頼されることはない。我々は，まず，情報の蓄積と検索の専門職として質をコントロールする能力の問題の解決を試みなければならない。

こうした専門職には，図書館員が含まれるが，その職名として，情報専門家や情報科学者のように他の名称を好む人たちが増えている。著作を取り扱う専門職は，その多くが拒否する名称であっても，すべて書誌編纂者と呼ばれるであろう。我々は一般に図書館員について語ることなるが，図書館員についていえることは，同種のスキルや技術を伴なう類似の業務を遂行している他の専門職にも当てはまると考えられる。

▌ 6.2　誤った情報システム

情報と誤った情報への図書館の対応

情報の蓄積と検索に関する文献や図書館学に関する文献において，蓄積され検索される情報の質にほとんど注意が払われていないのは，少々驚くべきことである[1]。情報と誤った情報との違いは，それ自体，どのような情報システムであれ，その設計，運用，改善を意図した業務のいずれにおいても中心的なものであると考えられきた。というのは，もし，その違いが特に重要でないとすれば，ある特定のシステムを誤ったシステムと呼ぶのは何故であろう。図書館は今でも主に図書館と呼ばれるが，図書館は情報センターとして言及される頻度がますます増えている。もし，図書館が，所蔵しているものの質には中心的にかかわることがないのであれば，図書館が誤った情報センターと呼ばれるのは，もっともなことかもしれない。もし，人びとが，ある問題について調べるために，図書館のような機関を利用するのであれば，調べるという行為と誤って案内されるという行為の違いに，少なくとも関心をもっている。我々が図書とはある主題に関する情報を含んでおり，そこからその主題について情報を得ることができるものとして語る意味は何であろうか？　また，情報が価値あるものであるという考え方や，情報とは何かを学習したい人たちのためにその蓄積と検索に手間暇をかけるに値するものである，という考え方は，

6 章　情報検索と知の典拠　　179

情報を誤った情報と対比し，正しい情報を価値ある情報として蓄積と検索の対象にする，という考え方を意味している[2]。

資料の典拠性に関する評価と図書館の対応

人びとがある問いについて，さまざまな人たちが述べてきたことを単に調べるために図書館をしばしば利用することは確かであることは，疑いようもない。これまで述べられてきことが信じられるかどうかを，知りたいと思う人たちもまた，多く存在することは確かである。信じられるかどうかということは，知の典拠に関する問題である。関心のある問題について論じている資料の集合について，情報と誤った情報の区別をしようとする場合，資料を探すときに典拠性を手がかりにするのと同様に，典拠性を手がかりとして使用する必要がある。情報専門家や図書館員はこうした関心事を共有するのだろうか？

情報サービスについての理論的，実践的な文献は，蓄積され検索される文献の質について決定，測定，評価し，そのうえで図書館資料として登録する方法に関する問題への関心から書かれていると考えられるだろう。しかし，そうではない。そうした問題への関心はほとんど登場しない。質の問題については，不当にも無視されているとの不満を漏らす人もいる。図書館における蔵書形成に関する文献の著者は，図書館資料の評価については必ず論じるが，驚くべきことに，一つひとつの文献をいかに評価するかについては，ほとんど述べていない[3]。一般に，著者が典拠となるかを見極め，著者がその資格があるかどうかについて調べるように通常は教えられるが，それをどのように行うのかについては，何の説明も受けない（標準的な文献では，専門的知識と典拠との間の区別については何も言及されていない）。

蔵書形成に関する執筆者は，質の高い資料を提供する試みと，人びとが関心をもって読む資料を提供することとの間の対立に取り組んできたが，結論に達することはない。その対立は，ノンフィクションに関するものよりはむしろ，文学資料に関するものであり，高尚な文化に関する資料と大衆文化に関する資料という異なる資料への要求に関する対立である。

資料の質に関する図書館の扱い

資料が図書館に所蔵された後に，どのようなことが起こっているのかは，蔵書形成者にとって関心の範囲外であり，蔵書形成者以外の仕事である。しかし，誰の仕事にせよ，図書館利用者に図書館に所蔵されている資料の質を示すのは，いったい誰の仕事なのだろうか？　それは，図書館の目録作成担当者の仕事ではない。目録に資料の質に関する情報を他の情報とともに記録することは可能ではあるが，実際

に記録されることはない。資料の質の評価に関する情報の提供は，目録の仕事とは見なされていない。実際に，多くの図書館の目録は，図書館の蔵書の内容について，ほとんど明示していない。なぜなら，目録に個々にリストされている最小の単位は，通常，個別に刊行された図書であり，あるいは逐次刊行物のためである。たとえば，雑誌記事や論文の集合から個々の章を探すには，さまざまな他の索引を利用しなければならない。そうした索引の中には，わずかではあるが，明らかに評価にかかわるものがあり，批判的なレビューと抄録作成サービスを組み合わせたものもある。しかし，多くの索引は評価については中立的であり，内容だけを示している。索引作成に関する文献で，収録した資料の質について強い関心を明らかにしているものはほとんどない。

　レファレンスサービス担当図書館員は質の問題に大きく関与しているが，レファレンス業務に関する文献では，情報源の質をどのように見極めるのか，情報源に対して付与されるべき知の典拠を測定する適切な尺度をいかに定めるのかに関して，不思議なことに明確には論じられていない。図書館員や情報の蓄積と検索に関心のある専門職は質の問題に尻込みしているのである。

　図書館員は専門職の責任の一部として，収集し，記述し，検索可能にする資料の質についての情報を提供すべきであるという提案に対しては，図書館員は標準的な回答をもっている。その回答とは次のとおりである。すなわち，資料の内容に関する評価には，評価対象の資料の主題についての専門的知識が必要である。しかしながら，図書館員と情報専門家は図書館業務や情報処理の技術をもっているが，資料が扱っているあらゆる主題において専門的知識をもつことは期待されていないし，図書館員と情報専門家にそれを期待することもできない，という回答である。雑誌に関する索引作成者は，主題の専門家でないのであれば，索引作成者に索引対象の資料の評価を期待することできない。こうした標準的な回答を明確にせよ暗黙にせよ受け入れるにあたり，図書館業務や情報の蓄積と検索に関する理論家は，次のことについて時間をかけて論じることはない。すなわち，質がいかにして決定されるのか，あるいは，決定されるべきかということ，また，情報の蓄積と検索がその基礎的，本質的運用において質のコントロールをいかに組み込むことができるのか，について取り上げないのである。実践的なルールは，買い手が品質の危険性を負う（caveat emptor）という原則である。図書館員や情報専門家がとる理論的立場は，この実践的なルールこそが適切なルールとなっているように思われる。

通信工学，情報科学における質の取り扱い

　以上の回答は奇妙ではあるが，先例がないわけではない。情報科学者はメッセー

ジの質に対して無関心であるという点で，通信工学者と同様である。通信工学者は信号の速い伝送と信頼できる伝送に関心があるが，信号が伝達する情報の内容の質には関心がない。通信工学者にとって重要なことは，受信された信号が送信されたものであることであり，信号が情報よりも，むしろ誤った情報を表現していたとしても，それは重要なことではない。通信工学者にとって懸念される過ちの種類とは，メッセージを誤って伝えること，メッセージの品質を下げることであって，それゆえ，誤った情報を送信することではない。

同様に，情報科学者は，蓄積されたメッセージ（著作）の迅速かつ信頼できる検索に関心はあるが，メッセージの質には関心がない。重要なのは，受け取られたメッセージが要求されたメッセージであることである。しかし，メッセージが情報ではなく誤った情報を表現していることや，メッセージが問い合わせを満たさないものであることは，情報科学者にとって重要ではない。そうしたことは，他の専門家が決めるべきことであり，質の問題は情報学の範囲外のことなのである。

図書館情報研究の範囲外に置かれた側面

もし，我々がこうした方針をとるならば，実際の図書館情報研究の重要な側面が，理論研究の範囲外に置かれるように思われる。その側面については，体系的な理論研究が行われないまま放置されることになる。その側面の第1は，入力の段階において，図書館に加えるもの，あるいは検索システムに登録するものを決定するうえで，質は考慮されないのか，ということである。そして，図書館はさまざまな主題について専門的知識を有していないとすれば，誰が何を基にして，その決定を下すのか，ということである。第2は，出力の段階における側面である。図書館員はレファレンス質問に回答し，直接，利用者に情報を提供する（残念なことに，情報よりもむしろ誤った情報を頻繁に提供することが知られている）[4]。さらに，図書館員は利用者に読書資料を推薦し，利用者一般向けか，あるいは個々の利用者向けに，読書資料のリストや文献リストを作成する場合がある（状況に応じて，しばしば，そうしたことが行われる）。質問に回答し，特定の利用者向けに作成される読書資料を推薦し，またリストを作成する際には，質というものが，明確にせよ暗黙にせよ，主要な関心事である。もし，主要な関心事でないのであれば，質は間違いなく主要な関心事となるべきである。こうした関心事を理論が扱わないことでよいのだろうか？

これらの問いには洗練された回答がある。それは，情報科学者は実際に質に関心があるが，主観的効用（subjective utility）というかたちをとって質への関心が示されているというものである[5]。図書館や他の情報システムの目標は，利用者が主

観的に満足する資料や情報を利用者に提供することである。他の利用者が同じ資料について満足するものかどうかは，別の問題であり，科学や実践においてもその範囲外である。重要なことは，各システムの利用者に個々の利用者が得られれば最も満足するような資料を提供することである。主観的満足に影響を与えないような質に関するいかなる関心も時間の浪費であり，利用者が最も満足するとわかるものを利用者に提供する方法をうまく考案することが，質に関するいかなる問題に対してもその解決策となる。

> 語ること，実行することがあるとすれば，それはすべからく，いかなる図書館でも主要な課題は，個々の利用者にとって価値があり，有用であるとわかる資料を提供することである。読者が図書館において見出す満足の量は，その利用者の利用のために図書館員が使用できる資料に依存するのである[6]。

以上は，図書選択に関する標準的な著作から取ったものだが，図書館員は情報科学者に同意していることを示している。蔵書形成は予測の問題であって，評価の問題ではない。その目的は，利用者にとって興味があり，有用と思われるものを収集することである。その課題は，どのような資料が興味をもたれ，有用と思われるかを単に予測することである。

質問回答サービスにおける回答の質と知の典拠性

以上の捉え方は，ある段階まではもっともらしいが，質問回答サービスの説明にはあてはまらない。レファレンスサービス担当図書館員は，質問に対して正しい回答を探すことが任務であると考えており，利用者が満足しようがしまいが，もし誤った回答を提供するならば，失敗したと考えるのである。利用者がこれに同意するのは明らかである。利用者が質問には正しく回答されていると考える限り，質問が正しく回答されているかどうかは問題とはならない，と指摘する人は誰もいないであろう。たとえ利用者に誤った情報が提供されたとしても，利用者が幸せそうに立ち去るならば，情報サービスは良いサービスである，と認める人はいないであろう。蔵書のための図書の選択は利用者を満足させることを目指すが，質問回答プロセスは，誤りのない情報を提供することを目指さなければならない。

以上の洗練された図書館員の対応が満足ゆくものでない事例とは，利用者の質問に直接回答する場合よりもむしろ，利用者のために情報量の多い資料を探す場合である。上述の洗練された対応は，自分自身の目で見て，自分自身が能力のある判定者である専門家のための検索だけを考えるならば，それは満足ゆくものである。そ

6章　情報検索と知の典拠　183

の専門家は独力で判定するつもりであり，自分に提供された資料に関して他者の判断には関心がないだろう。

しかし，上述の洗練された対応は，自分が専門家ではない分野の資料を探しており，自分自身だけで判断はできないと考えている利用者にとっては，満足ゆくものではない。その人は知の典拠という問題に直面しており，典拠について信頼に値する指標を提供してくれるシステムがあれば，そうではないシステムよりも，好ましいと思うであろう。もし，質の問題，とりわけ，知の典拠の問題が無視されるならば，最大の主観的満足を達成する目標には到達できない。その目標が実際に達成できるかどうかは不明であるが，質を考慮することを拒否する科学は次善の解決策のみを検討することに甘んじることになるだろう。

図書館員がとる標準的な対応は，評価とはその評価対象の資料の主題分野における専門家のみが行うものでしかない，ということであった。この対応は，批評に関する専門職が有する独占権の一般原則である。専門職はそれぞれ自身の著作を専ら判定する権利を主張する。我々は，これまで，この規則がもつ根拠の程度について見てきた。誰が何をすることができるかについて明らかな真実はなく，あるのは一定の権利と自由への政治的主張である。すなわち，その自由とは，外部から執拗なまでの批評からの自由であり，その権利とは，他者が役に立たず価値のないものと思うかもしれない研究を実行する権利である。

ゼネラリストや，ゼネラリストとして振る舞う専門家からなる部外者は，内部の者の主張を評価し，専門的知識のどの部分が知の典拠性への認識を保証し，どの部分が保証しないのかを決める必要がある。専門家とすべての専門職も，自身の著作に関して独立した評価を行う部外者の試みに抵抗するであろうが，その抵抗は部外者が評価を思いとどまるうえで十分な理由ではない。必要なすべての専門知識を欠いていることをめぐって，これまでみてきたような月並みな対応では，問題は解決されない。我々はより一層この問題を力説しなければならない。

▍6.3　評価への要求

質の問題は，差し迫った問題ではないために，図書館員や他の情報専門職からは，ほとんど注意が払われてはいない。質の問題は，いくつかの理由から，差し迫った問題とはなりえないのである。その主な理由は，すでに提供されている支援以上のものを，誰も図書館員や他の情報専門職には求めていない，ということである。もし，資料の評価における支援の必要性を感じている人は少ないか，あるいは，まったくいない場合か，必要性を感じている人であっても，図書館員に必要な支援を提

供することを期待するのは適切でないと考えているのであれば，図書館員や図書館の理論家による評価の問題に関する実践的かつ理論的関心を刺激する外的な圧力は何もないことになろう。

資料の質評価への要求と知の典拠

　事実，外部からの評価への要求の徴候は多くはない。知識産業における研究者は，出版されたものの多くの質が低いことに絶えず不満を漏らしているものの，質を決定するうえで図書館員の支援を望む声はないのである。それは次のような理由からである。すなわち，研究の質を判定する能力が自分にはあると思っているからであり，研究者たちが漏らす不満は，質の判定における支援を欠いているためではなく，編集作業に手堅さがないからである，思っているからである。図書館員の評価は，外部者の評価であるため，役に立つとは思われていない。評価に関する専門家の独占権という原則の信奉者は，外部者の評価には関心を示さないのである[7]。

　非専門家についてはどうであろうか？　読書に興味のない人たちや，読書には関心があるが図書館の利用には関心のない人たちは，評価について外的な圧力の源泉とはならない。図書館の利用に関心のある人たちは，図書館員から干渉されることなく，自分自身による自由な選択に委ねられている状況に満足しているであろう。もし，そうした人たちの関心が，軽読書や娯楽を求めての読書であるならば，知の典拠という問題には無関心な人たちであろう。そうした人たちの欲求は，小売書店でのように，ごく少数の最近の資料のコレクションを利用できるようにすることで満たすことができる。もし，学生であれば，教師が推薦したものを探すことになるだろう。教師は典拠という問題が仮に生じたとしても，いかなる問題も解決するのである。不読者，学生，専門家の読者，および軽い読みものの読者を除くならば，我々は多くの人たちを除いたことになる。おそらくは，真摯な一般の読者や（これまでに説明した意味での）知識人というごく少数の残された人たちは，資料に関する知の典拠に関する助言を求めることがあるかもしれない。

　しかし，そうした人たちは，典拠という問題の解決は，自身が興じている遊びの中心部分を占めているような人たちでもあろう。加えて，そのような人たちには，特に図書に対してかなり精巧な批評のためのシステムが提供されており，おそらくは，そうした評価システムの最大の利用者である。そのシステムには，読書にあてる時間以上の図書や読みたいと思わせるより多くの図書が紹介されている。多くの資料は，信頼されている他者からの評判や推薦によって知られている。それゆえ，真摯な一般の読者は，次に読むに値する図書がないか思い巡らすことはなく，すでに知っている資料の中から，まだ読んでいない資料を選ぶことができるのである。

大多数の成人は，生涯学習を計画し，案内する際に得ている支援よりも多くの支援を求めているといわれることがある。その支援が，実際にある資料が典拠となりえるかを決めるうえで図書館員に求める支援であるかどうかは不明である[8]。概して，この種の特別な支援への要求はなく，少なくとも，顕在的よりも潜在的なものにとどまるように思われる。もしそうであれば，このことは，質の問題に対して図書館員がどちらかといえば無関心であることを説明するのに役立つであろう。

　しかし，供給は需要を刺激することができ，サービスが提供されれば熱心に利用するようになるかもしれない。こうしたことが起きると考える理由はあるのだろうか？　潜在的に強い要求があると考える理由はあるのだろうか？　社会は「学習社会」や知識社会に向けて変化していると考える人たちは，評価において，支援への潜在的な要求があると主張するであろう。それほど昔ではないが，ある真摯な観察者であれば次のように予測が可能であろう。

　　　そう遠くない将来，学習はアメリカの一般大衆にとって，支配的な活動になるであろう。・・・今後数十年のうち，一人当たりの収入は上昇し，生産性は向上し，余暇時間の比率は上がることで，時間を自由に使い，自由に活動を選択できるようになり，アメリカ人は知的な営みに専念するであろう。

　知識はすでに重要な経済資源になってきており，同様に，「消費者にとっても，知識は急速に重要な資源となっている。もし，アメリカが物の生産に代わって学習に専念する国家になれば，国民性や都市化の性格」は著しく変化するであろう[9]。

学習社会と知の典拠

　予測されてきたある種の変化は図書館の卓越性を増すことになったであろう。物の生産に代わって，学習に専念する国家は，図書や他の典型的な図書館資料を使って間接的な学習や経験による学習を選択することになろう。図書を利用した学習が選択されたならば，図書を借りるよりもむしろ購入するようになるほどまでに豊かになり，公共図書館が商用の図書配送システムの欠陥を補う必要がないほど，図書の出版者の市場が拡大することになろう。しかし，物の生産に代わって学習に専念する国家は，共有資源として利用可能な資料の大規模な蓄積を少なとも維持するであろう。また，そうした国家は，人は購入できる図書だけを読むことができるとは主張しないだろうし，人はもっと富裕な層に物乞いすればよいとは主張しないであろう。学習への欲求が大きくなればなるほど，欲求の普遍性は広がり，知の典拠の選択と認識に関する潜在的な問題は大きくなる。そうした問題が大きくなればなる

ほど，信頼できる援助と図書館員が提供するサービスの効用はより重要となる。図書館員以外の人たちが同じサービスを提供しようとして競合する分野に参入することは確実であろう。しかし，サービスには自ら守備範囲というものがあるのであって，その種のサービスを図書館員以外の人たちが提供する可能性については綿密な調査に値するであろう。

　アメリカ人は知的な活動にますます専念し，国家が物の生産に代わって学習に専念するようになりつつある徴候はあるのだろうか？　経済的に動機付けられてスキルを拡大することと同様に，世界を真摯に眺め，理解の向上にあてるだけの自由時間はこれまでよりもあるのだろうか？　そうなることが明らかというわけではない[10]。一般の読者という範疇は他の範疇を犠牲にして明らかに成長しているわけではない。公共図書館は拡大していないし，より成長し繁栄してもいない。それゆえ，知の典拠に関する問いに対して図書館員が支援できる能力に関する問題は，実務上の問題となる頻度が高まっているわけではない。それでも，その問題は問うに値するものである。というのは，これまで，図書館員の支援能力に関する問題に肯定的に回答されてきたとすれば，現下の状況はそれとは異なるであろう。現下の状況は部分的にせよ否定的な回答となることは明らかである。

6.4　典拠に関する典拠

　典拠に関する典拠とは，信頼できる人物を教えてくれる，信頼できる人物のことである。後者の人物は前者の典拠となる人物を同定できる分野に精通している必要はない。誰が知の典拠性を有する人物と見なすに値するかを見分ける方法をもっていれば，それで十分である。「全分野にわたる典拠に関する典拠（universal authority on authorities）」とは，考えられるすべての分野において，誰が信頼できるかを我々に示す際に信頼できる人物である。そのような人物は，あらゆる事柄に関して潜在的に典拠となるであろう。というのは，もし，その人物が，いかなる分野であれ，その分野において典拠となる人物を同定できるのであれば，その人物は，典拠となる人物が何を知っていると主張しているのかを，原理上，見出すことができるからである。その結果，その人物は，いかなる主題分野であれ，情報を入手し，我々に情報を提供してくれるからである。その人物は，文字通り，何についても探すことができるであろう。範囲，分野，それに典拠の程度に関するこれまでの議論を思い起こせば，そのような人物は絶対的な典拠である必要がないことは明らかである。絶対的な典拠となる人の言葉は，我々にとって，問題の解決のために利用される。典拠に関する典拠となる人の言葉は，こうした絶対的典拠となる人の言葉よ

り，はるかにその重みは小さいであろう。しかし，およそ考えられるすべての主題に関して，典拠に関する典拠となる人は，その言葉がある一定の重みをもつような人として認められる。このことは確かに注目すべきであろう。

典拠に関する典拠としての図書館員

　図書館員や他の情報専門家は，典拠に関する典拠という役割を果たしていると考えることができるだろうか？　こうした図書館員の役割については，当初は小さく苦笑されるであろう。しかし，知の典拠は程度の問題であることを思い起こそう。そして，再び問いを提示しよう。図書館員やその他の情報専門家は，さまざまな問題について，誰が信頼できるのかという問いに対して一定程度の典拠を担える人物として認識されるだろうか？　その回答はそれほど明確ではない。図書館員はさまざまな分野における典拠となる人物について特別な知識をもっている専門家として，考える利用者もなかにはいるだろう。そうした利用者の考えは，あながち間違いではない。図書館員は，広範な分野を調べるうえで特に有利な立場におり，多くのさまざまな人たちの著作，多くの図書，さまざまな分野における知識状態を評価し，要約した多くの著作について，少なくとも表面的には知っている。もし，図書館員が資料に関する業務の専門家であるとするならば，その業務において出会う資料の内容に関して必然的にゼネラリストとなる。ゼネラリストにはならないまでも，図書館員は，評判のある著作，変化する思想の最新の状況，成功と不成功の外的な指標に関して，それぞれ幅広い知識を形成するうえで，有利な立場にいる。図書館員は，個人の評判に関する知識とともに，特定の著作の評判についての情報を蓄積することができる。特にさまざまな分野の古典，標準的な著作などの評判についてである。

　以上のことから，図書館員が，全分野にわたる典拠に関する典拠としての地位を確立することにはならない。図書館員には，どれほど有利な立場にいようとも，すべての可能な主題に関する情報を蓄積することを期待することはできない。主題の数はあまりにも多すぎるし，著作と著者の数も多すぎる。言えることはぜいぜい，図書館員はいかなる分野であれ，著作と著者の状況について調べるうえで特別に優れた境遇にいる，ということである。図書館員は，自分がすでに知っていることを新しい情報で補うことができる。図書館員は新しい情報を探す特別な能力をもっているのである。情報の探索は図書館員の職業上の役割の一部である。著作と著者が担う知の典拠について結論を得るための情報探索は，探索の特殊なケースに過ぎない。図書館員が典拠に関する典拠として認識されるために，図書館員には，典拠となる情報をつねに探す能力が求められわけではない。典拠に関連する情報，すなわ

ち，さまざまな結論を支持しそうな情報を探索できるだけで十分である。図書館員はそうした情報を探索する能力をもっているのである。すなわち，著者の教育歴や経歴についての情報，その著者の著作に関するレビューや議論，当該著者の著作が引用される頻度についての情報など，典拠となる資料かどうか判断するために，関係する情報の探索能力を図書館員はもっているのである。

典拠に関する典拠としての図書館員に求められるもの

これまで述べてきたことは典拠に関する合理的な典拠の記述のように思われるが，必ずしもそうではない。図書館員は集めた情報を使って何をするのだろうか？図書館員はただ単に集めた情報を利用者に提供し，利用者は自分が望むように提供された情報を利用するのである。あるいは，図書館員は，集めた情報から当該資料が典拠となるかどうかの結論を引き出し，その結論の基礎となる情報を適宜付加しながら，利用者にその結論を提供する場合があるかもしれない。もし，図書館員が，当該資料の典拠性の有無について何らの結論も引き出すことなく，ただ単に利用者に情報を収集し，提供するのであれば，図書館員は，知の典拠に関する典拠としてとして振る舞っているのではなく，単に情報の提供者として振る舞っているだけである。

図書館員はある知の典拠を求める利用者の要求について何らの意見をもつ必要はない。図書館員は，ある著作が知の典拠性を有するかどうかに関して意見をもつ必要があるかどうか，また，その意見を明らかにするかどうかは重要ではない。図書館員が典拠に関する典拠として信頼されるとすれば，図書館員が実質的な判断と特別な助言を行うからであり，ある著者と著作の典拠性の判断にかかわる情報について説明するからではない。典拠に関する典拠としての図書館員から，我々利用者が知りたいことは，どのような著者のいかなる著作を信頼することができるのか，ということに関する判断と助言である。利用者は，この著者やこの著作を信頼できるのかを知りたいのである。図書館員が典拠に関する典拠としての役割を果たすべきであるとするならば，図書館員は収集した情報を使って，著者と著作の典拠性に関する結論に到達しなければならない。図書館員は「この図書は信頼できないが，あの図書は信頼できる」と言える機会をもっているのである。

典拠に関する図書館員の判断の独自性の問題

図書館員は著者と著作が担う知の典拠に関する判断を表明しなければならない。ところで，なぜ，そして，いったい誰が，こうした図書館員の判断を真摯に受けとめるであろうか？　その判断が，当該主題における専門的知識に基づくのではな

6章　情報検索と知の典拠　　189

く，外的な証拠や手がかりにのみ基づくのであれば，その判断は主題知識をもたない他の誰でも利用可能な同種の手がかりに基づくことになる。図書館員は，専門職上の秘密があり，図書館以外の人たちには利用できない，知の典拠に対する特別な検証を行うとは主張しないであろうし，主張もできないであろう。そのような専門職上の秘密などないからである[11]。図書館員は外的な証拠を解釈し，それらに適切な重みを付与するうえで特別の能力をもっていると主張できるのであろうか？　図書館員は，たとえば，ある人物がハーバード大学，またはスリッパリーロック州立大学を卒業しているという事実に対して，どの程度の重要性を付与するかを知っているとは主張できないであろう。この図書はこの人物による良い書評の対象となっているのか，別の人物から悪い書評の対象となっているのか。悲しいことに，図書館員がこうした独自の才能をもっていると考える理由はどこにもない。図書館学に関する教育者で，学生にそのような能力を与える自己の能力を主張し，あるいは，自分がそうした能力をもっていると主張する教育者はいないであろう。実際，そのような主張は同僚から強く否定されるであろう。

　図書館員は結局，自分が典拠に関する典拠として受け入れられるという要求をもっていないように見える。このことが意味するのは次のとおりである。すなわち，図書館員は収集し利用者のために検索する資料の評価について何の基礎ももたないこと，図書館員は図書館員以外の人たちがもたないような基礎をもってはいないこと，図書館員は自身の判断が真摯に受けとめられることについて特別で明確な要求もないこと，以上である。図書館員は他の誰でも可能なことを実行できるが，図書館員が可能なことは他の誰もが可能なことであり，図書館員の判断がより優れたものであるわけではない。図書館員は著者と著作に関する情報を提供することに自身の役割を限定し，自分自身の判断を他者である利用者に示すこともない。いずれにせよ，図書館員が望むのはそうした行動であろう。

　同じ結論に至る別の道があり，それは，我々がとるべき道である。というのは，その結論はあまりにも重要であるため，入念に取り扱うに値するからである。外的な指標のみが，我々にとって，典拠に対する検証を提供するものではない。本質的な妥当性の検証も利用可能であり，強力である。しかし，それは，明らかに人によって異なる結果をもたらす検証である。私が説得的で合理的と思うものが，あなたにとっては，確信がもてず馬鹿げたものとなる。典拠に関する知の典拠に関する判断は，本質的な妥当性に関する優れた判断でなければならない。図書館員はこうした能力をどのようにして，どこで獲得するのであろうか？　なぜ，図書館員になるための学習をとおして，人は妥当性の優れた判定者になると考えられるのか。そのように考える理由はどこにもなく，図書館員は特別にその種の判断が得意である

と主張する人もいそうにない。どちらかいえば，図書館員は，妥当性に関する自身の判断を不適合なものと考えがちである。また，図書館員は主観的判断を抑制し，広く知られている事実に固執する傾向にある。しかし，外的指標である外部の評判，教育，経歴などに関する事実だけから，典拠についての結論に到達できることはない。そうした事実にどの程度の重要性を付与するかを決定する方法が必要となるからである。我々はみな，明確な手続きをもたずに，広く知られている事実に対して相対的重要性を付与し，それに基づいて主観的判断を行うのである。直観と判断を抑制しようとする図書館員は，重み付けと格付けに関して明確な方針を作成する必要があるだろう。たとえ，直観と判断を抑制し，本質的な妥当性の検証を避けることを決めたとしても，広く知られている事実に対する重み付けと格付けに関して策定される方針は，選択のための基礎をもたない図書館員が無限の可能性の中から選択する方針となる。もし，図書館員が自身の直観を用いるならば，図書館員は特別な典拠性を主張できない。もし，図書館員が直観を用いないのであれば，図書館員は何も主張できない。ゆえに，いずれにせよ，図書館員は典拠についての典拠を主張することはできないことになる。

典拠に関する典拠とレファレンスサービス

　これで図書館員は自身が典拠に関する典拠であることを主張できないとの決着がついたことになるが，不運にも，この決着は重大な問題を提起することになる。もし，図書館員が典拠に関する典拠とはならないのであれば，図書館員はいかにしてレファレンス質問に回答する能力を主張できるのであろうか？　利用者からのレファレンス質問は図書館において図書を調べることで回答される。もし，図書館員がどの図書が信頼できて，どの図書が信頼できないかを見極めることができないのであれば，図書館員はいかにしてレファレンス質問への回答を見つけることができると主張できるのであろうか[12]。それが回答であると定めるには，「これ以上，調べる必要がない。ここで終了してもよい」と言える状況でなければならない。もし，図書館員が，資料の担う知の典拠性を評価できないのであれば，図書館員はどうして，そのように言うことができるのであろうか。このことは重大であり，図書館員が資料の質を判定する能力を否定することと，図書のなかから回答を探すことにより，質問に回答する能力を主張することは同時に成立しない。図書館のレファレンスサービスは矛盾に基づいていることになる。すなわち，資料を評価する能力を主張していながら，その能力を否定するという矛盾である。

6章　情報検索と知の典拠　　191

6.5 代理人としての図書館員

知の典拠としてのレファレンス資料

　図書館員は図書の内容を評価できないのであれば，図書館員はいかにして，図書の中に見出される質問への回答が正しいか，正しくないかを見分けることができるのだろうか？　図書館員は見分けることはできないが，図書館員は非常に多くの図書，すなわちレファレンス資料（辞書，百科事典，便覧，地名事典など）が担う知の典拠を確かに認識している。図書館員は，レファレンス資料を使って調べることができ，レファレンス資料は信頼できるという専門職において受け入れられているレファレンス資料の典拠性を認識している。

　レファレンス資料のもつ典拠性の基礎は外的なものである。外的なものとは，他の専門職からの推薦，図書館学の教育者，批評家，標準的なレファレンス資料の編纂者である。おそらく，最も重要なことは，レファレンス資料に関する信頼は確立されているという事実である。図書館専門職は，これまで述べたように知の典拠としての役割を担っている。図書館業務において定まっている重要な認識の一部は次の原理である。すなわち，図書館専門職が標準的なレファレンス資料として認めている資料は，質問に回答するうえで，知の典拠を担うものとして受け入れられており，信頼できるものであるという原理である。個々の図書館員は，レファレンス資料から質問への回答を得る際，そのレファレンス資料を評価する必要はない。他者がすでにそれを行ってきているのである。図書館専門職全体として，そうしたレファレンス資料は信頼できると，これまで考えられているのである。

意見を求めるレファレンス質問（開かれた質問）

　図書館の質問回答プロセスにおけるレファレンス資料の存在が特別に重要であるのは，レファレンス資料のもつ典拠性にある。レファレンス資料以外の資料の評価は図書館専門職の職務ではないが，レファレンス資料の評価は図書館専門職に認められた職務である。図書館員が受理する質問の多くは即答質問である。この即答質問はレファレンス資料で回答される種類の質問である。レファレンス質問の中には，レファレンス資料から回答が得られないものがあるため，レファレンス資料以外の資料の探索が必要となる。しかし，レファレンス質問は，標準的なレファレンス資料で簡単に回答を探すことができる質問が顕著である。他の種類の質問［探索質問，調査質問］は詳細な回答を必要とするものだが，その種の質問は，書誌を調べることになり，また，単一の標準的な回答が期待できず，議論があり論争的で未

解決の質問である可能性のある質問である。

　意見に関する質問，すなわち開かれた質問（未解決の質問）は，レファレンス質問に適したものではない。なぜなら，その回答には情報源の評価を必要とし，知の典拠に関する問題を解決する必要があるにもかかわらず，図書館員は知の典拠に関する問題を解決できると主張しないからである。そこで，図書館の質問回答サービスでは，意見に関する質問ではなく，知識に関する質問，すなわち図書館専門職によって典拠と認められているレファレンス資料を使って回答が可能な閉じた質問（解決済の質問）に限定しようとしている。

　標準的なレファレンス資料への信頼は次のように表現されるであろう。すなわち，「質問回答という実務的な目的のために，レファレンス資料の内容は，今現在，閉じた（解決済み）質問に対して合意されている回答になるものと考えられる」。図書館のレファレンスサービスが最もよく準備している質問は，事実に関する質問である。しかし，ここでいう事実とは，意見よりはむしろ知識の事象を意味しており，ゆえに，事実に関する質問とは，開いた（未解決の）問い，というよりはむしろ，閉じた（解決済みの）問いであって，論争のない問いを単に意味しているだけである。次の問題については，いまなお実務上，無視されているか，できるだけ無視される問題ではあるが，明らかに無視できない問題である。その問題とは，異なるレファレンス資料が同じ質問に対して単一の同じ回答を提供してないこと，レファレンス資料は記述内容の不正確さの程度がさまざまであること，レファレンス資料を使って回答する質問は，閉じられている（解決済みの）問いではなく，広範囲に開いている（未解決の）問いが多いこと，以上である。

レファレンスサービスの実践的基盤と典拠性

　こうした問題のために，レファレンス質問への回答がレファレンス資料に依存できないのであれば，レファレンスサービスは不可能となるだろう。標準的なレファレンス資料で提供される情報の正確さを独自に決定することによって，各質問に回答しなければならないのであれば，時間と労力の負担は過度なものとなり，知の典拠という回答不能な問題に絶えず遭遇することになろう。

　レファレンス資料の信頼性は他者［当該項目の解説を記述した専門家］の言葉のもつ典拠性として捉えられるものである。この典拠性を有する他者の言葉，すなわち，レファレンス資料における当該項目の記述がレファレンス業務の唯一の実践的基盤なのである。それゆえ，図書館員は一貫して，評価する能力を否定しつつ，質問に回答する能力を主張できることになる。すなわち，質問は，レファレンス資料に基づいて回答され，回答に使用されるレファレンス資料が担う典拠性は，主題専

6 章　情報検索と知の典拠　　193

門家の地位というもっぱら外的な基盤に基づいて承認されているのである。

レファレンス資料の典拠性に依拠したレファレンスサービス

　図書館員が利用者から受け入れられる情報源であるとすれば，それは，図書館員自身が図書館の外にある世界について何でも知っているからではなく，図書館の中にある資料を専門的に利用することにより，ある事柄について探すことを得意としているからである。図書館員が知っていることといえば，それは図書館専門職集団が共有しているレファレンス資料に関する社会的評判である。図書館員は，レファレンス資料の社会的評判をもとに，レファレンス資料への依拠を正当化しているのである。図書館の部外者にとって，そのことは次のことを示唆している。すなわち，もし，部外者に特定のレファレンス資料に関する社会的評判について図書館員と同様の情報がすでに提供されていたとすれば，図書館員が特別になしえることで，部外者がなしえないことは何もない，ということである。問題は，この社会的評判が質問に回答するために利用される情報源のもつ知の典拠性の認識を十分に保証するものかどうか，ということである。

　レファレンスサービス担当図書館員の業務に少々異なる観点から光をあてた回答がある。集団としての図書館員は，いかなる資料が知の典拠に値するかを決定するための特別な能力をもっていない。しかし，ある資料の典拠性の判断に関して，図書館員は他の多くの集団に劣るということはない。我々は，自分たちで同様に実行できる仕事を別の人に意識的にかつ慎重に委任することができるのである。なぜならば，我々は，その仕事をする時間を欠いており，自分たちでその仕事を負担しないほうが良いと思っているからである。そして，我々は，委任する人は信頼でき，その仕事を十分よく実行できると考えているからである。これは，我々が公職に選んだ人たちに向けるような判断である。その判断とは，競合する専門家の主張に価値の重み付けについて意思決定を行う際，我々が選んだ公職のほうが，我々より優れているということではなく，我々より勝るとも劣らない，ということである。

代理人としての図書館員への委任

　そこで，我々に代わって，（暫時）その人たちのことを，我々は進んで信頼することになる。我々は，同様に図書館員を我々の代理人とする用意があると理解することができるだろう。どのような情報源が信頼できるのかを決めるうえで，我々より図書館員が優れているということではなく，図書館員が我々に勝るとも劣らない，ということである。こうして，我々は，自分たちに代わって快く図書館員を信頼して，図書館員に決定してもらうのである。図書館員は過ちを犯すかもしれない

が，我々も同様である。図書館員は，利用可能な情報源の範囲に精通しているがゆえに，信頼できる情報源の候補を迅速に探すうえで，優位にある。時間の節約は図書館員を代理人に指名するような気持ちを起こさせるのに十分である。その条件とは，重要でない質問であること，あるいは簡易な質問（電話帳を使って住所や電話番号を調べるような質問）であると考えられる場合である。前者の質問については，回答を得るために選択する情報源の典拠性の判断において，図書館員は自分たちより勝るとも劣らないがゆえに図書館員に委任し，後者の質問の場合には，自分が積極的に労力を払わずに図書館員に委任することになる。

　これまで述べてきことは，図書館員にとってあまり気分の良いものではない。図書館員は自分たちを情報探索について特別なスキルをもった専門職と考えたいと思っている。しかし，もし，その特別なスキルに資料のもつ知の典拠性に関する評価が含まれていないのであれば，図書館員はただ単にさまざまな資料から特定の内容を探すだけの情報探索能力を備えた専門職に過ぎないことになる。ある人物が，我々のために中国の人口を調べたとしよう。そこで，その人物が「この資料では，中国の人口はこれこれであるが，その情報源が信じられるかどうかを見分けるために特別な方法はありません」と我々に語るならば，その人物は，中国の人口はどのくらいかを本当に探したといえるだろうか。もし，その人物が情報と誤った情報の違いを見分けることができないのであれば，その人物は本当に情報を探したといえるだろうか。そして，もし，その人物が，利用する資料の知の典拠性を評価できないであれば，その人物は，いかにして情報と誤った情報を見分けることができるのだろうか。ゆえに，その人物が図書館員であるならば，図書館員はさまざまな質問に関して述べられてきたことを探す特別なスキルをもっているが，情報源の典拠性の判断能力については，我々の能力より勝るとも劣ることもない，というほうが適切であろう。

　その人の意見と判断が奇怪で異常に思える人を代理人として選択することはない。最も安全な代理人とは，自身の標準に照らして，慣例的であり，正常な見方をする人である。代理人は自分よりも優れている必要はないが，少なくとも分別のある人でなければならない。自身の見方が完全に慣例的な人は，同様に慣例的な見方をする人を代理人として望むであろう。見方が異端である人は慣例的な見方をする人を信頼せず，自分自身と同様にその見方が異端である代理人を好むであろう。というのは，そうした見方がその人にとって意味のある見方だからである。代理人が，自分を代理人とする人たちの見方を把握でき，その見方に同意するかのように振る舞うことができると仮定するならば，その代理人は見方について何ら役に立つことはないであろう。カメレオンこそが代理人となるのがよいだろう。

6章　情報検索と知の典拠　　195

図書館員の信頼と知の典拠性

　図書館員は，ある主題について，たとえば，経済学，人類学，歴史，生物学について，大学院で学位を取得し，その主題の専門知識を獲得したとしても，知の典拠として特別な地位を得ることにはならないのであろうか？　図書館員の教育では，図書館員は蓄積し検索される文献の評価能力がある人物として他者に確信させるうえで十分でないとしよう。もしそうならば，他にどのような教育であれば，蓄積され検索される文献の少なくとも一部であっても，その評価能力を保証するうえで十分なものになるのだろうか？　他にどのような教育も，必要でなく十分でもないことは明白であろう。図書館員の教育が必要でない理由は次のとおりある。すなわち，長い期間をかけて特定の図書館利用者から信頼が得られる場合があるからである。その信頼とは，価値があると思われるものを繰り返し利用者に案内することによって，利用者から得られる信頼である。その種の信頼は何事につけ批判する人からでも得られるような信頼である。

　こうして，図書館員は最終的には信頼されるようになり，図書館員が「これを見るとよいでしょう」と言うとき，それは真摯に受けとめられるのである。その意味で，図書館員は利用者に対して文献を処方するという特権を得ることができる。しかし，これは個人的に，時間をかけて獲得される種類の典拠性であり，ある機関による保証や，ある一定の教育訓練によって自動的に獲得されるものではない。特別な教育訓練は，特に自然科学や形式科学以外の領域においては，十分ではないのである。なぜなら，知の典拠性は適切な種類の教育訓練かどうかに依存するからである。新古典派経済学の教育訓練はマルクス主義の聴衆にとって特別な地位を与えることはないであろうし，古典的なフロイト派心理学の教育訓練は行動主義者や認知心理学者の聴衆にとっても同様である。事実に関する議論の領域では，適切な種類の教育訓練だけが財産となろう。

　図書館員は，特定の利用者にとって知の典拠となることができるが，集団としての図書館員は特別な典拠を主張することはできない。図書館員はある問いに関して，さまざまな人たちによって述べられたてきたこと，すなわち，その著者の著作を探すことができるし，その著者の社会的評判，思想，理論を評価するうえで有用な情報を探すことができる。それらの情報は知の典拠に関する問題を解決するうえで適合する情報となる。しかし，図書館員は，そうした問題を解決するうえで特別な能力を主張することはできない。図書館員は，知の典拠を立証する過程において，慎重かつ意識的に直観を抑制し，何が妥当で何が妥当でないかについて，自身の考えが入り込む余地がないようにしてきた。図書館員は，知の典拠に関する問題の理想的な判定者であり，偏見にとらわれない人間のようである。しかし，この種

の事例における偏見にとわられない心とは，あれよりもこちらと考える理由をもたない空の心である。我々は，すでに形成された信念や選好の蓄積を用いることで，知の典拠という問題を解決する。もし，そうしないのであれば，我々は，語られ，読まれるものについてどう考えればよいのか，決してわからないままでいることになろう。

6.6　教育的な図書館

図書館による知の典拠性の承認

　これまで知の典拠が中心的な問題とはならないばかりか，特別な方法でレファレンス質問に回答する特別な種類の図書館を無視してきた。図書館管理について知らない人たちの中には，図書館にある図書が存在していることは，その図書の内容が是認され，保証されていると考える人がいる。その人たちは，そうした図書館は良書と悪書を区別し，信頼に値するものと信頼に値しないものを区別することに熟達していると考えている。その限りにおいて，その人たちは，知の典拠を図書館自体に帰属させているのである。その人たちは，図書館で学説上もしくは道徳的に異議のあると考えられ図書を発見するとき，次のことに当然ながら衝撃を受けるのである。そのこととは，公的機関がそのような資料について承認し，場合によっては，その承認を取り消し，図書を蔵書から取り除く，ということである。その人たちを納得させることが難しいのは，蔵書の中にそうした図書が存在しているからといって，公的機関がその図書を承認しているわけではなく，その図書の知の典拠性を主張しているわけではない，ということである。その人たちの説得が難しい理由は，結局のところ，図書館として典拠の役割をもつことを主張し，典拠となる信頼できる資料だけを収める図書館を形成することはできないからである。

　宗教上の機関は，教義上，健全であり，知の典拠に値すると考えらえれる資料だけを図書館に含める。なかには不健全であるものや，異端の資料を含めることもあるが，それらの資料には，しかるべきラベルを付与することになるだろう。政治的機関もまた，図書館資料を適切な理論の内容の資料に限定することもあろう。また，いかなる専門職養成学校の図書館も，専門的・理論的な学派，大学院のプログラムに従属する学閥で受け入れ可能な資料に限ることもあろう。そのような図書館は，存在する可能性があるということだけではなく，数多く存在するのである。そうした図書館は教育機関として奉仕しなければならず，推薦するにふさわしいと考えられる資料だけを提供している。

　行政の図書館は，政府機関が承認する資料に限定され，政府機関が信頼できる資

6章　情報検索と知の典拠　　197

料として保証するものだけを所蔵することになろう。児童生徒の利用のための図書館は，学校職員により計画的に承認され，正しく信頼でき，子どもたちの調査に適した資料に限定されるだろう。こうした図書館はすべて教育的な図書館（didactic library）と呼ぶことができる。承認されていることが明らかな図書は別として，ある図書が蔵書の中に収められているということは，その図書が承認されていることを意味している[13]。そのような教育的な図書館は，ある一つの主義に厳密に従った資料だけを含める必要はない。承認された資料に反映されている見方には，多くの不一致と多数の異なる観点がありえる。しかし，そうした不一致や観点の違いは，当該機関によって正当なものと認められている。それらは，責任を有する集団内の意見の違いを反映しており，集団の合意と同時に許容される意見の相違を示している。

教育的な図書館における図書館員の位置付け

　教育的な図書館における図書館員の役割は，図書館を付設している集団や機関の判断を予測するか，それに従うことであり，独自に特定の資料に関して学説上の健全性を決定するようなことはしない。図書館員は実際に特定の資料について評価するであろうが，その場合には，所属機関の管理当局の代理として振る舞い，管理当局が適切と考える周知の標準や基準を適用することになる。これらの標準や基準は，図書館員自身に内面化され，図書館員は自分自身の良心に従って完全に業務を遂行することになろう。あるいは，それらの標準や基準について，図書館員は個人的に馬鹿げていると考えているとしても，指示されたものとして適用し，図書館の業務上の前提を定める権利を管理当局が有していることを認める。いずれのケースにせよ，図書館員は，利用者からは知の典拠を有しているものとして受けとめられ，特定の資料の評判を知るうえで，利用者にとって情報源となる。図書館員の背後には，図書館員がサービス対象とする機関がある。その機関自体が知の典拠性を有することを認める人たちは，他の教育的機関と同様，その機関が，所属の図書館員は信頼できると表明していると考えることができる。図書館員が，ある資料が知の典拠性を有すると主張するとき，その主張は，管理当局によってその資料の知の典拠性が主張されたことを意味する。図書館員自身の健全性は，親機関が示唆する継続的な承認によって保証されているのである。

▎6.7　自由主義的な図書館

自由主義的な図書館における図書館員の役割

　"過去の宣言に，図書館員は，図書館員として，政治性，宗教，道徳の一切を有

してはいけない，というものがある"14。この宣言は，適切な種類の政治性，宗教，道徳をもたなければならないか，もつことを装わなければならない教育的な図書館の図書館員にはほとんどあてはまらない。しかし，自由主義的な図書館と呼ばれる図書館の図書館員には確かにあてはまる。自由主義的な図書館では，図書館員は知の典拠を担っていないと考える資料を排除する意志を明確に否定する。自由主義的な図書館では，図書館員は政治性，宗教，道徳の一切を有してはいない。図書館員はいかなる開かれた（未解決）問いに関して何らの意見ももたないのである。図書館員は，自身の役割について，すべての意見をあまねく厚遇することと捉えている。"図書館員は，この時代の問題や課題に関して，すべての観点を提示している図書やその他の資料を提供すべきであり""読者を・・・資料に傾倒させないように"15，特定のラベルを付与すべきではなく，物理的に分離するようなことも一切行うべきではない。事実に関する質問と考えられるもの（おそらくは閉じた質問）に対しては，よろこんで回答を提供する。しかし，図書館利用者が，開かれた質問に対して資料から回答を探している場合には，図書館利用者には回答ではなく資料が提供されるのである。

利用者の要求に基づく資料選択

　図書館は出版されたあらゆる資料を収集することはできないため，資料の選択が必要となるが，価値の問題は，著者が担う典拠性の確定でなく，主に著者の専門的知識を確定する際に，資料選択の意思決定に入り込むのである。しかし，知の典拠性ではなく，利用者の要求が資料選択において最も重要な考慮対象となり，悪の世界に関する情報であって，もしそれが要求されるならば，提供されることになる。このため，図書館員や大多数の人たち，あるいは声を発する少数の人たちが，資料に表現されている見方が馬鹿げている，耐え難い，本当に誤りがあり，それゆえ，真剣に注意を払うに値しない，と考えるような資料が不利にはらない，ということである。何らかの見方に賛同する読者やそれに賛同しない読者に図書館員は何の影響も及ぼさない，ということが，自由主義的な図書館の原則と誇りの要点である。図書館員は中立性を十分に考慮し，維持することを最高の原則と考えており，図書館員は専門職として資料の価値判断にかかわらないということである。

　これは理想的であるが，実際には，必ずしも実現されるわけではない。実際に，図書館員は，収集が可能なものに制限を設けること，すなわち，大きな集団の人たちや声をあげる小さな集団を露骨に攻撃するような資料を避け，収集対象資料とはせず，論争を誘発することを避けるであろう。実際に，自由主義的な図書館は，完全に自由というわけではなく，とにもかくにも，自由主義的な図書館には明確で単

6章　情報検索と知の典拠　　199

純な原則がある。その原則とは，図書館の利用者によって，ある図書のほうが別の図書よりも満足する可能性がある限り，後者より前者を優先するということである。教育的な図書館と自由主義的な図書館との相違はそれほど極端ではない。すなわち，教育的な図書館では，知の典拠が最優先に考慮されるのに対して，自由主義的な図書館では，利用者の要求が優先的に考慮されるのである。

自由主義的な図書館におけるレファレンス業務

　教育的な図書館と自由主義的な図書館の違いは，蔵書形成の原則だけではない。レファレンス業務の範囲と特徴においても，違いが出てくると考えるべきである。ある意味で，レファレンス業務の範囲と特徴については，自由主義的な図書館よりも，教育的な図書館において知られていることが多い。すなわち，教育的な図書館は一定の地位にある集団を象徴するものであり，広範囲に渡る問いについて，教育的な図書館の世界の外側にあるより広い世界では決着がついていない可能性があるにもかかわらず，教育的な図書館にかかわる集団内では決着がついているのである。

　公共図書館の図書館員は，神学上の問題についての質問には回答できない。なぜならば，神学とは意見の問題だからである。しかし，神学はある宗教団体の内部では意見の問題ではない。教育的な図書館であれば，自由主義的な図書館員が答えられないような質問に容易に答えることになろう。自由主義的な図書館員は，開かれた問い（より大きな社会において開かれた問い）に対して，異なる集団がいかなる回答を提示しているかを見出すことができるが，これは，回答そのものを見出すことと同じではない。教育的な図書館員であれば，たぶん回答を見出すであろう。もちろん，相対立する教育的な図書館の図書館員は異なる回答を提供するだろう。ゆえに，自由主義的な図書館員が知っていることは，教育的な図書館員よりも少ない。なぜならば，自由主義的な図書館では，閉じている（解決済み）と考える事象の範囲が，さまざまな集団が解決済みと考える事象の範囲よりもはるかに小さいからである。

6.8　懐疑主義的な図書館員

　本章のはじめのところで，情報の蓄積と検索の専門職は，質を制御する者として，また，資料が有する知の典拠性への信頼できる案内者として役立つと述べた。さらに，特定の問いについて，満足ゆく知の典拠がいまだ存在しないかどうかという問いの状態を評価するためにも，資料を利用するという可能性について取り上げ

たが，その可能性はないものと指摘した。我々は，そうしたサービスについては，十分なまでに扱ってきた。もし，図書館員が資料の有する知の典拠性を評価する特別な能力を主張しえないのであれば，図書館員は問いに関する知的状況を評価する特別な能力も確かに主張することはできない。図書館員は実際にある問いに関して述べられてきたことを要約することができるであろうし，たとえば，何が少数派の見方であり，多数派の見方は何かを結論付けるような情報を探すこともできるだろう。代理人として振る舞うことで，図書館員は，うぬぼれることなく，評価を行うことになろう。ただし，図書館員は，批評家として特別な地位を主張することはないであろう。批評家としての特別な地位を主張する人は多数いるため，この種の業務は図書館員の通常の活動範囲の一部とは認識されたことがないのは，何も驚くべきことではない。

ゲートキーパーとしての図書館員

もし，図書館員の職務が，最終的にゲートキーパーの職務となるならば，興味深いものとなろう。ゲートキーパーの職務とは，何が出版されていて，何が出版されていないかを確定することである。その職務はスペインの哲学者，オルテガ・イ・ガセット（Ortega y Gasset）が図書館員に対して提案した職務である。図書館員は不必要な図書の刊行を抑制し，必要とされながらも，これまで生産されていない図書の生産を促進する責務を負うべきものとされている[16]。なぜ，オルテガ・イ・ガセットが，誰もが図書館員にはそうした職務を与える用意がある，と考えたのかは不明である。多少，控えめにいえば，図書館員や書誌編纂者の職務とは，出版物を守ること，そして無益で無用な出版物を取り除くこと，すなわち，それらを書誌や図書館の蔵書，さらにはコンピュータ上の書誌データベースから除くことになろう。科学史家のジョージ・サートン（Geroge Sarton）は，図書館と書誌を圧迫する"重要でない未熟な出版物"の集まりによく気付いていたが，そうしたものを完全に無視することはできず，"我々は，そのような出版物を永久に書誌のなかに残しておく運命にある"[17]と結論付けている。

図書館員の職務の範囲と典拠性

図書館員と書誌編纂者は，単に所与のものとして受けとめている資料の世界で活動しており，自分が担う典拠に基づいて資料を評価するとは主張できない。図書館員と書誌編纂者は，資料の世界における特定の居住者を探すこと，および，居住者が互いに何を語り，外部世界について何を語っているかを報告することに熟達していると主張することができる。これらは十分に有用であり，興味深いスキルであ

6章 情報検索と知の典拠 201

る。それゆえ，図書館員は，全分野における典拠に関する典拠という図書館員だけが担えるような典拠性を有してないことに当惑を感じる必要はない。図書館員の領分は，誰が何について何を語ってきたのか，それがどこで語られてきたのか，という問題にかかわるものであり，興味深く有用な広い領域である。

ところで，情報学と図書館学の文献において，質の問題にほとんど注意が払われていないのはもっともなことである。情報学と図書館学の文献は，実務的な問題を扱ったものである限り，図書館員や書誌編纂者が，自身の業務をいかに変えうるかという問題にかかわるものとなる。情報の蓄積と検索における最も抽象的で形式的な研究は，コンピュータが図書館員よりも優れた業務を迅速に遂行できるように，手続きや方法を変更することを見出そうとするものである。図書館の役割に，知の典拠を評価する基準の適用を含むのであれば，教育的な図書館や教育的な書誌^{訳注3}の場合がそうであるように，その基準は外部から与えられることになる。基準の選択は問題とはならず，それゆえ，解決の必要はない。基準の選択に問題があっても，図書館員が解決すべきことではない。図書館員が行うことが，評価の基準の適用ではなく，単に図書館や書誌的システムの利用者の反応を予測することにかかわるのであれば，評価は問題とはならず，解決の必要はない。図書館員が，自分自身が担う典拠に関して，新たな評価基準を採用すことができるならば，どのような基準が採用されるべきかを探究することになろう。しかし，この点に関して，自分たちは探究の仕方と結果の評価方法を知っていると語る人たちが多いのと同様に，採用すべき新たな評価基準について回答できる能力があると主張する人たちも多い。一般に，評価の基準に関して，典拠として自分たちが認められるようとして，知識産業に携わるすべての人と競うのは，無益な営みとなろう。その結果，評価は興味のない問題となる。なぜなら，評価は目的ではないからであり，評価の基準は他者から提供されるからである。また，他者の反対に対して評価の基準を変更するためのいかなる行動にも見込みはなく，その基準がすでに他者によって承認されているならば，基準の変更の必要もないからである。

自由主義的な図書館員のもつ中立性

すべての開かれた問い（未解決の問い）に関して，自由主義的な図書館員による熟慮された中立性は，知的自由と検閲への反対を根拠にして論じることが可能であり，また，論じられてもいる。開かれた問いに関して一定の立場をとることを避けるのは適切であり，一定の立場をとることは良くないであろう。このことは，教育的な図書館員の立場は良くないことを含意している。ゆえに，自由主義的な図書館員は，すべての図書館が教育的ではなく自由主義的であるべきかどうか，という開

かれた問いに関して，ある立場をとる際には自由主義的な立場にある[訳注4]。それは，守るべき心地良い立場ではない。おそらく，それは，単にそうせざるをえないこととして理解される。自由主義的な図書館員は，資料の価値という問題に関して，知の典拠というものを主張できないために，たとえ，主張できたとしても，知の典拠を主張することは図書館専門職としての義務を犯すものであると言明するのである[訳注5]。

懐疑論者としての自由主義的な図書館

しかしながら熟慮された中立性については，根本的に異なる捉え方がある。自由主義的な図書館員は，知識への主張について，あるいは，ある意見を別の意見より優位とする主張については，専門職上の懐疑論者として捉えることができる。懐疑主義は，古代以来の不滅の思想の潮流であり，誤解され中傷されることが多い。古代世界では，懐疑主義について二つの主な種類がある。一つは学問的懐疑主義であり，それは知識の可能性を否定するものである。もう一つはピュロン派の（Pyrrhonian）懐疑主義であり，これは，知識はいまだに見出されていないことにつねに満足しないにもかかわらず，知識の可能性を主張も否定もせずに，探究を続ける人のとる態度である[18]。懐疑論者が注目しているのは，あらゆる議論については反対の議論があること，また，意見には多様で変化するという性格があるということである。このことに注目している懐疑論者は世界について知っている，といういかなる特定の主張に対しても賛成，反対の表明を単に差し控えるだけである。懐疑論という主題の専門家（はたして典拠となる人物なのか）は，次のように指摘している。

　　　懐疑論者の哲学者は，いかなる知識についても，さまざまな分野において申し立てられた人間の達成によって得られたものか，あるいは，得られる可能性があるものかどうかを把握するために，申し立てられたその達成について探究してきている[19]。

ピュロン派の懐疑論者は，ある種の探究によっては何も得られないと結論付けているのではなく，むしろ，これまでにいかなることも確立されていないと考えている。ピュロン派の懐疑主義は主義ではなく，心の状態なのである。

懐疑論者の図書館によるレファレンス質問への回答

ピュロン派の懐疑論者が図書館のレファレンスデスクにいて，ある質問を受けたとすると，その懐疑論者はどのように回答するか，以下，想像してみよう。

6章　情報検索と知の典拠　　203

その質問については，二つの異なる意見があって，さまざまな集団がそのいずれかの意見をもっています。私自身，その問題について何らの立場もとっていませんが，その質問にそれぞれの側面に関して述べられていると思われることを示すことはできます。もちろん，あなたは，ただ誰かが述べていることには興味がなく，あなたが知りたいことは，傾聴に値する人は誰かということでしょう。その質問に対して，私自身，何らの立場もとりませんが，誰が傾聴に値するかについて人々がどんなことを述べているかを示すことはできます。もちろん，あなたは，誰が傾聴に値するについて，ただ，誰かが述べていることには関心がないでしょう。あなたが知りたいのは，その質問に関して誰の意見が真摯に受けとめる価値があるのか，でしょう。私は，その問題に関しては何らの立場もとりませんが，そのさまざまな人がどのような人なのか，その人たちが，なぜ，その意見が傾聴に値するのかについて，何を述べているかを，私は示すことはできます。それ以上のことをお求めならば，その人たちが述べていることだけを示すことができます。私から何らかの保証や，少なくとも推薦を求めているのでしょうが，私から保証を与えることはできませんし，推薦も一切できません。もし，あちらよりこちらを信じたことで，信頼の対象を間違ってしまうのではと心配されるでしょう。そのことについて，あなたはたぶん正しいでしょうと，私は思います。

以上の懐疑論者の応答は，開かれた質問に対する自由主義的な図書館員の応答によく似てはいないだろうか。そして，その懐疑論者の応答は，図書館員が閉じられた質問と考えるものに対してさえも，必ずしも，うまくはいかないのではないだろうか。なぜなら，図書館員はその質問が本当に閉じられている（解決済み）かどうかに関して何の立場もとる必要はないからである。図書館員がすべきことは，ただ，どの人がその質問が閉じていると考えているのか，その人たちが回答と受けとめているものが何かを報告することである。

懐疑主義的な図書館員と自由主義的な図書館員の同一性

回答可能な質問と回答不能な質問を図書館が区別するとき，その区別は，事実や知識の問題と複数の意見の問題との間の区別ではなく，意見の相違がないように思われる問題と意見の相違があるように思われる問題との間の区別として解釈することができる。懐疑論者の知的立場は，自由主義的な図書館員の公式で専門的な立場である。図書館専門職が知的自由と検閲への反対に傾倒することは図書館専門職の理念として，通常，考えられている。しかし，ピュロン派の懐疑主義を図書館職の公

式の理念として受けとめるほうがよいように思われる。図書館員は私的生活においては他の人と同様に，独断的でだまされやすいが，公的生活においては，懐疑論者として振る舞うのである（逆に，独断主義者のように振る舞う教育的な図書館員は，人前では独断主義者のように思われながら，実際には懐疑論者であるかもしれないのである）。

　永遠の誤解はあるが，懐疑論者は行動や仕事から締め出されることはない。懐疑論者が行わないことの一つは，何が本当であるように思われるかどうかについて，ある立場をとることである。「これらの人たちがその問いに関して考えていることは，こうだと思われる。その人たちが実際にそう考えているかどうかについては，私は何の立場もとらない」と懐疑論者は言う。懐疑主義は，知識産業における知識の生産に対してとるべき優れて適切な態度であると，人は論じるであろう（本書は事実上，そうした議論である）。

　知識産業が多くの価値を生み出すかどうかに関しては，意見が鋭く対立するであろう。我々は，世界の観察人のように，意見のゆらめきを注視することに没頭し，他者がさまざまな問いに関して，人びとが述べなければならないことを探すために，書誌的世界のジャングルの中を進むのを援助することになろう。その際，我々は，書誌的世界で探すものの，知的価値に関してある立場をとろうとは思わず，あるいは，ある立場をとる必要がないと考え，他者を援助することになろう。我々は，おそらく，人びとが述べなければならないことを学習することになろう。しかし，我々にとって，人々が述べなければなりならないことは，ただそれだけにとどまるのである。懐疑論者，世界の観察人，図書館員，これらはすべて，思想の世界に対して同じ態度をとる人たちである。

1　この問題，すなわち「蓄積され検索される情報の質の問題」については，他の問題に比べ，情報システムの他の研究者に比べて，確かに，注意が払われていない。たとえば，次の文献を見よ。

　　Russell L. Ackkoff. "Management Misinformation Systems," *Management Science* 14, December 1967, B147-56.

　　質について情報学の雑誌にはこれまで何も述べられていないということではない。むしろ，ほとんど述べられていないのは，編集者の不満がほとんど述べられていない，ということを意味する。

2　次の文献を見よ。

　　Fred I. Dretske. *Knowledge and the Flow of Information*. MIT Press, 1981, p.40-47.

　　「大雑把に言えば，情報とは知識を生み出すことができる産品であり，信号が伝達する情報は，我々がその情報から学習できるものである」（p.44）。

知識は人々が所有するものであり，情報はメッセージが伝達する何かである。ドレツキは，哲学者として，真理であることを，知識と同様に情報にも求めている。偽となる情報はまったく情報とはいえない。我々は，「真である」ということを，「我々が真であると受けとめることができる」という表現に置き換えることができる。情報を求めるとは，誤った情報を求めるのではなく，真として受けとめることができる情報を求めることである。

3　次の文献を見よ。

Wallace John Bonk and Rose Mary Margill, *Building Library Collections*, 5th ed. Scarecrow Press, 1989.

Robert N. Broadus. *Selecting Materials for Libraries*. Wilson Co., 1973.

William A. Katz. *Collection Development: The Selection of Materials for Libraries*. Rinehart and Winston, 1980.

4　たとえば，次の文献を見よ。

Terence Crowley and Thomas Childers. *Information Service in Public Libraries: Two Studies*. Scarecrow, 1971.

5　次の文献を見よ。

W.S. Cooper and M.E. Maron. "Foundations of Probabilistic and Utility-Theoretic Indexing," *Journal of the Association for Computing Machinery* 25, 1978, p.68-80;

W.S. Cooper. "On Selecting a Measure of Retrieval Effectiveness," *Journal of the American Society for Information Science* 24, 1973, p.87-100, 413-24.

6　Bonk and Margill. *Building Library Collections*, p.1

7　英国の教授による Serial Review に関するコメントは次のとおりである。

「それ［図書館員の評価］は，今でも，主に図書館員向けのものであり，図書館員の偏向が反映されている。これまで，図書館員の評価は，他の分野において，我々の分野においてほど，役に立ってはいないように思われる」

Karen J. Winkler. "When It Comes to Journals, Is More Really Better?", *Chronicle of Higher Education*, 14 April 1982, p.22.

8　K. Patricia Cross. *The Missing Link: Connecting Adult Learners to Learning Resources*. College Entrance Examination Board, 1978, p.9.

9　Melvin M. Webber. "Urbanization and Communications," In ed. George Gerbner et al. *Communication Technology and Social Policy*, Wiley, 1973, p.293-94.

10　成人教育に登録している多数の成人の多くは職業上の目的を追求しており，より良い仕事を求めて準備する課程を履修しており，学校の先生のケースでは，給与が上がるための資格を得るために履修している。主題ごとの必修単位ではない課程の登録者の分布は次の文献を見よ。

"Fact File: Adult-Education Students, Number of Registration in Noncredit Courses, 1979-80," *Chronicle of Higher Education*, 4, November 1981, p.12.

11　確かに，図書館員が教科書に書かれていること以上のことを知っているという手がかりは，注3で引用した教科書にはない。

12　マーガレット・ハッチンス（Margaret Hutchins）の次の著作には次のような素晴らしい指摘がある。*Introduction to Reference Work*. American Library Association, 1944, p.37.

「いくつかの質問においては，他に悩ましい問題は正しい回答が見つかったことを確かめることである」
次の文献と比較せよ．
　　Patrick Wilson. *Public Knowledge, Private Ignorance: Toward a Library and Information Policy.* Greenwood Press, 1977, p.99-107.
13　ウィリアム・カッツ（William Katz）が作成した図書選択における教育的対自由主義的の対比，および，伝統重視派と自由主義との対比との間は，きわめて類似している．（*William Katz. Collection Development*, p.89）
Gans の提供者と利用者志向との間も同様であり，次の文献を見よ．
　　Herbert J. Gans. "Suppler-Oriented and User-Oriented Planning for the Public Library," この著作は *People and Plans.* Basic Books, 1968, p.95-107 に収録されている．
14　Boadus. *Selecting Materials for Libraries*, p.25.
15　アメリカ図書館協会評議会（The American Library Association Council）により，『図書館の権利宣言（*Library Bills of Rights*）』が 1949 年 6 月 18 日採択，1961 年 2 月 2 日，1967 年 6 月 27 日に修正．
　　Statement on Labeling, An Interpretation of the Library Bill of Rights が，アメリカ図書館協会評議会により，1951 年 7 月 13 日に採択，1971 年 6 月 25 日に修正．
16　José Ortega y Gasset. "The Mission of the Librarian," *Antioch Review* 21, 1961, p.133-54.
　　社会学者の William J. Goode が指摘しているように，図書館員は誰も締め出すことができないゲートキーパーである．この指摘については，次の文献を見よ．
　　William J. Goode. "The Librarian: From Occupation to Profession," *ALA Bulletin* 61, May 1967, p.544-55.
17　George Sarton. "Synthetic Bibliography, with Special Reference to the History of Science," *Isis* 3, 1921, p.61.
18　Arne Naess. *Scepticism*, International Library of Philosophy and Scientific Method. Routledge & Kegan Paul, 1968.
　　Sextus Empiricus. *Outlines of Pyrrhonism*, with an English translation by R.G. Bury, Loeb Classical Library. Heinemann, 1935.
19　Richard H. Popkin. "Skepticism," *Encyclopedia of Philosophy.* Macmillan, 1967, 7, p.49.

訳注 1　「知の典拠」は，基本的に知を有する人間を対象にしているが，図 6.1 に示したように，ある知を求める人間は，その知を有する人間が著者となり，その知について執筆した図書等の著作物を通して，求める知が入手可能となる．

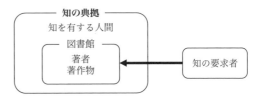

図 6.1　知の典拠としての著者・著作物と図書館

ゆえに，知の典拠は，知を有する人間から選択されるだけでなく，知を有する人間がその知を記録した著者とその著者が執筆した資料のなかから選択されることになる．

図書館は知の典拠となる著作物を集積した，「知の典拠」の貯蔵庫としての役割を果たしている。

訳注2　情報源の典拠性はどのように判断すればよいのか。図6.2に示したように，知識を欠いた人間が情報源の典拠性を評価する手段は，「著者」と「出版者」である。これまでの各章の説明は，まさに，知識を求める人間，すなわち，知識を欠いた人間が情報源の典拠性を把握することにかかわる説明に充てられたものである。結論を言えば，典拠性の評価は，知識を生産する資格を有する専門家が著者となっているかどうか，さらには，組織としての高い典拠性を有する出版者による出版物であるかどうかを手がかりに評価することになる。図書館に所蔵されているレファレンス資料，あるいは図書館がアクセスを提供する電子版のレファレンス資料は，専門家である著者が執筆し，豊富な出版の実績をもち社会的に評価の高い出版者によって出版されたものである。それゆえ，レファレンス資料は高い典拠性を有する情報源として位置付けることができるのである。

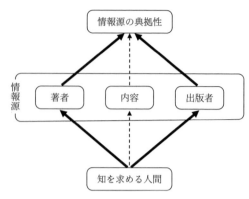

図6.2　情報源の典拠性判断の指標

訳注3　「教育的な書誌（didactic bibliography）」とは，教育的な図書館における資料の選択が，親機関が設定する知の典拠を判断する基準によって行われると同様に，書誌を作成する編纂者が所属する親機関が設定した知の典拠となる条件に合致した資料のみをリストした書誌を意味する。

訳注4　「自由主義的な図書館員は，すべての図書館が教育的ではなく自由主義的であるべきかどうか，という開かれた問いに関して，ある立場をとる際には自由主義的な立場にある」とは，次のような意味である。すなわち，自由主義的な図書館員は，特定の立場に依拠することを良しとしないため，図書館が教育的でなく，自由主義的であるべきかという問いに対しても，特定の立場に依拠しないことから，自由主義的であるべき，と答えることができない，ということである。

訳注5　「自由主義的な図書館員は，知の典拠を主張することは図書館専門職としての義務を犯す」とは，次のような意味である。ある資料が知の典拠性を有するかどうかは，その資料の価値を評価することにかかわるため，価値中立性に依拠する自由主義的な図書館員は，資料のもつ知の典拠性を評価し，判断を留保する，ということになる。

文献紹介
Bibliographical Essay

　読者は，私が知の典拠と関連主題に関して典拠となる参考文献リストを提示しない理由を理解されていることだろう。最も有用なものと私が考えている文献は各章の注にあげられている。これに加えて有用と思われる文献リストは，際限のないものか，恣意的に選択されたものとなるであろう。しかし，本書の主題に関心のある人なら誰でも直面することになる，一般的な文献状況についてはコメントに値する。書誌的状況については，二つの特徴がみられる。それは，比較可能な範囲で類似の図書がないこと，関連文献がきわめて分散していることである。

　知の典拠性という主題に関して，その他にどのような図書があるだろうか？　その主題に没頭している人にとって，人間を取り巻く状況の理解にあたり中心となるのが，図書館全体が知の典拠性という主題の記述対象となることへの理解のように思われる。驚くべきことに，最も類似した著作が1849年に刊行され，第2版が1875年に刊行されている。何千という図書がこの主題に取り組み，さらに多くの図書が本書の主題の一部を専ら扱っているにもかかわらず，著作全体が知の典拠に明らかに焦点をあてているのは，ジョージ・コーンウォール・ルイス卿（Sir George Cornewall Lewis）の著作 *An Essay on the Influence of Authority in Matters of Opinion* (London: J. W. Parker, 1849; 2d ed., London: Longmans, Green, 1875) のみである（より慎重に言えば，私が見つけた唯一の著作がルイスの著作である。大いに関連している図書でありながら，書誌編纂者の悪夢が警告を発するように，辛抱強く探索しても発見できなかった図書がある。私はすべての言語の著作を体系的に探索していない）。ルイスは知の典拠という用語を確かに使用していないが，彼の主題は私の主題そのものである。私は触れていないことで彼が触れていることは，特に宗教と政府における典拠（権威）のもつ固有の限界を定義していることである。さらに，彼の下位主題と私の下位主題との間には，1対1の対応は確かにない。それでも，彼の著作は本書に最も近いものである。

　ルイスの図書は，第2版が刊行されたにもかかわらず，大きな反響はない。ハロルド・ラスキ（Harold Laski）は，裁判官のオリバー・ウェンデル・ホームズ・ジュニア（Oliver Wendell Holmes, Jr.）宛てに，1923年に次のように書き記している。

私はルイスの著作を読んだが，［ウォルター・］バジョットの次の言葉をま
さしく正当化するものである。その言葉とは，"もし，あなたが，ある主題に
ついて何も知らないのであれば，その主題について知っている人に尋ねるべき
であることを，ジョージ・ルイスは示している"，というものである（*Holmes-
Laski Letter*, ed. Mark DeWolfe Howe ［Cambridge: Harvard University Press,
1953］, p.539）。

　バジェット（Walter Bagehot）は，ルイスの著作は「せっかちな」思索家によっ
て記述されたものと実際には語っていたが，それは違っている。バジェットは，も
し，ルイスがそれほど体系的でなかったならば，彼の著書は良いものになっていた
だろうと，考えていたのである。その鋭い観察と興味深い事例には，すでによく知
られていることが使われており，また，その事例は不必要なまでに詳細に飾り立て
られているために，"読者はあくびをするばかりで，覚えてはいないのである"
（Walter Bagehot, *Works*, ed. Forrest Morgan ［Hartford, Vonn: Travelers Insurance
Co., 1891］, 3: 255）。バジェットは残念ながら正しい。しかし，ルイスは，バジェッ
トが「不必要なまでの博識」と呼ぶものを使って自身の著作を上塗りし，その著作
は主題について，きわめて完璧に論じることで，それまでの著作に関する価値ある
書誌的案内となっているのである。

認識論と知識社会学および知の典拠性の関連文献

　知の典拠性という主題に学術的関心を明らかに欠いていることは，どのように説
明できるのであろうか？　認識論，すなわち知識の理論は，特にカント（Kant）
の時代以降，おそらく哲学の中心的な関心事であり，知の典拠性という主題は明ら
かに認識論の範囲内に分類されるであろう。しかし，現代の哲学者は信念に関する
論文の中で証言の証拠の問題に関心を向けている。哲学者は，認識論の他の主要な
問題とは異なり，（2章の注1で示したように）知の典拠性にまつわる問題につい
ては標準的な見方はないと指摘するほどに，直接的な知識（first-hand knowledge）
に主として関心をもち続けてきている。典拠（権威）を扱った哲学的著作に関する
書誌は，そうした問題の扱いがまったく広がらないことを示している。確かに，主
要な哲学者の著作の中には，知の典拠性という主題に関する議論が散見される（た
とえば，ロック（Locke）の著作である *Essay Concerning Human Understanding*
［London 1690, 『人間知性論』大槻春彦訳，岩波書店］第4巻の中の蓋然性と
「誤った同意」に関する議論があげられる）。しかし，直接的な知識の問題が中心と
なっており，知の典拠性という主題は完全に影が薄くなっている。

知の典拠性という主題が取り上げられていることが期待される他の分野としては，知識社会学がある。そこでも，また，典拠をめぐる主題は一般に無視されてきた（しかし次の文献を見よ。James T. Borhek and Richard F. Curtis, *A Sociology of Belief*.［New York: Wiley, 1975］）。知識社会学においては，哲学的な問題への関心を払いのけることは難しく，哲学の認識論とは独立に，知識社会学は社会認識論になりつつある。知識社会学の大学院生について，「彼らが論じたいことは，存在論や認識論であって，社会学ではない」と記されているのである（Bernard Barber, "Toward a New View of the Sociology of Knowledge," in *The Idea of Social Structure: Papers in Honor of Robert K. Merton*, ed. Lewis A. Coser［New York: Harourt Brace Jovanovich, 1975］, p.104）。知識社会学が哲学の方を見ている限り，哲学者にとって関心のない主題を軽視することは予想されたことである。その状況は，今も変わっていない。

　知の典拠性が，これまで多くの研究の明確な焦点にはならなかったとしても，ほぼ誰もが，知の典拠にかかわる主題について，あるいは，その主題に近似した主題について，語るべきものをもっているであろう。大多数の専門領域，特に社会科学と心理学における専門領域は，その主題に強く関連する研究成果を生み出している。信念に関する心理学における新旧のいずれの成果も，その主題に一定の寄与をしている。その成果については2章の注5と5章の注3と注5に記したロキーチ（Rokeach）とベム（Bem）の著作を見よ。特に宗教上の信念に関する心理学は，関連する文献を提供している（ただし，ウィリアム・ジェームズ（William James）が *The Varieties of Religious Experience*（New York: Longmans, Gressn,1902）と *The Will to Believe*（New York: Longman, Green, 1897）を発表して以降，あまり進展がない）。

　信念の変容と態度の変容との間には明確な境界はないが，態度の形成と変容を扱った社会心理学の文献は多数あり，それらはいずれも関連しているに違いない。しかしながら，そうした研究の成果は，曖昧であり失望させるものである。そのレビューについては，*Handbook of Social Psychology*, 2nd ed.（Reading, Mass.: Addison Wesley, 1969），3: p.136-314 の中のウィリアム・J. マクガイア（William J, McGuire）の章を参照せよ。

知的流行，知識産業，組織が有する典拠性の関係文献

　知的流行に関する主題は，流行に関する一般的な文献においてはほとんど注意が払われていない。流行は集合行動のまさに一側面として，社会学と社会心理学において扱われている。流行は，もちろん家政学やマーケティングのような分野におい

文献紹介　　211

て関心がもたれている。服装の問題に限定されていない流行に関する優れた書誌は，ジョージ・B・スプロールズ（George B. Sproles）の著作である *Fashion: Consumer Behavior toward Dress*（Minneapolis: Burgess Pub. Co., 1979），p.219-36 に見られる。3章と4章で扱ったその他の主題に関する関連文献は，圧倒的な数にのぼり，次のような分野の文献が含まれる。すなわち，（現在，活発な分野である）科学社会学の多くの分野の文献，（あまり多くはないが）科学哲学と社会科学の哲学のいくつかの分野の文献，さまざまな領域の状況に関する批判，自己批判，弁解，論争というきわめて分散した大量の文献である。

日常生活における知の典拠性の関連文献

日常生活における知の典拠性の問題については，社会化の過程に関する研究（*Handbook of Socialization Theory and Research*, ed. David A. Goslin［Chicago: Rand McNally, 1969］）と同様に，労働社会学や専門職の社会学が関連文献を提供している。権威（典拠性）は管理や経営管理行動に関する文献において突出した主題である。（行動上の，規範的でない）意思決定の研究において，また，助言者としての専門家の利用に関する研究において，関連文献がみられる（優れた例として，Irving L. Janis, *Victims of Groupthink*［Boston: Houghton Mifflin, 1972］を参照せよ）。神学の文献においては，権威（典拠性）は主要な主題であるのと同様に，教育に関する文献には豊富な関連文献があってしかるべきだが，私はそうした文献をあまり知らない。世論や政治行動，カルトと大衆行動，マスメディアの利用，大衆文化，および消費者行動は，労働者階級や中産階級に関する多くの民族誌的研究と同様，この主題にはわずかに関連するだけである。以上のとおり，知の典拠性の学生にとって，文献の状況は厄介なものになっている。すなわち，社会科学における研究領域はいずれも何らからの関連性がある。歴史学全体の文献を眺めるならば，豊富な領域が任意に点在しているが，関連文献の網羅的な書誌作成の試みは望むべくもない。

認識論に関して最後にひと言

本書は哲学的認識論の著作ではないが，私が特に関連があると考えている認識論に関する哲学的な見方がある。それは，リチャード・ローティ（Richard Rorty）の認識論的行動主義の見方である。それについては，彼の著作である *Philosophy and the Mirror od Nature*（Princeton: Princeton University Press, 1979）［『哲学と自然の鏡』伊藤春樹［ほか］訳，産業図書，1993］の特に p.173-82 で記述されている。その著作は，哲学者向けのものであり，素人に簡単に読めるものではない。

ローティは実際，知の典拠性の問題において主流となる哲学に対して特別な典拠性（権威）を否定している（4章の注51と比較せよ）。ローティが提唱する認識論的行動主義についてローティは，ジョン・デューイ（John Dewey）とルートヴィヒ・ウィトゲンシュタイン（Ludwig Wittgenstein）をその支持者としてあげているが，私からみれば，認識論的行動主義は，結局は単に知識の社会的研究，あるいは社会認識論に行きつくように思われる。認識論的な問いは社会的な問いであり，社会認識論こそが唯一の認識論である。こうした見方は，専門的な哲学者によって魅力的なものでないことが予想されるものの，知識に関する社会的研究に関心のある我々のようなものにとっては，きわめて魅力的なものに思われる。

訳者あとがき

　本書は Patrick Wilson. *Second-hand Knowledge: An Inquiry into Cognitive Authority*. Greenwood Press, 1983, 223p の全訳である。

　ここで，パトリック・ウィルソンの経歴[1] について紹介する。ウィルソンは，カリフォルニア大学バークレー校において，1949 年に哲学の学士号を，1953 年には図書館学で学士号を，それぞれ取得後，1960 年に哲学の博士号を取得している。その間，1954〜59 年まで，カリフォルニア大学バークレー校の図書館員としてレファレンスサービスや書誌作成業務に従事している。1960 年からは，カリフォルニア大学ロサンゼルス校で哲学を講じるが，1965 年にはカリフォルニア大学バークレー校の図書館学大学院の助教授に着任し，1970〜75 年まで，同校大学院長を務めている。1976 年には同校の図書館情報学大学院の正教授となり，1991 年に退官している。

　ウィルソンは，本書のほかに，書誌コントロールを論じた *Two Kinds of Power: An Essay on Bibliographic Control*. University of California Press, 1968 と，記録資料と個人のもつ知識との関係を扱った *Public Knowledge, Private Ignorance*. Greenwood Press, 1977 の二つの著作を発表している。

　本書は，原書の刊行からすでに 40 年以上経過しているが，本書が扱う「知の典拠性」という主題は，原書刊行の当時に比べ，むしろ，今日において，その意義と重要性が高まっているといえる。その理由として，インターネット情報源に過度に依拠した意思決定の問題があげられる。インターネット情報源は，Wikipedia に代表されるように，コンテンツの制作者（著者）が必ずしも明記されていないという著者の匿名性にその特徴がある。情報源の典拠性を判断するうえで重要な要素である著者に関する情報が明示されていないことは，情報源の典拠性の判断ができないことを意味する。

　現在，注目を集めている生成 AI は，インターネット上の膨大な情報源のコンテンツを参照して学習し，問合せへの回答を生成するシステムである。2024 年 8 月時点において，この生成 AI には，回答を生成する際に参照した情報源を明示する機能をもたないシステムと，参照した情報源の明示機能はあるものの，その情報源の典拠性を評価する仕組みをもたないシステムがある。いずれにせよ，現状の生成

AI のシステムが生成する回答については，その信頼性に疑問を呈さざるをえない。

インターネット情報源の特徴ともいえるこうした匿名性や無典拠性は，信頼性のある情報源の判断を不可能にし，結果として，不確かな情報源の探索と不確かな情報源から得られた情報に依拠する意思決定を常態化させる今日の状況を生んでいる。21 世紀に入り，ウィルソンの「知の典拠性」に着目し，インターネット情報源の評価に応用した研究[2] がみられるのも，インターネット情報源の信頼性に関する疑念の現れといえよう。匿名性と無典拠性が蔓延る現代の情報世界において，ウィルソンが提示した「知の典拠性」が，今日ほど重要な概念として受容されなければならない時代はない。

図書館は文献を通して知の典拠の候補となる間接的知識を提供する公的機関である。インターネット上で信頼性を欠いた情報が流通する現代社会において，専門家が著者となり，一定の信頼性を有し，知の典拠として機能する文献への公平なアクセスを保証する図書館の役割は，これまでにも増して重要である。

最後に，本翻訳の企画の段階から翻訳作業に至るまで，大変お世話になった丸善出版の佐藤日登美氏に深くお礼申し上げる。翻訳作業を温かく見守ってくれた妻・愛美と愛猫に感謝したい。

2024 年 7 月 23 日　　　　　　　　　　　　　　　　　齋　藤　泰　則

---

1 ）Buckland, Michael et al., *In Memoriam: Patrick Wilson, Professor in School of Information Management and Systems, Emeritus, Berkeley, 1927-2003*.
（https://senate.universityofcalifornia.edu/_files/inmemoriam/html/patrickwilson.htm ［アクセス日：2024-05-22]）

2 ）Rieh, Soo Young. "Judgment of information quality and cognitive authority in the web," *Journal of the American Society for Information Science and Technology*, vol.53, no.2, p.145-161, 2002.
Hirvonen, Noora et al., "The cognitive authority of user-generated health information in an online forum for girls and young women," *Journal of Documentation*, vol.75, no. 1, p. 78-98, 2019.

索　引

index

＊「→」は「を見よ参照」を表している（例：A→B「AはBを見よ」）。
＊「→：」は「をも見よ参照」を表している（例：A→：B「AはBをも見よ」）。
＊索引語の文脈にある「──」は左記の索引語を指示している。
＊事項索引の次に，人名索引を掲載している。

■ あ行

暗　喩　4-10, 12, 100, 108, 164
意　見　17-20, 41, 50-51, 84, 152, 172
　　　──を求めるレファレンス質問
　　　192, 193, 203-205

■ か行

科学の典拠性　87-91
学習社会　186, 187
間接的知識　i, 4-13, 156, 159, 160, 215
　　　──と小さな世界　158
間接的な経験と資料　10, 11
間接的な情報収集　148, 149
管理的権威　15, 135
管理的な権限　144
記憶と情報源　32
形式科学　41, 86, 89, 90, 97, 105, 112,
　118, 196
権　威　i-iii, 14, 15, 20, 27, 37, 39, 85,
　212
　　　→：管理的権威，認識論的権威，知の
　　　典拠（性）
公的知識　45, 127, 177

■ さ行

参考図書　85, 89, 95
辞書の典拠性　176, 192
自然科学　41, 43, 48, 54, 86
　　　──と評価基準　55

──と流行　110-112
質のコントロール　48, 53, 55, 57, 178
　　　情報の蓄積と検索における──
　　　181
質問回答サービス　183, 193
　　　→：レファレンスサービス
社会認識論　iv, 1-3, 211, 213
常　識　8, 9, 17, 36, 74, 88, 133
　　　科学と──　88
　　　社会科学と──　104, 105
　　　歴史学と──　100
承認要求　92
情報科学　1, 179, 181-193
情報空間　155, 160, 164
情報検索　172
情報システム　179, 182, 205
情報弱者　158
情報収集　148, 149
情報専門家　179-181, 188
情報専門職　1, 184
情報探索　139, 146, 188, 195
情報の貧困　158, 159
信　念　18, 35-37, 107, 108, 131, 151,
　176, 210, 211
　　　科学と──　87, 88
　　　研究成果の評価と──　55
　　　社会科学と──　103
　　　妥当性の検証と──　26
　　　知の典拠と──　20, 27, 33, 131-
　　　133, 135, 136, 197

人文学　41, 86, 103, 135, 164
　　　——と研究様式　59
　　　——と批評　48
　　　——と評価基準　55
　　　——における知識生産　56, 57
信頼性　i, 14
　　　科学への——　87, 91, 121
　　　情報源（資料）の——　139, 150, 171,
　　　173, 178, 215
　　　——の階層　142, 143
　　　専門家の——　138, 143, 147
　　　知の典拠と——　18, 23, 35
　　　レファレンス資料の——　193
精神科学　105, 106, 125
ソフトな科学　115
ソフトな分類　105, 109, 110, 111, 126,
152, 163, 171

■　た行

達　成
　　　——による知の典拠の評価　25
　　　懐疑論者と——　203
　　　科学と——　121
　　　参入と——　134
　　　社会科学と——　101
　　　正当化の基礎としての——　25, 26,
　　　31, 37
探　究　41, 42, 43, 51, 52, 56
　　　——と研究様式　46
　　　——と知識資源　130
　　　——と流行　59, 64, 68, 111
　　　懐疑論者と——　203
　　　科学と——　86, 88, 89
　　　公的問題と——　153
　　　社会科学と——　95, 97, 98, 102
　　　精神科学と——　105, 107
　　　知識人と——　163
　　　知的好みと——　112
　　　知の典拠性と——　120, 163
　　　ハードな科学・ソフトな科学と
　　　　　——　107-109
　　　批評と——　116-118

小さな世界　155, 158-162
知識産業　41, 42, 74, 85, 211
　　　——と懐疑主義　205
　　　——と知識生産　48, 49, 57, 118-
　　　120, 173
　　　——と知的好み　71, 72, 75
　　　——と知の典拠　66, 85, 138, 141,
　　　185
　　　——と図書館　172, 202
　　　——と批評　113, 114
　　　——と流行　59, 68, 73, 110
　　　——における研究　43, 44, 45
　　　——における質のコントロール
　　　53, 54
　　　——における指導者　47
　　　——における評価基準　55, 56
知識資源　i-ii, 141
　　　——としての社会　130
知識社会学　iii, 210, 211
知識人　30, 108, 157, 170, 185
　　　——と典拠性　163, 164
知的好み　69, 70, 126, 164, 165
　　　——と研究　63
　　　——の不安定性　136
　　　——の変化　69-75, 111, 112
　　　知識産業と——　68
　　　知の典拠性と——　66
　　　批評と——　115
　　　流行と——　59
知的自由　202, 204
知の典拠（性）　i, ii, 1, 12, 14, 17, 209,
210-213
　　　→：典拠に関する典拠
　　　——と権威の違い　15
　　　——と質のコントロール　178
　　　——としての親　132, 133
　　　——としてのジェネラリスト　30,
　　　31
　　　——としての図書館資料　173, 174,
　　　175
　　　——としての批評家　47, 112-117,
　　　126, 149, 192, 201

索　引　　217

知の典拠（性）
　　——としてのレファレンス資料
　　　85, 139, 176, 192-194
　　——と承認欲求　135
　　——と信念　131, 133
　　——と信頼性　16
　　——と知的好み　66, 75, 164, 165
　　——と図書館員　196, 197, 201-203
　　——となる情報源　177
　　——となる人物　14, 18, 33, 34, 83,
　　　84, 145, 173
　　——の獲得　155, 156
　　——の基礎　22
　　——の検証　23, 26, 153-155
　　——の条件　15
　　——の正当化　25, 29, 35, 36
　　——の選択　146
　　——の程度　20
　　——の評価　22-28
　　——の役割　19
　　——の領域　20, 21
　　——への要求　40, 88, 89, 90, 91,
　　　154, 207
　　印刷世界と——　172
　　科学者共同体と——　86, 89, 104
　　科学の——　87-92, 121
　　学習社会と——　186, 187
　　間接的知識と——　11, 13
　　管理職と——　162
　　管理的業務と——　141, 142
　　管理的権限と——　134-137
　　研究者の——　47, 118
　　公的問題と——　151-153, 171
　　個人的信頼と——　27
　　自己の——　45
　　質問回答サービスと——　183, 184
　　社会科学の——　94-98, 104, 105,
　　　128
　　出版者の——　175, 176
　　情報源（資料）の——　26, 32, 33, 85,
　　　90, 93, 180, 181, 185, 186, 195, 197,
　　　200, 201, 208, 214, 215

　　世界観察と——　149-151
　　絶対的——　20, 33, 85, 89, 90, 104,
　　　132
　　専門家と——　144, 147, 148
　　専門職と——　138-140, 160, 161,
　　　167
　　専門性のルールと——　31
　　専門的知識と——　28-30, 144
　　総合職と——　163
　　組織のもつ——　85, 86, 119
　　達成による——　25
　　妥当性による——の検証　26, 27,
　　　101, 176
　　小さな世界と——　159, 160
　　知識人と——　163, 164
　　知識生産と——　120
　　著者（著作）の——　173, 174, 175,
　　　176, 199, 207
　　日常生活における——　129
　　批評（家）の——　112, 113, 114, 115
　　評判と——　23, 24
　　普遍的——　22
　　歴史学と——　99, 101, 103
　　レビュー作成者の——　50-52
直接（的）経験　i, 10, 11, 13, 151
直接的知識　4, 13, 210
典拠（性）　i-iii
　　典拠に関する——としての図書館員
　　　187-190, 201, 202
　　典拠に関する——とレファレンス
　　　サービス　191
匿名性　45, 214, 215
図書館　i, 1, 40, 73, 129, 172, 173, 177,
　　179, 180-183, 185, 186, 187
　　懐疑主義的な——　200-206
　　教育的な——　197-200, 203
　　自由主義的な——　198-200
　　普遍的典拠としての——　22
　　レファレンスサービスと——　191,
　　　192, 193, 194, 203, 204
図書館員　1, 171, 177, 179, 180-187, 189,
　　190, 191, 194, 195, 196

懐疑主義的な—— 200-202, 204
教育的な図書館と—— 198
ゲートキーパーとしての—— 201
自由主義的な—— 198-200, 202-
205
代理人としての—— 192, 193
典拠に関する典拠としての——
188, 189, 191
——の教育 196
図書館利用者 171, 180-185, 188-191,
194, 196, 198-200, 202
閉じられた問い（解決済みの問い） 18,
49, 85, 91, 120, 204

■ な行

認識論的権威 i, 14, 39
→： 知の典拠（性）

■ は行

ハードな科学 107
評 価
——基準 53, 54-56, 116, 202
——の専門性 116
——への要求 184
研究成果の—— 54
資料の質—— 185
レファレンス質問の—— 178
開かれた問い（未解決の問い） 18, 19,
41, 86, 92, 112, 119, 120, 163, 192, 193,
199, 200, 202, 204, 208
普遍的典拠 22, 132

■ ま行

無典拠性 215
メタファー →暗喩
もっともらしさによる知の典拠性の検証
153-155

■ ら行

流 行

——と知的好み 59, 62
——の等級 64
研究における—— 60, 61, 62, 73,
82, 110, 172
知識産業における—— 68
知的—— 211
利用者 →図書館利用者
利用度減少（obsolescense） 73, 172
歴史学 98-101, 102
——と典拠性 103-105
レビュー 50-52, 57, 60, 176, 177, 181,
189, 211
レファレンスサービス 171, 181, 183,
193, 194 →： 質問回答サービス
典拠に関する典拠と—— 191
レファレンス質問
——と典拠となる情報源 177
意見を求める—— 192
懐疑論者の図書館員と—— 203
教育的図書館と—— 197
レファレンス資料 139, 176, 193, 208
知の典拠としての—— 192, 194

■ 人名索引

ウェーバー, M. 27, 126
オルテガ・イ・ガセット, J. 201
ギアツ, C. 9
クーン, T. 68, 81, 82
ザイマン, J. 48, 121
シェラ, J.H. 1-3
ジンメル, G. 61
スノウ, C.P. 140
トルストイ, L. 153
ハグストロム, W.O. 61
ブルデュー, P. 77
ポラニー, マイケル 54, 79
マッハルプ, F. 75, 76, 78, 120, 168
ラカトシュ, I. 82
ローティ, R. iv, 212, 213

著者紹介
パトリック・ウィルソン（Patrick Wilson）
1927 年にカリフォルニア州サンタクルーズに生まれる。1960
年にカリフォルニア大学バークレー校大学院修了，哲学領域
において Ph.D. を取得。カリフォルニア大学バークレー校助
教授，教授を歴任。2003 年に没。主な著作：*Two Kinds of Power:
An Essay on Bibliographic Control*（University of California
Press, 1968）。*Public Knowledge, Private Ignorance*（Greenwood
Press, 1977）

訳者紹介
齋藤　泰則（さいとう　やすのり）
1994 年に東京大学大学院教育学研究科博士後期課程単位取得
退学。2008 年より，明治大学文学部教授。2019 年 4 月から 2020
年 3 月まで，カリフォルニア大学バークレー校客員研究員。
主な著作：『図書館とレファレンスサービス：論考』（樹村房，
2017）。主な訳書：エリス, D,『情報検索論：認知的アプロー
チへの展望』（共訳，丸善，1994）

知の典拠性と図書館
間接的知識の探究

令和 6 年 9 月 30 日　発　行

訳　者　　齋　藤　泰　則

発行者　　池　田　和　博

発行所　　丸善出版株式会社
〒101-0051　東京都千代田区神田神保町二丁目17番
編集：電話（03）3512-3267／FAX（03）3512-3272
営業：電話（03）3512-3256／FAX（03）3512-3270
https://www.maruzen-publishing.co.jp

© Yasunori Saito, 2024

組版印刷・中央印刷株式会社／製本・松岳社

ISBN 978-4-621-31011-3　C 3004　　　　Printed in Japan

本書の無断複写は著作権法上での例外を除き禁じられています。